新工科背景下应用型人才培养教育研究及教学改革

童芸芸　主编

ZHEJIANG UNIVERSITY PRESS
浙江大学出版社

图书在版编目（CIP）数据

新工科背景下应用型人才培养教育研究及教学改革 /
童芸芸主编. —杭州：浙江大学出版社，2018.10
ISBN 978-7-308-18323-9

Ⅰ. ①新… Ⅱ. ①童… Ⅲ. ①工科院校－人才培养－
研究－中国 Ⅳ. ①G649.2

中国版本图书馆 CIP 数据核字（2018）第 128848 号

新工科背景下应用型人才培养教育研究及教学改革

童芸芸　主编

责任编辑	杜希武
责任校对	韦丽娟
封面设计	刘依群
出版发行	浙江大学出版社
	（杭州市天目山路 148 号　邮政编码 310007）
	（网址：http://www.zjupress.com）
排　　版	杭州好友排版工作室
印　　刷	浙江新华数码印务有限公司
开　　本	787mm×1092mm　1/16
印　　张	14.75
字　　数	368 千
版 印 次	2018 年 10 月第 1 版　2018 年 10 月第 1 次印刷
书　　号	ISBN 978-7-308-18323-9
定　　价	59.00 元

前　言

我国拥有世界上最大规模的工程教育。2016 年，工科本科在校生 538 万人，毕业生 123 万人，专业布点 17037 个，工科在校生的数量约占高等教育在校生总数的三分之一。但是，"我国工科人才培养的目标定位不清晰，工科教学理科化，对于通识教育与工程教育、实践教育与实验教学之间的关系和区别存在模糊认识，工程教育与行业企业实际脱节太大，工科学生存在综合素质与知识结构方面的缺陷"。

新经济的发展对传统工程专业人才的培养提出了挑战。相对于传统的工科人才，未来新兴产业和新经济需要的是工程实践能力强、创新能力强、具备国际竞争力的高素质复合型"新工科"人才：他们不仅在某一学科专业上学业精深，而且还应具有"学科交叉融合"的能力；他们不仅能运用所掌握的知识去解决现有的问题，而且也有能力学习新知识、新技术去解决未来发展出现的问题，对未来技术和产业起到引领作用；他们不仅在技术上优秀，同时懂得经济、社会和管理的相关知识，兼具良好的人文素养。可以说，新经济对人才提出的新的目标定位与需求为"新工科"的建设提供了契机，新经济的发展呼唤"新工科"。

浙江科技学院土木与建筑工程学院现设土木工程、给排水科学与工程、建筑学、城乡规划和工程造价等五个专业，五个专业在学科上覆盖了国家基本建设所涉及的土木建筑、市政、交通等产业领域。其中土木工程专业已成为浙江省重点专业、国家级特色专业建设点、浙江省"十二五"优势专业，并在 2012 年通过了住建部组织的专业评估。土木工程一级学科为硕士点授权学科，土木工程为浙江省"十二五"重点学科、"十三五"一流学科（B 类），土木工程实验教学中心为省级示范中心。

学院目前在读全日制本科生、研究生共 1800 余名，留学生 200 余名。现有教职工 99 名，师生比 0.06，其中专任教师 80 名，现有正高职称 7 名，副高职称 32 名，具有博士学位教师 35 人，具有企业实践经历的占 40% 以上；专任教师国外访学累计 20 人。享受国务院政府特殊津贴 1 人，教育部"新世纪优秀人才支持计划"入选者 1 人，"钱江学者"特聘教授 1 人，省突出贡献中青年专家 1 人，省"151 人才工程"培养人员 7 人，省高校中青年学科带头人 5 人。师资队伍的年龄、学历、专业结构基本合理，发展趋势良好。

学院秉承"崇德、尚用、求真、创新"的校训精神，积极落实学校"应用型、国际化"的办学定位，我院结合学科人才优势和学生个性发展需求，通过课程体系和人才培养方案的不断优化，大力推进教学模式改革和教学内容创新，以实践能力强、创新能力强和就业竞争力强的人才培养为总体目标，为国家和地方基本建设领域输送综合素质高的应用型人才。

学院坚持以学生为中心，通过几年的教育研究及教学改革实践，全学院五个专业的教师全体和分专业开展了教研教改研讨活动，并总结了这些年教育研究及教学改革的经验与教训。本论文集主要集中了土木与建筑工程学院的土木工程、给排水科学与工程、建筑学、城乡规划和工程造价等五个专业的教师以"新工科背景下应用型人才培养教育研究及教学改革"为主题的论文,内容涉及工程教育专业认证、人才培养模式、教学理念、课程设置、教学内容、教学方法等多方面内容,既是对前期工作的总结概括,又是对未来教学的启示。抓住高等教育、土木建筑科学技术的发展机遇,以本科教育为主,积极发展研究生教育,努力提高教学质量和科研水平,加快学科建设步伐,扩大学院在国内外的知名度。注重对学生实践应用能力的培养,加强国际合作交流,将土木与建筑工程学院建设成为我省土木建筑工程领域工程应用型人才的培养基地,成为土建工程师的摇篮。

目　录

城乡规划专业

高校教育与人才培养

工程造价专业

建筑学专业

市政与环境工程专业

土木工程专业

城乡规划专业

大学教师的"职业规划师"角色定位与思考

冯雨峰

摘要：本文针对当前严峻的大学毕业生就业形势和大学生职业生涯规划方面存在的问题，运用职业生涯发展阶段、人职匹配和职业锚等相关理论和方法，提出大学教师的传道授业角色，不单是要做好一名专业老师，更重要的是要做好大学生人生发展与规划的导师，其中最迫切的是要当好"职业规划师"。大学教师要根据社会经济技术发展的需要，适时调整课程教学内容；要注意学生专业兴趣的培养与矫正，同时也要根据学生的人格类型，及时调整学生的专业方向与重点，做到因材施教；既为社会输送优秀人才，也为学生个人选择适合的职业方向。

关键词：大学生；教师；职业；职业生涯规划

引　言

现代大学最重要的使命，是为社会发展培养合适的人才，当前我国高等教育的最大问题，也是如何为社会发展培养适合的人才。

21世纪初开始，我国大学在规模上有了超常规的发展，大学招生录取率大幅度上升，同时也带来了大学毕业生就业困难等现实问题。为此，社会上有一种声音：中国大学发展过快，使得从事"白领"工作的大学生找不到岗位，同时很多社会上原本只需要中小学毕业生的"蓝领"岗位招不到人。这里有两个问题需要澄清，第一个问题是，"蓝领"岗位是不是一定不适合于大学毕业生，回答是否定的。在机械化、电气化和自动化程度越来越高的今天，"蓝领"岗位已经不是简单劳动和体力劳动的代名词，这些岗位需要创新，需要提高劳动生产率，也需要知识和技能，需要受过一定专业教育的人来担当。第二个问题是大学生是不是不能从事"蓝领"工作，回答也是否定的。从岗位需要上看，基层岗位的各项工作更加需要创新和提高；从收入水平来看，随着社会进步，脑力劳动者和体力劳动者之间的收入差距已经越来越小；大学毕业从事"蓝领"岗位工作的最大障碍是观念，"大学生种地"是新闻，"大学生卖肉"更是新闻。这些陈腐观念影响着毕业生就业岗位选择时存在"高不成低不就"的问题，造成规模较大的"结构性失业"。

造成"结构性失业"的根本原因在社会、在学生；但更主要的是在学校、在老师。学校和老师在招生阶段专业介绍不清晰，甚至对未来就业前景夸大其词误导学生，此其一；进了学校，不关注学生的个性和心理特征，不尊重学生的兴趣爱好，不予学生调整到符合其专业兴趣的学科专业，此其二；因循守旧，不关心社会发展需求，或者知晓也不用心改进，拿自己老师的内容教法照本宣科，此其三；对优秀学生只考虑是不是可以参与自己的课题与项目，不从学生发展的角度考虑，引导学生挑战新的方向和领域，客观上耽误了学生的职业发展，此其四;毕业就业时,不对学生的人格类型、专业兴趣认真分析,明明知道岗位不适合某学生,也任其"先就业后择业",以完成专业就业率为第一目标的任务,此其五。

综上所述,在学生职业发展的起步阶段,学校是关键因素。在目前职业规划师队伍不健全、管理制度不完善的情况下,大学老师不仅仅是学生的专业教师,更是学生人格素养训练、专业兴趣培养和职业生涯规划的导师。

1 职业与职业生涯规划

1.1 职业

职业不能等同于"养家糊口"的工作,职业是运用自身所具备的知识和技能,为社会创造物质财富和精神财富,在为他人服务的同时获取合理报酬的过程。职业既是人的物质生活来源,也是自我价值实现的平台,包含人的精神追求。

1.2 职业生涯

一个人的职业经历叫职业生涯,它是人生职位变迁过程,是人的成长记录,既有成功的喜悦,也有失落的迷惘。

美国学者施恩、萨帕等对职业生涯的阶段进行过研究。施恩根据人的生命周期将职业生涯划分为九个不同阶段,分别是成长—幻想—探索阶段、入职准备阶段、基础培训阶段、新员工阶段、学习成长阶段、职业中期适应阶段、发挥影响阶段、稳定工作阶段、准备退休发挥余热阶段。萨帕根据人的年龄将人生分成五个阶段十个时期,见表1。

表1　萨帕职业生涯五阶段划分

职业生涯阶段	发展时期
成长阶段 (0~14岁)	幻想期(0~10岁)
	兴趣期(11~12岁)
	能力期(13~14岁)
探索阶段 (15~24岁)	试验期(15~17岁)
	过渡期(18~21岁)
	尝试期(22~24岁)
建立阶段 (25~44岁)	建立期(25~30岁)
	稳定期(31~44岁)
维持阶段	维持期(45~64岁)
衰退阶段	衰退期(65岁及以上)

大学生处于职业生涯探索阶段的后半段,为过渡期和尝试期,是进行职业生涯规划、知识学习与经验积累的最佳时期,属于入职准备阶段。

1.3 职业生涯规划

职业生涯规划是个人根据自身的条件和可能,对自己整个职业发展方向作出的统筹安排。个体的职业生涯规划是受家庭以及社会关系制约的,对未来不确定性的估计偏于保守所做的安排,是保守型职业生涯规划;对未来不确定性的估计偏于乐观所做的安排,就是乐观型职业生涯规划。那种"梦想总要有的,万一实现了呢"的职业生涯安排,就是乐观型的职业生涯规划。

职业生涯规划起始于发达国家和地区,其主要特征:一是职业生涯规划教育开始较早,往往中学阶段就开设职业指导课程,初中阶段的孩子就要请专业人员做职业兴趣分析;二是有一支专业化高素质的职业指导队伍,这些专业人员往往都有心理学、咨询学等相关硕士或博士学位,并具有丰富的实践经验;三是开设个性化的辅导课程,职业生涯规划教育一直实行以学生为本位的理想主义模式,帮助大学生分析自我的人格特质,树立自我概念,从而初步探索出适合自身的职业环境类型;四是注重社会参与的实践活动,如建立"社区生计教育联盟",发布关于"社会各界要为学生参与社会实践活动,熟悉各类职业提供便利条件"的相关政策等。

我国的大学生职业生涯规划教育工作近年有了较快的发展,职业生涯规划教育贯穿于入学始业教育、职业规划项目竞赛、教师课堂教学和毕业实践与论文(设计)的各个阶段,但是相对于多样化的学生个体情况和复杂的就业环境,大学生职业生涯规划教育无论从开展时间,还是从个性化发展等方面都与实际需求有较大差距,特别是在职业生涯教育的专业化队伍建设方面,还有待进一步加强,在我国现实条件下,至少,需要所有的大学教师都加入到大学生职业生涯规划教育的队伍中去,充当好大学生"职业生涯规划师"的新角色。

2 大学教师的"职业生涯规划师"角色定位

广义地说,职业生涯规划师就是做两件事,一是"为活找人",二是"为人找活"。美国波士顿大学的帕森斯在1909年出版的《选择职业》一书中明确提出了职业选择的三大要素,一是应清楚地认识自己的态度、能力、爱好、智谋、局限和其他特征;二是应清楚地了解职业选择成功所需要的条件、知识、在不同岗位上所占的优势、劣势和补偿、机会与前景;三是前面两个要素的平衡。大学教师作为"职业生涯规划师"就是要做好两方面的工作,一是要引导学生清楚地认识自己适合什么样的岗位;二是要不断调整教学内容和方法,促使学生的知识和能力能够满足相关工作岗位的要求。

2.1 心理分析与引导

从本人多年教学的情况看,几乎每一届都有那么几位学生经常缺课,而且学业成绩普遍排名靠后,与他们交流后发现,这些学生中大部分智力正常,个别的甚至十分聪明。据学院学工部分析,学业成绩超越或接近"挂科"警示线的同学,80%是因为"懒惰",那么导致学生"懒惰"的原因又是什么,随着交流的深入,发现大部分同学"懒惰"的原因是对专业没兴趣。

霍兰德根据心理特征和专业兴趣,将人的职业倾向划分实用型(R)、研究型(I)、艺术型(A)、社会型(S)、企业型(E)和事务型(C)等六种人格类型,并按照人的职业倾向把最强前三项编排成兴趣代码。霍兰德还根据各种职业对不同职业倾向的要求,按前三项编排成216组职业代码,他的合作者和学生根据职业代码的意义,对12000多种职业进行了分组,如土木工程(RIE等)、建筑学(EIA等)、给排水(RCS等)、城市规划(RSI等)。

也就是说,学生对专业没兴趣,其实不是他们的错,是他们的天性使然。所以专业教师首先应当了解学生的专业兴趣,帮助学生分析个人专业兴趣与所学专业的关系,通过分析加深学生对专业的了解,并通过心理调整,增强学生的专业兴趣,对个别实在难以进行心理干预和调整的,应当及时安排转到合适的专业。

对于适合专业学习的同学,也要考虑细分,在城乡规划一级学科下面,有做经济与社会发展等宏观规划和相关政策研究的,也有做绿化景观、住宅总平面和城市设计等微观规划的,这些工种对学生的心理特征、专业技能的要求也相去甚远,所以在"霍兰德职业代码"中,适合城乡规划专业的职业倾向类型不下十种,需要教师帮助学生深入分析,以求在职业选择中找到自己合适的岗位。

2.2　市场调查与适应

作为大学生"职业生涯规划导师"的大学教师,一方面要深入了解学生的情况,及时调整学生的心理状态,适应就业岗位的要求,另一方面也要深入了解社会发展过程中职业与岗位的变化情况,及时调整教学的内容与方法,以适应社会发展的需求。

大学教师应当在学校相关部门的帮助下,及时掌握本专业应届和历届毕业生的就业和职业发展情况,了解他们在学校所学知识的应用情况,及时淘汰陈旧的知识、理论和方法,增加适合专业发展需要的新知识、理论和方法。大学教师应认真调研社会发展过程中对本专业学生提出的新机会和挑战,如互联网和电子商务的发展,对社会商业服务模式提出了新要求,规划专业学生可以做服务商 APP 的设计和新网点规划工作;房地产中介业的发展需要大批具有城市规划知识的市场分析师;肯德基门店选址需要丰富的城市规划知识,我们的毕业生可以去做高级投资决策管理人员;甚至,汽车 4S 店的销售人员也需要城市交通规划知识,我们的交通工程专业的学生经过一定的规划知识和技能训练后,汽车要比别的专业出身的销售员卖得多,生意比别的专业人员做得好。

况且,当今社会在大学毕业生找不到合适的工作的同时,也还有很多好岗位,找不到适合的毕业生,后者的问题要甚于前者。所以大学教师作为"职业生涯规划导师",还要做好"为活找人"的工作,就是要为社会发展找到合适的人,一旦发现缺位严重,我们就要及时调整专业方向,为这些部门和岗位培养有能力担当和能满足岗位需求的人才,这是大学教师的职责所在,也是教育的根本意义和出发点,是国家愿意投资兴办教育的目的所在。

3　做好"职业生涯规划师"的几点思考

3.1　工作要尽早介入

大学教师作为职业生涯规划师的工作应当从招生阶段开始,在招生宣传的专业介绍中,要让考生十分清楚地了解自己未来要从事的专业,不仅要了解专业的社会功能、作用和前景,也要让学生了解学习和从事这个专业将要面临的困难、问题和挑战,特别是要让学生了解自己的心理特征、职业兴趣与本专业的匹配程度。

大学始业教育是一个专业新人入行的开始,全体教师应该盛装出场,逐一介绍自己的专业课程内容和自己能为专业新人提供什么帮助,大学始业教育应该具有非常强烈的仪式感和神圣感,让同学知道,这些老师以后不仅是自己的专业教师,更是自己入行的职业导师和引路人。

3.2 融入教学科研工作

课堂教学是教师开展职业生涯规划教育的重要场所,教师在教学中要尽可能把所讲授的理论与方法的应用领域、范围和重要性告诉学生,同时提出需要探索的新领域,扩大学生视野,提高学生的学习积极性。

教师要尽可能引导学生参与自己的科研和设计项目,让学生尽早接触生产和科研实际,多给学生独立工作和创新的机会。

3.3 全程跟踪负责到底

毕业实习(工程师或规划师实习)阶段是大学生离职场最近的社会实践,教师要根据学生的职业特长和兴趣,帮助学生选择好实习单位和实习课题,有条件的要尽量与实习单位指导老师多沟通,帮助学生尽快适应。

毕业论文(设计)阶段是大学生职业生涯规划教育重要环节,学生要尽可能根据自己的职业兴趣选择论文或设计的题目。与专业培养计划的专业范围相比,学生的兴趣、社会的需求可能更重要,也更能代表专业未来的发展方向。

4 结 语

4.1 职业生涯规划是大学必修课

从我国现行教育模式看,读研已经是职业方向基本明确后的继续深造的选择,可以看作是前职业阶段。所以,大学是人生从学习走向职场的最后阶段,职业生涯规划是大学阶段人生最重要的必修课。

4.2 教师是最佳职业生涯规划师

职业生涯规划可以分三种类型:一是企业和组织员工的职业生涯规划,这类职业生涯规划是员工根据个人的特长和爱好,结合企业和组织经营和发展的需要,制订个人在组织中的定位与发展规划,其基本特征是职业方向和要求相对明确,发展通道也相对固定;二是社会上的职业生涯规划咨询机构为一般客户制订职业生涯规划,这类规划的特征是机构为客户寻找社会上最热门、最有发展机会的职业门类,规划结果往往脱离个人实际;三是大学教师协助学生制订职业生涯规划,这类规划的特征是教师对学生的职业兴趣、生理类型和天资相对比较了解,对本专业的职场现状与未来发展趋势的把握比较准确,大多数老师还有本专业的职场经验和阅历,因此,理论上大学教师是最适合做职业生涯规划导师的。

4.3 建立和完善相关制度

在现有学生职业生涯规划工作的基础上,进一步完善大学生职业兴趣测评、大学生职业生涯规划培训和相关创新创业竞赛等制度,要建立大学教师参与学生职业生涯规划的相关制度，如探索与完善"书院"在大学生职业生涯规划中的功能，建立"一对一""一对多"的职业生涯规划导师制，导师应当根据专业职场的现状情况、发展趋势和学生职业兴趣、学业水平等实际情况，及时给予指导与调整，为学生专业方向选择、学习与实践计划的制订与调整给出合理的建议，并督促执行。

应用"Po"思考法主动学习的小团队互评教学改革

刘　虹,郭　莉

摘要:设计课程需要的思维方法是在进行创意时,对解决问题产生新的创意,而水平思维法、"Po"思考法是增加人们在分析事物可能性时的发散思维,这有助于设计的多样性。学生个体在一个时段中既接受最新的知识,又能发挥思考主动性,积极参与教学过程,发自内心的学习和探索相关专业知识,取得实质性的进步。学生小团队应用"Po"思考法,建构了一个合作的主动学习模式,充分调动学习的积极性和兴趣,加强专业课程教学的弹性,提高学习内容的自主性,引导学生进入自我开放式的学习中,推进学生合作精神的培养。

关键词:"Po"思考法;小团队;主动性;合作

城乡规划学科作为具备设计能力的专业,其带有显著的创造性思维培养和团队合作能力培养的特征。随着时代的发展,电脑软件的开发和互联网的普及应用,大学生能自己通过网络获得更多的资料。在信息爆炸的时代,学生的面对面相互沟通和合作能力却降低了。同时,由于某些学校设计类课程的专业老师与学生的比例无法达到理想的比例1∶6或1∶8,课堂的教学辅导面临着知识点无法深入灌输和难以及时解决学生疑问的困境。为了照顾全体同学,完成相应的课程进度和教学内容及要求,设计方案的讲解也只能浮于表面。因而,为了更好地掌握设计技能、增强创新意识和协作、沟通的能力,本文采用了小团队应用"Po"思考法进行互评的课堂教学改革。

1　水平思维法与"Po"思考法

1.1　水平思维法

垂直和水平思维法是英国心理学家爱德华·德·博诺博士(Dr. Edward de Bono)所倡导的广告创意思考法,因此,此方法通常又被称作德·博诺理论。课堂教学多以垂直思考(vertical thinking),就是逻辑思考、纵向思维为主。而设计课程需要的思维方法是在进行创意时,最好能对解决问题产生新的创意,而水平思维法、"Po"思考法是增加人们分析事物可能性的发散思维,有助于设计的多样性。水平思考(lateral thinking/horizontal thinking),又称为德·博诺理论、发散式思维法、水平思维法,是指在思考问题时摆脱已有知识和旧的经验约束,冲破常规,提出富有创造性的见解、观点和方案。德·博诺博士认为水平思维就是设计式思维和创造性思维。

1.2 "Po"思考法

"Po"是博诺博士发明的新单词,他把水平思考的整个概念全部集中在这个单词上。水平思考是一种对事物情况各种可能性和假设的枚举,而"Po"就是源自英文 possibility(可能性)、suppose(假定)、poetry(诗歌)和 hypothesis(假设)中共有的字母"Po"。传统的逻辑思考注重判断和选择,非 Yes 即 No。博诺博士告诉我们:在 Yes 和 No 之外还有"Po"。因此对课程设计的方案,同学们可以提出很多"Po",小团队之间相互讨论,提出建议。老师所要回答的并不是 yes 或 no,而是选择哪一种"Po"是比较有创新、有理念,可以深入研究的,当然也是同学们感兴趣的。

2 "Po"思维的意义

(1)规划设计课分小团队的教学组织形式。根据课程的内容启发式地引导学生的兴趣,鼓励他们结合各自的兴趣分组参与课外学习资料的收集及分析,小团队的团队合作展示相互学习的成果,并进行成果汇报和心得交流,使同学们互动学习。重点培养学生的自主学习能力,挖掘学生的特长,树立学生自信心。

(2)通过水平思维训练、"Po"思考法培养设计类专业大学生的创新能力。提高积极参与和合作的能力,学会求知、学会做事、学会共处和学会做人,为社会培养合格的人才。

(3)改革课程评价方式。改变单一的成果形式和设计成绩考核办法,重点关注学生小团队平时的学习过程和擅长能力的发挥,关注学生在掌握基础理论知识的同时实际操作能力的提高。最终以设计小团队之间的相互评价作为成绩评定依据,老师的评价只占小部分。

(4)促进学习的团体荣誉感,带动专业课程的拓展学习和国际交流。

(5)提升参加全国大学生竞赛的作品质量。

3 主动学习的小团队互评

3.1 学生小团队合作的互评模式建构

目前高校规划设计专业的教育多以学生个人提交设计作业而进行成绩评判,学生们习惯了"老师授课—做设计—提交作业—老师评判"的流程,在完成作业的过程当中,师生交流是一对一的,这虽然培养了独立学习的能力,但忽视了同学之间相互沟通、相互欣赏和尊重、相互协调的能力。

3.1.1 学生小团队组建

城市规划专业所涉及的设计课程注重的是激发学生创造力和团队合作能力的培养。通过小团队合作学习,学生可以根据老师布置的设计任务书进行讨论,有相似设计构思方向的同学可以自由组合成一个小团队,根据老师讲授的知识和作业任务自己拟定学习计划、内容、须达到的要求、必须掌握的知识点等。这些都是进行设计前的准备阶段,需要与老师进行沟通并达成一致目标,以便作为最后学生互评的参考指标。

3.1.2 设计过程的合作交流

大学生思维活跃、个性多样,如何让他们突出自己的强项和特点就需要老师不断的引导和鼓励。目前的学生都是 90 后乃至 00 后,他们的家庭成长环境不同,加上社会环境和就业压力的影响,大学生价值取向正呈现多元化。自我意识较强、缺乏虚心学习的态度等都是他们的通病,小团队的氛围起到了一个大家磨合的作用。另一方面,由于课堂教学的时间较紧,老师的精力和知识面有限等,都无法将他们的创意进行下去,这是很可惜的。因此,在设计学习阶段,同学们达成的设计的新理念、闪光点,可以在小团队中充分展现出来,讨论、争论之后最终达成一个共同目标,大家一起努力完成设计任务并达到相应的学习深度,取得最好的成果。小团队的想法与疑问必须及时沟通和解决,整个过程充分发挥了个体强项又培养了学生相互沟通、相互欣赏、相互尊重和协调的能力。这是个性的挖掘、展示和共性的达成过程。

3.1.3 互评学习和总结

最后阶段,每个小团队进行各自的设计过程和成果的陈述,根据前期自己制定的计划和目标,团队间进行相互评比打分,指出错误和欠缺的地方,老师只作总结和知识点的讲解。这种模式可以提高学生学习的积极性,变被动学习为主动、竞争式的学习,不仅可以完成高质量的作业,还会影响到将来的创业意识,从长远来看,这是很重要的。同时,老师在指导学生互评的过程中也需要不断地充实新知识、新能量,建立可行的学习方法,在这一过程中提高自身的教学能力,丰富知识。这样,即能建立良好的师生关系又促进学生和老师共同学习,从而使教学模式变为"小团队组建—设定目标—做设计—提交作业—同学互评—老师总结"的流程。

3.2 "Po"思考法的小团队互评目标

(1)培养有自信心、有团队合作精神、懂得尊重和欣赏别人的有个人专长、有创新意识、人格健全的新一代大学生。

(2)让学生学会沟通,学会合作,最终形成一个内部团结和睦,有共同目标,相互信任,有一定凝聚力的班级团队。

(3)课程设计作业的成果多样性,注重学生的能力发挥和过程学习。

(4)建立良好的师生关系,创造活跃的、自主性强的课堂学习环境;课堂上同学之间、师生之间交流方式多样性,加强了同学间的互动交流。

(5)从直接的教师课堂授课、回答问题转向激发学生自主学习、自我评价能力的培养。

3.3 需要解决的问题

(1)减少教师课堂讲课的时间,讲课内容主要涉及基础知识和概念。

（2）鼓励学生发散性思维，解决问题可以有多种方式、方法。

（3）学生小团队成员对方案各抒己见，但最终又要达成统一的研究方向。

（4）小团队间互评要公平、公正。

3.4　可行性分析

大学设计类专业进入二年级以后每个学期均有不同要求和题目的设计课程，很多高校基本以大班教学为主，而且学校结合课堂教学还安排有社会实践课程。同时，学生也正处于心智逐渐成熟、希望得到能力展现和肯定的阶段。因此，可以根据不同的设计主题逐步推行和实施课堂教与学的互动性的团队学习方法，促进专业知识循序渐进的学习和巩固，不断改进和完善教育理念。

课程教学以团队合作学习为基础，4～5名同学自主组织为一个小团队，根据专业设计阶段的题目，以小团队为单位提交一套完整的设计成果。在学习的过程中，教师的课堂授课时间减少，把必须掌握的、关键的知识点分配到各小团队中，小团队成员通过团队合作的方式自主学习知识点，在下一次上课时学生分别进行讲述，教师只做总结和指导、建议，确定每个小团队对课程知识点的掌握，促进小团队间相互学习。每个设计阶段，都要展示设计过程成果，小团队里每位成员各抒己见，锻炼个人的口头表达能力，同时小团队通过讨论达成共识。因而推动了个人的积极参与，有利于个人发展交流活动，从而创造一种团队的学习或"组织能力"。学习活动分为个体学习、小团队学习和小团队间互相评价三个部分。每周的课题教学还可以安排两名同学介绍自己的兴趣爱好，既丰富了日常知识，了解了同学，又活跃了课堂气氛。

3.5　具体实施计划

课程设计前期，进行课堂理论教学，安排学习进程。课外布置表达自我兴趣的小作业，该兴趣要与课程有一定的关联，教师可以先做一个启发式的范本，逐步引导学生的兴趣向设计主题发展。

课程设计中期，学生进行团队组合，并自主拟定任务书。老师对各个小团队布置重要知识点任务，充分发挥个人的才能，积极促进团队学习和掌握知识点。在不同阶段，学生分别讲述各种知识点。在中期作业完成过程中安排一次成果展示和辩论会，同学们在团队比赛的同时学习他人的长处。

课程后期，小团队成员通过分工合作，完成最后的作业成果。作业成果可以有多种形式，但要求团队合作成果要完整，成果质量优秀的团队推荐参加第二年的或者以后的全国大学生设计竞赛。

4　结　语

学生小团队应用"Po"的思考法，建构了一个合作的主动学习模式，充分调动学习的积极性和兴趣，加强专业课程教学的弹性，提高学习内容的自主性，把学生引导到自我开放式的学习中，推进学生合作精神的培养，把原先老师传授为主变为学生自主学习为主。"Po"的思考法又将引导他们的专业兴趣，推动各个兴趣的研究方向，使学生个体在一个时段中既接受最新的知识,又能发挥思考主动性,积极参与教学过程,通过发自内心的学习和探索相关专业知识,取得实质性的进步。从长远来看,学生不仅改变了学习模式,还会影响到将来的创业意识。

参考文献

[1] [英]约翰·怀特.再论教育目的.北京:教育科学出版社,1997.

[2] [德]雅斯贝尔斯.什么是教育.邹进,译.北京:三联书店,1991.

[3] 叶澜,等.教师角色与教师发展新探.北京:教育科学出版社,2001.

[4] 刘捷.专业化:挑战 21 世纪的教师.北京:教育科学出版社,2002.

[5] 钟启泉,崔允漷.新课程的理念与创新——师范生读本.北京:高等教育出版社,2003.

情景模拟法在城乡社会调研课程中的教改探讨

黄扬飞 *

摘要：城乡社会调查与分析是城乡规划专业的学生需具备的专业基础技能，实践性非常强。传统的课堂教学往往将重点集中在理论讲解上，而忽视实践教学。引入情景模拟课堂教学法，将课堂与实践相结合，使学生自觉"浸入"其中，不仅能提高学生的主动参与和积极融合度，活跃课堂气氛，也有助于调研方案和方法的明确及调研思路的清晰。

关键词：情景模拟教学法；城乡社会调查；教学改革

情景模拟课堂教学法是实践教学中体验式教学法的一种形式[1]。运用情景模拟教学法，可以在一定程度上改善教学氛围，提高课堂教学效率[2]。

社会调研方法课程中的情景模拟教学，即围绕选定的调研主题，创设实地调研的具体场景，由学生分工担任不同的角色扮演，逼真地模拟调研方案设定的各类调研对象，通过进行访谈、对话或问卷等方法的演习，预测在具体的情境中可能出现的各类问题并做出应对处理，能够学习和运用实地调研相关知识和操作技能。教师在情景模拟过程中作为"旁观者"不介入其中，模拟结束后教师引导其他学生参与探讨并提出建议，进行指导、分析、点评，以完善调研方案和方法。情景模拟教学是实地调研达到事半功倍效果的一种虚拟实践性教学方法。

1 城乡规划社会调研方法课程教学的概况及问题分析

城乡社会调查研究方法课程是城乡规划专业关于社会调查研究方法方面的重要专业技能课程。通过本课程学习，学生能较系统地熟悉社会调查的基本原理和方法，初步掌握调查和分析城乡规划建设中具体问题的能力，为城市规划与设计过程中现状调查提供科学的依据。针对具体的社会热点问题，组织实际调查与研究。

该课程与全国高等学校城市规划专业本科课程作业（调研报告）竞赛评优相结合。以3～4人为一组选定一个研究题目，构思一套调查研究方案，通过实地调研，完成调查报告。并择优选送调查报告，参加一年一度的全国竞赛。

结合高年级学生对课程教学的意见和建议、同行专家听课及教学督导组的反馈信息，目前该课程教学存在的问题主要有：

（1）城乡规划作为工科设计专业，因工科培养的局限，口头表达、调研交流、撰写报告、方案汇报是大多数学生的弱项[3]，基础调研虽然是项目规划的前期必备程序和基本要求，但学

———————————
* 基金项目：浙江省保障性住区空间实态分析研究(15NDJC187YB)

生的兴趣点主要在于绘图设计的直观表达,学习的主动性明显不够。

(2)社会调研方法课程的教材往往注重理论分析。课程教学虽然结合案例分析法,比如历年规划项目调研实践及其成果案例穿插介绍,但学生参与主动思考、实践的机会比较少;教学方法和手段不够新颖,对学生缺少吸引力,课堂氛围不够活跃。

(3)课内授课的实践性指导欠缺。该课程的课内教学主要以教师讲授城乡规划社会调研的理论、方法等知识为主,对相关理论知识开展的实践指导不够。特别是受课内教学时空、场地、环境等的限制,学生缺少集中性的实训和实践锻炼机会。

课程考核方式是以结果为导向的考查。主要通过平时考勤、期末调研报告考查两种形式,期末调研报告考查所占比例较高,教师对学生学习考核不到位,更没有采取过程性的考核方式,从而很难全面考查学生的学习情况。

2　情景模拟教学法的理论依据

情景模拟法由美国心理学家茨霍恩(H. Hayt-shoyne)等人首先提出,根据被试者可能担任的工作,设计一套与该职务实际情况类似的测试项目,将被试者安排在模拟的、逼真的工作环境中,处理应付可能出现的各种问题,用多种方法来测评其心理素质、潜在能力的一系列方法[4]。由于情景模拟法具有效度高、信度高、经济实用、预测性强等优点,它逐渐被移植或嫁接到各种层次和学科的教学实践中来。情景模拟课堂教学即在授课教师的引导下,学生"位于"某一特定的工作岗位,模拟某些可能出现的情况,对学生进行语言、技能、心理等各方面综合素质的训练,是一种典型的互动教学方法[5]。

情景模拟提供了使学生通过协商学习与内隐学习的方式,主动参与课堂教学活动,提升课堂专业知识传递效率并最终整合和内化为学生对专业问题的认知的有效路径[6]。

2.1　协商学习的民主教学模式有助于建立师生互动推进学生主动参与教学进程

传统"定制菜单"和教师"一言堂"的教学模式使得学生通常是被动地接受专业知识灌输,不利于高等教学的创新人才的培养。协商学习意味着让学生参与和制定课程教学方案,以此激发学生主动学习和进行问题探究的兴趣和能力,它是在协商课程的基础上演变而来的一种知识传递模式。

与传统的专业教学计划安排和课堂教学安排不同,师生之间和同学之间有较为充分的协商基础,协商学习更加突出学生在课堂教学中的主动参与性和专业知识平等的转移。

2.2　内隐学习有助于自组织学习进而生成新知

内隐学习(implicit learning)首先由美国心理学家 A. S. Reber 提出,是学习主体在受到特定环境的敏锐刺激下,无意识地获得新知或体验的复杂规则的过程,其意义在于增强学生的自组织学习能力。大学教育阶段学生面对大量不断更新的专业知识,面对碎片化知识和信息,仅依靠课堂学习是远远不够的,需要辅助自组织学习理解整合进一步生成新知。

通过创设专业语境下强有力的环境刺激,促使学生自发地去获取复杂现实背景下的专业知识,内化提升学生专业知识认知的学习效率。因此,就内隐学习而言,需要创设生动的课堂情境,产生专业的环境刺激,激发学生自组织学习的潜意识。

3　情景模拟法课堂教学实践活动设计

城乡规划社会调查选题决定社会调查的研究方向、决定社会调查的研究价值、制约社会调查研究的全过程。课程教师通过调研、备课和资料收集等方式对该课程的理论知识进行梳理和分析,通过浏览讲解历年获奖作品,讨论社会、城市热点问题,帮助学生确定初步选题,制订研究方案后进行课内交流讨论,最终确定选题,通过课堂讲解和课堂情景模拟,把握调查方法。通过课堂讲解和分析历年优秀作品,学生了解把握优秀调研报告的撰写。课堂考核以方案设计、情景模拟和调研报告等为主要依据,将过程考核和结果考核相结合。

选题阶段要求每组学生(3~5人)准备两三个选题作为备选,有出现选题方向一致但调研思路和方案不同的情况。一开始会出现较多的以大学生为研究对象的选题,但源于学生对自身熟悉便于调研的考虑,此类选题基本上进行了调整;也会出现些纯粹社会问题的调研,这跟城市规划学科对社会关注点越来越重视有关。

题目确定后每个小组制定调研方案和调查方法,教师和学生共同协商拟定情景模拟要求,根据调研方案设计课程情景模拟活动方案,主要包括调研场景、角色扮演和设置具体的内容,比如政府官员、社区居民、调研者、路人等等。要求学生在课堂展示之前做好预演准备,以及时与教师沟通,对其不足之处教师要给予针对性的强化和指导。小组进行课堂展示时,其他同学作为观众的同时要求仔细观察、学习并思考,并提出相关的建议和看法,互相促进取长补短。课堂情景模拟结束后,教师要对各小组的创新处和亮点提出肯定和表扬,并根据自己的经验和专业知识对模拟过程中的不足之处进行分析点评,以帮助学生完善调研方案,实现思维能力的拓宽和知识迁移,为实地调研做好充分的准备,以获得良好的调研效果。

4　结　语

情景模拟法在城乡规划社会调查课程教学中的运用,把枯燥的理论传授转换为学生自主参与的互动探讨,在实际课堂情景模拟中,各自的角色扮演活灵活现,场景模拟方法多样丰富,出乎意料,学生主动地、迅速地理解教学内容,课堂教学效率明显提高,教学效果突出,这为规划专业的学生的综合素质的培养提供了可行的平台。

参考文献

[1] 刘华欣.情景模拟教学法在新闻课堂教学中的应用探析[J].新闻世界,2012(11):175-176.

[2] 陈洁琼.运用情景模拟法提高财经法规课堂教学效率[J].职业教育研究,2013(2):105-107.

[3] 全国高等学校城乡规划学科专业指导委员会.新型城镇化与城乡规划教育[M].北京:中国建筑工业出版社,2014.

[4] 王启凤.情景模拟教学法在消费心理学课堂教学改革中的探索与实践[J].辽宁经济管理干部学院,2014(4):95-97.

［5］宋丽明.情景模拟实训教学在礼仪课堂中的应用［J］.劳动保障世界,2016(6).

［6］黄艳敏,张岩贵.情景模拟在经管类专业课堂教学中的应用［J］.中国轻工教育,
　　2016(3):33-35.

居住区详细规划课程开放式教学改革

钱　俭

摘要：通过分析居住区详细规划课程的教学现状中存在的关于课程体系和教学方法方面的主要问题，并结合课程教学实践，积极探讨这门课的课程教学方法的改革措施，希望能促使其形成有自身特色的教学模式。

关键词：居住区规划；教学改革；开放式教学

目前，我国正处于社会经济加速发展的转型期，城市规划是大力推进我国城市化进程并引导广大城乡和谐发展的必要保证。在社会经济急剧变迁的全球化过程中，城乡规划学科经历了从研究城市物质空间为主向多学科、多维度的发展，即将城乡规划由空间研究为主扩展到经济、文化、心理、景观等各个领域，再到城乡规划空间研究核心理论的回归。显然，城乡规划学科在直面城市发展的现实挑战过程中做出了积极的响应。然而，作为城乡规划人才培养的城乡规划教育却显得相对保守和落后，城乡规划课程的教学改革迫在眉睫。教改必须以一种开放的姿态接纳社会的不断变革和需求，构建一种全新的开放式教学模式，以促进师生在有限的教学时间内，既能掌握城市规划空间研究的核心内容，又能通过开放的创造型学习提高复合能力从而服务于不断变化的城市建设。

教改立足土木与建筑工程学院的城乡规划、建筑学现有专业资源，同时借助校企合作以提取和吸收最新设计方法和市场信息，整合教学资源并优化教学过程。

1　居住区规划课程教学现状

居住区详细规划是我校城乡规划专业学生接触的第一个专业设计课程，在整个专业课程体系中处于"承前启后"的地位，是城乡规划专业由建筑学平台向城乡规划专业转换的过渡时期的核心课程。同时，作为相关专业的建筑学、风景园林学的培养计划也开设了居住区详细规划课程。居住区详细规划作为城乡规划的最微观层面，存在与建筑学、风景园林学等多学科交叉的界面，其实际项目属于规划设计院、建筑设计院、景园设计院的共同市场。

以往居住区详细规划的授课已然不断在进行教改方面的尝试。前期依托设计院的工作程序重组了教学过程，采取了"婉拒式"教学、专题式教学、团队式协作、设置教学助手等教学方法，为学生创造了一个接近于真实工作环节的学习环境，在此基础上构架的详细规划设计课程的教学程序及教学方法，提高了教育、教学质量，使学生在知识、能力、素质等各个方面得到了发展。

综合说来，前期教改初步开拓了该设计课程对社会需求的开放性，但是学生在课堂教学过程中接触的仍是城乡规划专业的师资，教学团队缺少多学科教师的交流、工程师、管理者与教师的思维碰撞，学生思维的开放与创新不足，如何在后期的专题式教学中进一步开拓设计课程的开放性,如何引导学生进行开放式学习,激发学生创新能力,仍值得不断探索。

2 教改目标

(1)拓展课程的开放性,优化教学进程,鼓励学生开拓思维,从"应试型学习"转向"创造型学习",全面提升学生复合能力。

(2)引导团队合作,形成开放式的学习环境,引导学生养成主动开放的学习习惯,真正形成一种开放式的学习模式。

(3)促进城规、园林、建筑等学科交流,有效沟通学校和企业,丰富教学团队。

(4)提高学生对课程、任课教师的满意度,激发学习兴趣。

3 教改内容

3.1 基于开阔视野的教学资源构建

本文探讨的首要改革内容即依托多种资源学校资源+企业资源+社会资源,重构教学内容和学习方式,分配不同教学资源的授课比例。教改将引入建筑学、风景园林两个方向的非责任教师参与,同时结合"千人业师"工程,邀请设计院工程师以及规划局的审批专家,组建多专业、多层次的教学团队。杭州市拥有城市规划展览馆、房交会等多种社会资源,这些具有地域特色和独特的社会资源亦可作为教学的有效补充。

3.2 基于能力提升的教学过程组织

对应开放式教学内容的学习要求,设计多任务多平台的教学进程,设置设计专题系列。对应培养目标的复合能力要求,教学进程设计为任务菜单选择、优秀方案解析、基地调研、一草设计、参观认知、二草设计、电脑辅助设计、工程管线设计、文字排版等阶梯递进式环节。同时,依据居住区详细规划的进程及工作重点将设计中的核心知识点设计成相应专题:基地调研、方案解析、规划结构研究、住宅单体选型及群体空间处理、景园设计方法、方案评价等,通过主题讲解、布置任务、执行解决等环节激励学生参与。

3.3 基于自组织的学习小组构建

引导学生成立学生学习小组,通过阶梯递进环节自组织形成结构,自行产生学习领袖及跟随者。学习小组在现场调研、专题研究、成果汇报等环节合作交流,以团体的形式进行开放式学习,并进行监督评价。学习小组在与教师、业师交流的同时,引导其向小组间、高低年级间、不同专业间交流,向电子网络延伸,向实习单位延伸,从而形成开放式的学习环境,引导学生养成自发开放的学习习惯,真正形成一种开放式的创造型学习模式,这也是本次教改的出发点和立足点。

4　开放式教学模式构建

4.1　业师及非责任教师的选择

以知识互补、中级职称以上为基本标准，在方案解析及一草设计阶段邀请设计院的工程师作为第一业师，在方案评价阶段邀请规划局的审批管理人员作为第二业师，两位业师从设计及管理两个角度进行执业的实战经验传递。非责任教师邀请建筑学、风景园林专业的两位教师，与城乡规划专业的教师进行搭档授课。难点在于业师及非责任教师与学生时间上的配合。

4.2　大量资源与有限课时的分配

居住区规划设计的总课时基本为 64 节左右，仅仅靠有限的课内授课根本无法完成设计作业，学生必须在课下进行主动学习。参照前期教学经验，以专题教学引导学生形成课下独立思考、解决问题的习惯。

4.3　学习小组的组织及运作

学习小组成立初期，教师应予以明确的任务引导，但不干扰其具体运作。小组结构出现学习领袖和追随者后，应重点关注学习领袖的自我超越和团体学习环境。对进度缓慢的同学采取组内监督评价，并采用教师辅导＋组员辅导的形式，以强化个人塑造。

5　结　语

基于学科交叉、校企合作的开放式教学模式顺应了学科发展要求，进一步巩固了我校城乡规划专业"三位一体"的专业特色和教育优势，有利于提高学生面对社会各种新型规划的复合能力。同时也促进了不同学科、校企的专业交流，增强教学团队的整体力量，有效保障教学质量的提高。

参考文献

[1] 谢薇薇.居住区规划教学的实践与思考[J].中外建筑,2015(8):100-101.
[2] 李若昃.建筑学平台转型期《居住区规划设计》课程教学的缺失与应对思考[J].福建建筑,2011(2):8-10.
[3] 吴峻,王操.适应现代居住模式的居住区规划设计——居住区规划与住宅设计课程改革初探[J].长江大学学报(社会科学版),2010(5):48-50.
[4] 孙良.居住建筑教学课程整合与研究型教改试验[J].高等建筑教育,2007(1):76-78.

加强教改构建特色鲜明的现代化应用型城乡规划专业

施德法,钱　俭,郭　莉,黄扬飞,吴德刚

摘要:建设怎么样的专业,才能满足社会、市场需要,实现育人单位与用人单位的双赢,以便用人单位为社会培养更多、更好的人才,更好地为社会服务。同样,用人单位、社会对人才的需求变化,也必须促使育人单位调整培养计划,及时修改育人思路和对策,才能源源不断为社会输送适合人才,真正做到教学相长,学以致用,主动适应社会,满足社会需求。在社会竞争激烈的时代,育人单位必须有自己的培养特色,因而,构建特色鲜明的现代化应用型专业成为当务之急。

随着城乡一体化进程的加快和建设重心的转移,新型城镇化和美丽乡村建设的实施,尤其是生态文明发展战略的确定,我国的城市建设方向将发生重大转变,新一轮的建设重点必将从城市逐渐向广大城镇及乡村地区转移。基于这一宏观背景的转变,规划专业人才培养应积极应对;总结过去几年的经验,更好地指导城乡规划的发展;对城乡规划专业的发展方向、目标、内容和人才培养的要求、层次、计划及教学方法、手段等进行全面、系统的规划。

1　专业教学改革的回顾与总结

1.1　专业建设情况

本专业以学科建设为依托,以教学改革为核心,以培养具有鲜明特色的应用型人才为根本目标,以城镇历史文化保护和风景园林为特色的专业建设为引领,逐步形成了具有一定特色的城乡规划专业。

(1)实现了本专业四年制到五年制的转变与升级。

(2)调整城市规划(城乡规划)专业人才培养计划及培养模式的改革。

(3)探索教学改革和学科建设。通过增加现场实训教学、请专家名家开设讲座教学、建立实习基地并形成网络化、改进课堂教学方法、采用丰富多样的互动讨论式教学等教学改革,较大地提高了教学质量,取得较好的教学效果。

1.2　教学改革及其成就

1.2.1　教学改革

为改变应用型专业重理论轻实践,重课堂教学轻实习实践教学,重命题设计轻实战设计的老式教学模式,我们大胆进行教学模式的改革,主要体现在以下四方面:

(1)调整教学计划,完善教学体系。合并、取消有关课程,大量补充新课程,使之与形势

发展相适应;

（2）压缩课堂教学时数,增加实践教学课时。改革课堂教学方式,减少理论教学课时,提高教学效果,大量增加实习实践课时,提高动手能力和操作技能水平;

（3）改进教学方法,扩充教学内涵。采用走出去,请进来的办法,扩大学生学习视野,培养学习兴趣,激发学习热情,提高学习效果;

（4）参与社会实践,参加科技竞赛和岗训考证。鼓励学生积极参与各类社会实践和专题调研,提倡学生参加有关科技竞赛及岗训考证活动,为走向社会奠定基础。

1.2.2　具体方法

（1）增加现场实训教学;

（2）请专家名家开设讲座教学;

（3）建立实习基地并形成网络化;

（4）改进课堂教学方法,采用丰富多样的互动讨论式教学。

1.2.3　改革教学方法和教育模式

改革教育方式和方法,采用多种方式、灵活机动、生动形象的教学模式,如启发式、讨论式、互动式、案例分析式、网络式等授课方式,提高教学效果。压缩理论教学课时,增加实习实践课时,强化实践环节,开设系列专题讲座,开阔眼界,扩大知识面,贴近社会。改革成绩评价体系评定方式,尤其是设计课、实践课,必须强化过程成绩,化整为零,突出个性,注重创新,同时要让学生参与成绩评定,确保成绩公正合理,使学习成绩与设计能力相一致,培养学生的创新能力和动手能力,为有能力的学生脱颖而出创造条件。先在专业设计课搞试点进行摸索,成熟之后逐渐推开,扩大覆盖面,并及时进行总结和推广。

1.2.4　改革的主要成效

城市规划系花四年时间进行深入细致的调查研究和交流考察,在广泛听取城市规划单位、城市规划管理部门、城乡建设单位等意见的基础上,调整城市规划（城乡规划）专业人才培养计划及培养模式的改革,最终制定出了既符合时代发展要求又满足专业需要的人才培养计划及其培养模式,经过六年实践,取得了良好的效果。已经有五届毕业生,从他们毕业后就业、工资待遇、承担任务、技术水平、社会影响、第三方测评反馈等情况来看,效果良好,深受用人单位认可和好评。

2　专业优势与标志

经过多年改革与实践,本专业已具备以下几个优势:

（1）本专业形成以城乡规划为基础,又融合其他学科特色的优势专业群。与建筑学、文学院有较好的学科交叉,具有形成旅游与文化专业群的条件和优势。

（2）城乡规划与城镇历史文化保护相结合。本专业在城镇历史文化保护规划、乡村历史建筑保护规划方面均有深厚的理论研究基础和实践基础,曾主持"浙江省历史文化名城名镇名村十三五保护规划""浙北历史文化村落研究",是全省唯一主持"十三五"保护规划的高等院校。

（3）注重国际合作与交流。与塞浦路斯大学合作办学、负责组织和规划国外（希腊）游学、参与申报欧盟课题。

3　构建特色鲜明的现代化应用型城乡规划专业

3.1　指导思想

以园林城市、生态城市、文化名城、绿色城镇、美丽城乡及低碳环保城镇等先进的理念为指导,从以人为本、因地制宜为原则,以完善城乡基础设施建设和功能布局为目标,充实相关学科内容,夯实学科基础,培养各类高素质的规划人才,引领城乡建设快速、有序、健康、良好发展,构筑良好的城乡一体、环境优美、生态良好、生活舒适、交通便捷的信息、学习、生活、工作环境。

3.2　培养目标

以"宽知识、重实践、厚基础、强技能"为本专业的发展目标;制定与之相匹配的培养计划和人才标准;培养适应社会发展需要的具有城乡规划的基本理论知识、基本技能和具有创新精神的高素质应用型专门人才;使培养的学生具有较强的专业技能和多种职业适应能力,能在城乡规划、景观设计、建筑设计、房地产开发及规划管理、风景旅游区管理等领域从事技术或管理工作。

3.3　培养标准

在系统掌握专业基本理论知识的基础上着重培养学生的素质和能力,强化工程实践和基本技能的训练,培养自学能力和创新意识,发挥个性、鼓励专长。

3.4　知识构架

(1)知识学习——六大板块(公共基础、建筑学、美学、规划学、环境科学、社会科学)

(2)实践能力——七次实践调研(认识城市、了解城市、调查城市、分析城市、研究城市、规划城市、建设城市)

(3)动手能力——六个强化(城市总规、城市详规、城市设计、居住区规划、景观规划、建筑设计)

(4)综合训练——四次实习(美术实习、课程综合实习、毕业实习、毕业设计)

3.5　规划理念

规划层次:区域规划——大地景观规划——土地利用规划——城乡规划

规划目标:生态城市、园林城镇、美丽乡村

保护体系:历史文化名城名镇名村保护——历史街区保护——历史建筑保护等

规划重点:小城镇和乡村

3.6　师资队伍建设

改革用人制度,打破常规,大胆启用有能力,又有实践经验,热心教学,爱岗敬业的人才;把学历高、年纪轻、有热心、肯努力的教师送到规划管理部门、设计研究院、建设单位去锻炼,他们增加实践经验和工作能力,了解社会需要和对人才的要求,工作几年后他们再回教师岗位从教,就会大大提高教师队伍的业务素质和教学水平;要注重教师队伍的梯队结构、年龄结构、职称结构。此外,还要有适量的储备教师,以便不断充实师资队伍,形成合理的立体教师队伍结构。

4　具体做法与思路

重点阐述"十二五"期间的本专业建设情况;阐述"十三五"建设目标,建设的重要工作及举措,预期达成的成果,学院支持与保障政策措施(含经费投入)。篇幅至多不超过 5000 字。

4.1　明确建设目标

以特色学科为目标,抓住学校重点建设优势与特色专业群的契机,强化"文化 & 旅游产业"特色专业群建设,实现专业的跨越式发展。

4.2　形成专业优势特色

经过多年实践和探索,本专业已经形成了鲜明的专业特色,概括为"一二三四五六七":
一个指导——以优化人居环境、建设城乡风貌为指导;
二个目标——城乡发展(生态城市)、历史保护(名城名镇);
三大方向——都市、城镇、乡村;
四大内容——城市规划、乡镇规划、乡村规划、保护规划;
五个重点——城乡规划、风景园林规划、旅游规划、交通道路规划、工程规划;
六大板块——总体规划、控制性详规、详细规划、城市设计、建筑设计、景观设计;
七大实习——认识城市、了解城市、体验城市、调研城市、分析城市、研究城市、规划城市。

4.3　具体举措与重要工作

(1)对学科进行调整与整合,对教学计划和教学模式、教学资源进行优化配置,在现有学科专业中提炼特色方向,将其做优。今后城乡规划将向以下三个方面做强做大:一是城镇历史文化保护,二是美丽乡村建设,三是旅游规划(含各类旅游风景区、村镇旅游规划)。

(2)抓好作为学科建设重要环节的精品课程建设。为了促进学科专业建设,全面提高人才培养质量,根据《教育部关于启动高等学校教学质量与教学改革工程精品课程建设工作的通知》(教高〔2003〕1 号)的文件精神,结合本专业实际,要加大村镇规划、旅游规划等精品课程建设的力度。在保证主干课程开出率达 100% 的基础上,按照目标明确、改革创新、成果突出、讲求实效的总体要求,分期分批建设,力争到 2019 年,使专业精品课程在数量上有所突破,使校级精品课程数量达到 2~3 门。

(3)加强实验室和校内外实习基地建设。改革实验室管理体制,更新实验实践教学内容,增加美丽乡村、旅游规划等设计性实验项目。加强美丽乡村、旅游规划等专业实践基地建设,既要重视基地的教学功能,又要考虑基地的科研功能的,建立教学与科研相结合的教学模式,提高学生的实践能力与创新能力;重视学生实践能力培养,加强实习、实训基地建设。计划保持 1～2 个相对稳定、联系密切的实习、实训基地,满足本学科教学实践需要。要对基地建设进行大力的政策扶持和经费投入,保证基地建设质量,提高基地建设品位,建成一批满足教学实习、实训需要的优秀实践基地。

4.4 预期的成果

(1)专业教学内容与课程体系的改革成果。

预期能建立一套突出专业人才培养定位与特色的课程体系,以及与各有关课程配套的教学基本文件、教材建设成果。按照一个指导、二个目标、三大方向、四大内容、五个重点、六大板块、七大实习的专业特色建设方向,加强城乡规划(尤其是村镇规划)、风景园林规划、旅游规划、交通道路规划、工程规划这五大核心主干课程的课程建设,从而强化村镇规划、旅游规划、保护规划的专业特色。及时修订人才培养方案、教学大纲,调整教学基本文件内容,使得在教学内容上充分体现专业特色与人才培养特色,将其做优。

学院将进一步完善、落实各项教学管理规章制度,严格执行专业建设、课程建设、教材建设、实践教学、学风建设、教学队伍建设等方面的相关管理制度,不断改进教学质量监控与保障体系,强化教学质量的过程管理。

(2)教学研究、改革与实践的成果。

开展关于村镇规划、旅游规划、保护规划的教学内容与课程体系、教学方法与手段、实践环节等方面的改革与实践。特别是要针对办学中的薄弱环节积极开展研究与探索。要加强对教学改革的总结,形成一些针对性强、目的明确、指导意义重大且具有可操作性的教学改革成果,发挥其对教学的指导作用,以推进优秀教学资源的建设和共享。

探讨开放式教学在景观规划设计课程中的应用

郭　莉,施德法,刘　虹

摘要:开放式教学是在教学理念、方法、目标、师生关系、课堂内容等方面进行教学内容组织与安排的教学模式,鼓励学生积极、自主学习。景观规划设计是城乡规划专业学生必修、专业核心课程之一,根据对城乡规划学科及教育理念的思考,结合浙江科技学院城乡规划专业景观规划设计课程的教学实践经验,针对教与学的过程中所出现的各种问题,将开放式教学融入该课程教学当中,从而达到开发学生的创造潜能、培养学生的创新意识和专业实践能力的目的。

关键词:开放式;教学方法;景观规划设计

在五年制本科城乡规划专业的主干课程中,景观规划设计是必修的课程之一。1958年,"景观规划设计"由美国景观之父奥姆斯特德提出,同时也有许多不同翻译名称,如:风景园林、景观设计、造园、景园等。课程主要讲授各种景观类型的规划设计原理、内容、步骤和方法,其景观类型涵盖了宏观、中观和微观三个层面及不同规模的场地,适用于城乡规划中所有的规划对象,由此可见,景观规划设计课程在城乡规划专业的课程体系中具有重要的且不可替代的作用。其课程内容与场地设计、居住区规划设计、城市设计、详细规划设计、城市总体规划等课程的关系非常密切。因此,对景观规划设计课程的教学方法进行认真、全面的探讨,对提高学生的设计能力和专业素质,增强学生就业竞争力意义重大。

1　开放式教学的内涵

在开放式教学模式中,学生是教学活动的主体,目的在于创造潜能,培养学生的自主学习能力、动手能力和创新思维能力,最终达到促进学生的个体发展的目标。开放式教学模式概念的提出是相对于封闭式教学模式的,开放式教学模式并不是在传统教学模式中进行局部的改良,而是进行根本性变革,是对传统教学模式的教学理念、方法、目标、师生关系、评价体系等问题上的变革,其目的在于调动学生的自主性和能动性,培养具有一定创造能力和实践能力的社会应用型人才。我校长期坚持走"应用型"办学发展道路,目的在于为国家建设与社会发展培养高素质的应用型专门人才,开放式教学也符合我校应用型大学的人才培养要求。

2　开放式教学法实施背景

2.1　课程设置背景

景观规划设计是整个城乡规划设计过程中重要的组成部分,也是城市建设和管理中的一项重要内容。本专业人才培养目标中强调"宽知识、重实践、厚基础、强技能",培养的毕业生要适应社会发展需要,具有城乡规划的基本理论知识和基本技能,具有创新精神,并有较强的专业技能和多种职业适应能力,能在城乡规划、建筑设计、房地产开发及规划管理等领域从事技术或管理工作,因此城乡规划专业的同学应具有景观规划设计的能力,也是现代城乡规划的要求。

通过本课程的学习,学生能系统地掌握景观规划设计手法,分析用地的方位、气候特点、周边道路交通条件、周边景观环境、建筑环境等等。通过本课程教学,学生熟悉总体布局、功能分区、流线组织、绿化设计、外部空间与建筑形体关系等主要内容,达到基于对立条件的分析而获得出色的功能、景观和生态环境设计的构思和表现能力。

2.2 "教"和"学"过程中出现的问题

景观规划设计课程教学中传授的应是一种思维方式与分析方法,设计的方案没有标准答案,只有相对的优劣之分。通过多年对城乡规划专业中景观规划设计课程的讲授经历,本人对教学过程及学生在学习过程中出现的一些问题进行总结,主要体现在以下5个方面:(1)在规划设计初期阶段,学生对于项目的总体布局不知道如何进行整体规划,功能安排很随意,不清楚如何利用现状条件;(2)在规划设计中期阶段,学生对如何运用传统园林中的组景方式等来组织现代景观感到无从入手;(3)在详细设计阶段,如何与当地的文化历史、风土人情等相结合而使方案具有个性和特色,学生为此很困惑;(4)在园林植物设计阶段,学生很少从植物的建造功能、环境功能及观赏功能三方面进行综合考虑,直接把其他作品的设计图形截取到自己的规划图中,使作品缺乏整体性和适应性;(5)在理论课的讲授中,如连续上3节课之后,学生们的注意力开始转移、部分同学出现疲惫状态,听课质量明显下降。

3 开放式教学法的实施过程

3.1 场地考察分析

选择便于现场踏勘的设计题目,组织学生到实地踏勘、测量,搜集场地的相关资料;地形、植被、水体、土壤等自然条件,温度、日照、降雨、风、小气候等气象条件,道路、建筑及构筑物、各种管线等人工设施,场地现状景观、视觉走廊、视域、制高点等视觉质量,以及周边交通、社会人文、上位规划等。多次对场地进行反复调研,利用叠加分析法将基础资料诸项内容叠加到一张综合分析图内,并将分项内容用不同的颜色加以区别显示。通过此种方法,学生能充分利用基地条件,结合周围环境,正确选择绿地的出入口位置,合理安排文化、娱乐、体育、健身、观赏等功能的区域位置和规模,组织人行、车行和静态交通,并进行地形处理,做到土方内部基本平衡。学生通过这一过程,学到了如何搜集设计资料、归纳分类,以及分析问题和解决问题的方法。

3.2 古典园林调研

结合专业实习,安排学生到杭州郭庄或苏州的拙政园、狮子林、留园等传统园林实测建筑、小品、铺装、水体等,并撰写实习报告,分析古典园林的造园手法,而且每位学生在实习前必须手绘园林的平面图。通过古典园林的测绘和现场教学,让学生对以苏杭园林为代表的江南私家园林在造园布局、建筑形式、堆山叠石、花木配置、叠山理水的地方特点,有一个全面的了解,同时体会到中国古典园林中所蕴含的浓浓的文人情思以及古建中的牌匾、楹联等诗文书法作品对环境氛围的烘托和点睛作用;并在设计现代公园时,能从传统的视觉关系角度来布置"景"与"借景"、"看"与"被看"的景物,学会将古典园林空间的分隔与联系处理手法运用到现代空间设计中,从而达到渗透与层次变化的效果。实地实测的教学缩短了理论与实践之间的距离,加强了学生对传统园林的感性认识。

3.3 方案交流讨论

在构思草图时,引导学生在各自的方案中尝试突出文化、休闲、历史、绿植等不同的主题,让学生将完成的方案图统一挂在教室中进行展示,并鼓励每一个学生将自己的设计理念和立意表达出来,教师和其他同学都可以就其方案提出异议,学生在回答问题的过程中,不仅要不断的思考,而且能深刻认识到自己及其他同学设计中的优缺点。在做方案设计的时候,有些学生经常不知道该如何撰写设计说明,哪怕是不多的三五百字,在介绍方案时也会因紧张而表述不清;但在未来的实际设计工作中总免不了与其他人进行交流和沟通,针对这种情况,在教学中组织学生们以主题性为重点汇报各自的方案,并进行同学间互评、教师点评。通过这种学习方式,让学生对整个设计程序有较为清晰的了解,学生可以较好地培养自己的表达能力,增强自己方案的个性和特色,并在同学间形成一种互帮互学的良性学习环境和竞争氛围。

3.4 园林植物认知

绿化在景观规划设计中具有很重的分量,掌握了植物造景的设计手法,可使方案更加完整和实用。结合学校和西湖风景区绿地中的植物配置进行实地讲解,系统认识园林植物在景观效果中的重要作用,要求学生按乔木、灌木、地被植物、攀藤植物、水生植物和花卉将园林植物进行分类记录,拍摄造景效果突出的布置方式和种植形式等,进一步加深对园林植物三大功能的掌握。要求按小组制作 PPT 文档,每组派代表发言。通过专题性实地考察和资料的分析,使学生对园林的形态、色彩、质感有直观的认识,能在设计中合理的安排配置密度和近景树、中景树、远景树的前后层次,并针对观赏特征来合理配置植物。学生在此环节中有较浓的兴趣,因而每年都有毕业生到园林设计、旅游规划设计单位就业。

3.5 专家外教讲座

针对设计课题性质,结合先进的规划设计方法和案例,以及学科发展的前沿动态、城乡建设中的热点问题,聘请政府部门的领导、国外大学的教授和规划设计单位的技术负责人等开设讲座,就设计管理、设计案例和设计手法给学生进行汇报展示。例如,园林局领导的专题讲座有西方园林历史和植物造景特点、G20 杭州重点绿地布局和景观特色等;希腊和塞浦路斯的大学教授在植物空间塑造、垂直绿化模式、生态景观建筑等方面开展了一系列讲座;中国城建院浙江分院的王旭达院长多次来校开办讲座,向同学们介绍现代景观设计精品,以及宣传并倡导企业文化。主题各异、内容丰富、精彩风趣的讲座,使学生们开阔了眼界,拓展了知识面,增加了专业认知的深度和广度。讲座后增设讨论和提问环节,在"讲座—提问—

讨论"的过程中,使课程的学习更加贴近生产实际,提高同学们的学习积极性。

4 结 语

城乡规划在我国城市建设中起到关键作用,要使规划合理而先进,就需要一批高素质的专业人才。景观规划设计是本校城乡规划专业三年级学生首次接触到的综合性设计类型的课程,其整体性和系统性也比较强,因此教师需要精心地安排每个教学环节,这对教师的教学素养和工作能力也是一种考验。开放式教学是一个需要继续深入、不断钻研的课题,应在城乡规划设计系列课程中进一步探索和提升。要真正达到高质量的教学效果,需要学校、教师和学生三方面的共同努力。

"BLOCK"街区单元设计训练

——城市设计空间基础教学新方法的探索

张学文

摘要:自 2015 年中央城市工作会议以来,社会及业界对城市设计的重视程度达到了一个新的高度,对如何提高城市空间品质的探讨涉及了城乡规划与建筑学教学、城市设计编制技术及城市管理与政策制订等多个领域,这对未来规划师与建筑师的观念培养、方法训练等显得尤为重要。文章在分析了城市设计学科的发展趋势,借鉴了语言学在建筑与规划设计领域的应用理论,提出了在城市设计课程设计中加入"BLOCK"街区单元设计基础训练方法,这是一种目标更为明确、内容更为务实、过程更为循序渐进的教学改革新尝试。

关键词:"BLOCK";街区单元;城市设计;教学

1 城市设计教学对物质空间的回归

回顾中西方城市发展史,城市建设者对城市的规划均以物质形态设计为主,城市设计与城市规划始终紧密关联,并成为城市规划的核心工作任务。西方工业革命带来了城市的急速膨胀,城市问题日渐凸显,以霍华德为代表的现代城市规划者,将视野拓展到城市社会、经济与环境等问题,形成了现代城市规划的综合性特征,城市规划思想内涵得到了充实,外部影响也进一步的扩大。尽管如此,城市规划思想及其成果仍然需要以物质形式体现在城市建设中,继而对社会、经济与环境产生作用,城市物质空间形态仍是城市规划发挥作用的重要载体。纵观近现代城市规划理论与实践的演进发展,"城市设计始终是城市规划学科的支柱之一"[1],尤其是近些年来城市形象面貌的趋同和城市个性特征的缺失,使城市规划学界对城市设计的重要性有了新的认识,城市规划又回归空间安排这一核心任务。

回顾西方城市设计教学,以伊利尔·沙里宁于 1934 年在美国匡溪艺术学院创立了建筑与城市设计系为标志,城市设计课程被正式引入美国的高等教育体系,他针对当时城市规划多为二维平面设计的局限性,提出了三维空间规划设计培养方案,把城市设计课程设定为联系建筑与城市问题,提高空间环境质量的核心课程。"现代城市设计作为独立学科从城乡规划学和建筑学中分出来,通常以 1960 年美国哈佛大学开设研究生城市设计学位课为标志"[2]。

我国最早的城市设计教学思想可以追溯到 20 世纪 40 年代末,梁思成先生在考察了美国匡溪艺术学院建筑及城市设计系以后,于清华大学提出了开设"体形环境设计"课程的设想,成为我国城市设计教学的雏形,但由于历史原因,当时未能在我国得到延续与发展。直到改革开放以后,我国各大高校开始向国外院校学习,陆续开设城市设计课程,设置城市设计研究方向。成立于 1999 年的全国高等学校城乡规划学科专业指导委员会(以下简称"专指委"),决定组织全国开设城市规划专业的院校参与学生作业评优活动,其中的详细规划课程确定为"城市局部地段建筑群与公共空间规划设计(核心内容就是城市设计)",2007 年,专指委正式将其命名"城市设计作业评优"。无论从专指委历年的主题设定与用地面积要求来看,还是从历年获奖的学生作品来看,城市设计作业评优重视城乡规划专业与建筑为主的相关专业的结合,对城市外部空间的塑造是重点考核对象[3]。

2　语言学对城市设计教学的启示

语言具有人类最重要的交际工具、人类思维和表达思想的手段、人类最基本的信息载体等属性。现代语言学鼻祖索绪尔将语言学向符号学拓展,进而赋予了语言符号学巨大的学术张力和潜力,使其成为跨学科、跨领域的方法论[4],在当今学术界占有重要位置。将语言学引入城市空间研究的基础,不仅在于城市空间所具有的社会文化属性及符号特征,而且在于城市空间语言与自然语言之间具有的逻辑相似性。乔姆斯基的语构理论将语言分为深层结构和表层结构两个层次,表层结构是外在形式,深层结构是丰富内涵,由演化法则控制深层结构与表层结构之间的演变[5],三者形成一个完整的语言结构体系。城市空间也具有相同的逻辑结构,在特定的环境条件下,城市空间的物质形态,通过一定的空间组织原则,表达一定的生态、人文内涵。

20 世纪六七十年代,建筑学与语言学紧密结合形成了建筑空间语言学科,约翰·萨姆森的《建筑的古典语言》(1963)[6]、布鲁诺·赛维的《现代建筑语言》(1973)[7]、查尔斯·詹克斯的《后现代建筑语言》(1977)[8]都是这一时期的代表作品[9]。20 世纪 80 年代时,建筑语言的交叉研究步入顶峰,以致进了建筑系就像"错进了文学院的大门"[10]。克里斯托弗·亚历山大的《模式语言》[11]、凯文·林奇的《城市意象》[12]、诺伯格·舒尔兹的《场所精神:迈向建筑现象学》[13]等著作,将语言学研究的触角伸入了城市空间研究的领域。

克里斯托弗·亚历山大虽然不是空间语言的始创者,但确实是其中的集大成者,并且他突破了建筑学与城市设计的界限,体现了从城市外部空间到建筑内部空间内在逻辑的统一性。由他完成的《建筑的永恒之道》《建筑模式语言》和《俄勒冈试验》三部曲探讨了"什么是模式语言""如何形成模式语言""如何使用模式语言"三方面重要内容,形成了完整的空间模式语言理论。他所提倡的空间模式语言推崇的是一种空间要素的整合关系,类比于语言学,空间语言有空间的基本单元语汇与词法、句法及章法,其思想对之后城市设计教学、研究与实践产生了深远的影响。

空间语言学的研究为语言学的方法应用到城市设计教学中奠定了坚实的基础。城乡规划专业学生经过 3～4 年的专业学习,已经初步掌握了用地、建筑、道路、景观等方面的基础知识,为城市设计学习储备了足够的语汇,并理解了其语义与语用。城市设计课程教学是要引导学生将已经习得的语汇,通过特定的句法与章法来组织出结构严谨、意义明确的城市空间体系。由于城市空间的内涵广泛,语言体系复杂,对于初入城市设计领域的学生来说,建立空间设计手段到理解其空间效果的联系需要一个过程,这个过程需要通过循序渐进的空间练习来实现,这正是本文提出"BLOCK"街区单元设计训练方法的动机。

• 32 •

3 "BLOCK"街区单元空间设计训练方法

"BLOCK",街区单元通常是指由街道或其他边界要素,如河流、铁路等围绕的,一般为长方形的区域,其内部主要由建筑物或构筑物等实体占有。街区单元是城市空间的基本构成形式,但同时它又内涵丰富,能在空间形态方面体现城市设计对自然、社会、经济、文化等响应的基本逻辑特征,通过"BLOCK"街区单元空间设计训练获得的空间设计经验将成为城市设计课程学习的基础。"BLOCK"街区单元空间设计训练从以下几个方面展开,如图1。

一是街区单元空间对自然环境的响应练习。通过在城市中建立山体、水系及绿地等自然环境要素之间的联系,以构筑较为完善的自然生态网络,以及联系城市中分布的大大小小的公共开放空间,以达成方便市民使用的目的,学生需要学习如何在街区单元空间设计中对周边的自然环境做出响应。这种响应体现在街区单元的开口方向选择、绿地选址,以及建筑高度控制等方面。

二是街区单元空间对历史人文的响应练习。城市空间具有丰富的历史、文化内涵,体现了自身的发展历程、城市文化的时空连续,城市的历史特色,地方特色,文化特色和民族、民俗特色在城市空间上都有明确的映射,学生需要学习在街区单元空间设计中对城市的历史文化做出响应。这种响应体现在街区单元的建筑风格、形态肌理,以及空间尺度等方面。

三是街区单元空间与用地功能的响应练习。街区单元在逻辑意义上应具有与功能体系相对应的空间形态,如城市的行政文化中心区、商务商业中心区,带有临街商铺的居住区,或是广场等开式的公共空间,学生需要学习对应不同功能要求的街区单元空间设计。街区单元的功能类型包括商务办公街区、商业购物街区、商住混合街区等。

四是街区单元空间与控制指标的响应练习。在城市规划的编制体系中,城市设计与总体规划、详细规划共同作用于城市建设,法定规划中对用地规划指标的规定制约着城市设计的空间设计,学生需要学习建立街区单元的平面形式及三位形态对应用地指标的空间逻辑。街区单元空间设计应对应不同的容积率、绿地率、建筑密度、建筑高度等。

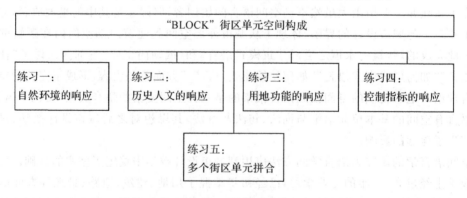

图 1　BLOCK 街区单元空间设计训练方法体系图

五是多个街区单元空间的拼合练习。经过以上四个方面的专项练习,掌握了不同自然条件、不同历史环境、不同用地功能与不同控制指标下的街区单元空间设计技巧之后,为了让学生能更平顺地过渡到完整的城市设计中,需要练习多个街区单元空间的拼合技巧。多个街区的拼合学生需要联系街区拼合形成的街道空间的设计,街区空间之间的联系,街区建筑物的协调等,如图2所示。

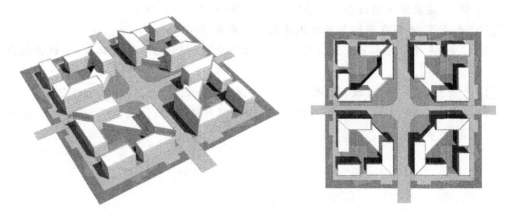

图2　"BLOCK"街区单元空间设计作业示范图

4　结　语

从2015年的城市工作会议提出要"加强城市设计"的中央精神,到2016年的颁布《上海市街道设计导则》的地方实践,再到见诸各大专业期刊的有关城市设计的百家之言,无不体现了城市设计的重视性与迫切性。城市设计的进步需要多方面的支持,城市设计教学体系改革也势在必行。本文提出的在城市设计课程设计中加入"BLOCK"街区单元设计基础训练的教学改革,是使城市设计教学目标更为明确、内容更为务实、过程更为循序渐进的一种新尝试。

参考文献

[1] 杨俊宴,高源,雒建利.城市设计教学体系中的培养重点与方法研究[J].城市规划,2011(8):55-59.

[2] 卢济威,郑正.城市设计及其发展[J].建筑学报,1997(4):4-8.

[3] 全国高等学校城乡规划学科专业指导委员会官方网站.http://www.nsc-urpec.org/index.phpclassid=5924&newsid=8711&t=show.

[4] [瑞士]费尔迪南·德·索绪尔.普通语言学教程[M].高名凯,译.北京:商务印书馆,1999.

[5] [美]诺姆·乔姆斯基.乔姆斯基语言学文集[M].宁春岩,译.湖南:湖南教育出版社,2006.

[6] [英]约翰·萨默森.建筑的古典语言[M].张欣玮,译.杭州:中国美术学院出版社,1994.

[7] [意]布鲁诺·赛维.现代建筑语言[M].席云平,王虹,译.北京:中国建筑工业出版社,2005.

[8] [英]查尔斯·詹克斯.后现代建筑语言[M].李大夏,译.北京:中国建筑工业出版社,1984.

[9] 程悦.建筑语言的困惑与元语言[D].上海:同济大学,2006.

[10] 李大夏.后现代思潮与后现代建筑[J].美术,1987(6):64-69.

[11] [美]克里斯托弗·亚历山大.建筑的永恒之道[M].赵冰,译.北京:知识产权出版社,2001.

[12] [美]凯文·林奇.城市意象[M].方益萍,何晓军,译.北京:华夏出版社,2006.

[13] [挪]诺伯格·舒尔兹.场所精神:迈向建筑现象学[M].施植明,译.武汉:华中科技大学出版社,2010.

高校教育与人才培养

开放办学视域下思想政治教育的实施路径研究

胡丰华,李建勋

摘要:开放办学已经成为 21 世纪高等教育发展的基本规律和重要原则,在给各高等院校有效推进产学研取得丰硕成果的同时,对当代大学生的思想政治教育工作带来了全新挑战。文章介绍了开放办学的内涵,分析了其社会化、国际化、信息化为主要特征的三大属性及其对大学生思想政治教育产生的主要影响,提出了在开放办学视域下如何优化大学生思想政治教育实施路径的发展思考。

关键词:开放办学;思想政治教育;路径

随着高等教育改革的步伐不断演进,开放办学已经是高等院校办学的一个基本发展趋势,更是现代大学的重要特征。2010 年颁布的《国家中长期教育改革和发展规划纲要》对"开放办学"进行了多次论述。在实践过程中,大学的人才培养、科技创新、服务社会的职能已经与社会和时代紧密地联系在一起,体现出深刻的"公共性"的特征。[1]可以说,开放办学是大学内涵提升和自身发展的必然选择,也是时代赋予大学的使命。

然而,不可否认高等教育开放办学在给高校带来诸多好处的同时,大学生的道德意识、价值观念、行为方式等正发生着深刻变化,社会主义核心价值观面临着功利主义的社会文化干扰、西方不良文化渗透、信息化新技术冲击等诸多挑战。因此,基于开放办学视域下如何优化大学生思想政治教育实施路径已成为高等院校需要关注的重点问题之一。

1 开放办学的内涵界定及其三大属性

开放办学的内涵,有多种解释。其本身是一个不断发展、多维度的概念,学界没有统一的内涵解读。南京大学校长陈骏认为,开放办学的内涵可以概括为,"高校作为教学机构、学术机构、社会机构等三大功能,从封闭走向开放的漫长历程,是大学自身发展与外在的社会变革紧密联系的过程"。湖南理工学院党委书记、院长彭时代指出,"开放办学就是打破现代教育制度的限制,在广阔的社会与生活环境中选择性学习与创造性劳动,使人有全面自由发展的空间和可能性条件,实现个体智力与体力和谐结合"。浙江师范大学党委书记陈德喜认为,"开放办学的本质是开门办学,是推进国内联合和国际合作的过程"。不同学者对开放办学的内涵从不同视角进行了解读,不一而足。但其实质是一致的,可以归纳为:"高校为实现人才培养等四大功能,对其施加有目的、有计划、有组织的影响,使其符合社会发展、社会需求的实践活动,以解决教育面向社会的问题,并从中获得自身的快速发展。"其属性主要表现为:

1.1　社会化属性

大学办学不能脱离社会,必须与国家、社会的发展相融合,面向现代化、面向世界、面向未来开放办学。一方面经济转型升级、社会矛盾解决、节能减排、人口政策等社会问题需要高校提供政策咨询、智力支持和技术支撑;另一方面高校为了实现自身的发展,必须充分挖掘外部资源,依托地方政府、区域经济、行业协会等组织,实现在人才培养、项目攻关等方面的合作。因此,大学已经成为一个与政府、社会、企业互相渗透、共同合作的开放型组织。[2]从某种意义上说,开放办学的根本属性就是社会化属性。

1.2　国际化属性

高等教育"国际化"是开放办学的应然之举,是我国高等教育发展的重要趋势。随着知识经济和"全球化"时代的到来,特别是自习近平总书记提出"一带一路"新丝绸之路建设构想之后,高等院校培养大批具有国际视野、通晓国际规则、能够参与国际事务与国际竞争的国际化人才变得更为迫切。可以说,开放办学的国际化属性是顺应高等教育发展规律、办好人民满意的高等教育的需要,是实现中国经济可持续发展的必然选择,更是全面实现小康社会和国家现代化的现实需要。

1.3　信息化属性

开放办学是一个动态的、与时俱进的概念,是大学自身发展与外在技术变革紧密联系的过程。当前阶段,信息技术飞速发展,创新技术持续增强。可以说,信息化是当前社会发展的重要时代特征之一。高校开放办学必然与信息技术相互交融、互为作用。一方面,高校通过不断提升办学的信息化水平,运用信息化技术、手段,使获得外部信息变得更为便捷,实现了立体化的教学效果,从而推进了高等教育的现代化进程;另一方面,信息化技术的发展也不断"颠覆"着"象牙塔"围墙之内大学生、高校工作者的生产、生活方式,使得交流方式"自媒体化"、教学方式"多媒体化"、生活方式"大数据化"。

2　开放办学视域下高校思想政治教育面临的主要影响及挑战

杜威提出的"学校即社会"的教育思想是诠释大学办学的一个重要方面,然而开放办学的理念及其行动策略是对其有益的补充,使其相得益彰、互为交融,能够充分释放和激发高校创新性要素的活力。与此同时,开放办学的社会化、国际化、信息化等三大属性,使得思想政治教育的途径越来越多元化。大学生不再是在闭环的条件下进行灌输式的思想政治教育,生活、社会和实践已经成为获得知识的重要途径和媒介。进而,大学生的思想政治教育工作面临诸多影响及挑战。

2.1　社会化属性对思想政治教育带来的影响与挑战

一所大学如果没有开放办学的意识,依然秉持自我封闭、孤芳自赏、远离社会、只求学术声誉的态度,那这所大学注定是没有生命力的,也是注定没有希望的。[3]开放办学的首要意蕴就是社会化属性。而社会化属性是通过文化的引领,市场化的运作,区域化的发展,行业化的依托,共同推进其与国家的政策、社会的效用的深度融合的过程。因此,由其社会性而表征在思想政治教育的主要影响具有以下两个方面的特点:第一,核心是大学文化的开放。大学的文化传承创新是其第四大功能,是由时任国家主席、总书记胡锦涛同志在清华大学100周年的庆祝大会上提出的。优秀的大学文化可以凝聚人心、历久弥新,腐朽的大学文化则催人堕落、涣散人心。顾名思义,大学文化的开放是全方位、多层次、立体式的,也就意味着社会文化、西方文化将融入大学文化。纵然,大学文化的开放能够发挥"文化自觉性"对大学生的思想政治教育的积极作用,同样,腐朽文化的滋生能够"传染"大学生的精神灵魂。可以说,对于社会化程度并不高的大学生而言,由于大学文化的开放,其正确的意识形态容易与社会文化错配,从而导致大学生的不适应性。

第二,思想政治教育容易受"市场化、区域化、行(企)业化"思潮的影响。当前,国家正着力从经济建设、政治建设、文化建设、社会建设、生态文明建设等五位一体为全面实现小康社会而努力,高等院校理应与地方合作、区域合作、行(企)业合作,把人才培养、科学研究、社会服务、文化传承贯穿于伟大的"中国梦"生动的社会实践过程中。高校产学研在融入市场化、区域化、行业化的发展历程过程中,大学生的整个灵魂同样被赤裸裸地浸润在"以市场为主导,行(企)业为主体,产学研相结合的科技创新体系"之中,其意识形态的形成会受到由市场经济决定的上层文化、上层建筑对其影响。市场化不仅促进了大学生的效率意识、公平意识、竞争意识,庸俗化、狭隘化的"拜金主义、金钱至上"的功利主义思想同样冲击着大学生正确的价值观。

2.2 国际化属性对思想政治教育带来的影响与挑战

第一,价值观念的多元性。大学生价值观念的形成,不再仅仅依靠"第一课堂"的思想政治教育就能"成型"。伴随着高等教育国际化,学生从外籍教师、国际留学生的交流活动中获得更多的世界文化、价值观念。第二,西方价值观的渗透。新自由主义发展势头正猛,西方把中国的发展壮大视为对其价值观和制度模式的挑战,正打着所谓自由主义的名号,加紧对中国进行思想文化渗透。中国师生传统的道德观会受到世界各国文化的冲击,有时甚至会迷失方向,使中华民族灿烂文化的传承面临更加复杂的外部环境。第三,宗教价值观传播成为可能。随着高等教育国际化的发展趋势不断演进,特别是随着留学生项目和中外合作项目的扩展,高校内传播宗教信仰成为可能。宗教信仰有其积极的一面,但是通常夹杂着利益集团、个人崇拜的色彩,不利于大学生价值观的正确形成。

2.3 信息化属性对思想政治教育带来的影响与挑战

随着信息化技术的快速发展,大学生思想政治教育环境面临网络化、娱乐化、自媒体化的发展趋势。以说教为主导的思想政治教育与信息化背景下获得的知识、价值观形成激烈的碰撞。大学生易于接受新鲜事物,追求刺激、新奇的行事方式。大学生容易受西方势力控制的网络文化影响,网络媒介"新、奇、怪"娱乐化倾向的新闻、"碎片化"的影像资料等内容也无时无刻不在"腐蚀"着大学生的思想,"崇尚刺激、脱离现实"的虚拟化游戏着实让部分大学生的精神萎靡不振。以QQ、微信、微博等为载体的自媒体时代的到来,使得大学生"人人都是小喇叭、个个都是广播员",社会呈现出传播去中心化、信息控制弱化、受众群体分化等特点。[4]随着手机互联网技术的实现和普及,大学生通过智能手机在课堂内外的"刷屏"现象已成为"新常态",其至成为其生活的重要组成部分。大学生对相互交织、相互激荡的信息缺乏有效的判断,正确的价值观念、思想意识形态容易受到生动活泼的娱乐化、低俗化的文化形态的挑战。

3　开放办学视域下大学生思想政治教育的路径研究

3.1　加强思想政治教育的队伍建设

队伍建设是基础,是确保大学生思想政治教育效果的根本保障。队伍覆盖面广不广、数量齐不齐、教育方式好不好、素质高不高与德育教育效果密切关联。应该说,这方面的建设与开放办学社会化的发展趋势、国际化的发展要求、信息化的时代特征间的矛盾还是比较突出。可以从以下两个方面进行建构:

首先,着力加强思政课教师、辅导员、班主任、专任教师、学生骨干五支队伍的思想建设。思政课教师和辅导员应建立职业培训制度、校外交流学习和实践锻炼制度,完善职称职务评聘机制和干部的长效机制。鼓励部分辅导员成为思想政治理论课的学科带头人;辅导员应按照师生比1∶200的比例配足数量。班主任应围绕心理健康教育与咨询、职业生涯规划指导、网络思想政治教育以及学风建设、诚信教育等内容,着力提高管理能力。专任教师应树立"全员育人"的理念,以德育人、以德化人;自觉做"有理想信念、有道德情操、有扎实学识、有仁爱之心"的四有教师,应主要通过课程做学生成长成才的引路人。[5]思想政治教育工作还应依靠党员、学生骨干、信息员队伍的"自治作用"来实现。

其次,为应对开放办学带来的社会化、国际化、信息化发展趋势,高校应着力提升教育工作者的国际化素养、媒介素养和社会化素养。国际化素养包括国际化的跨文化能力、国际化的视野。媒介素养包括运用信息化技术的能力、理性的自媒体交流力、正确的文化舆情宣传和控制力。社会化素养是指为适应社会发展需要应具备的教学、科研、工程以及文化传承等各种素养的总和。

3.2　提升思想政治教育的内涵建设

内涵建设是核心,是确保大学生思想政治教育效果的根本途径。内涵建设的系统性、全面性、规范性、原则性直接关系到整个思想政治教育体系建设。当前,应着力围绕开放办学带来的社会化、国际化、信息化属性的特点,筑牢思想政治教育内涵建设的各个方面。

首先,牢牢把握"第一课堂"的主阵地建设。发挥思想政治理论课等课程的主渠道作用。一方面优化德育教育内容。通过整合思想道德修养与法律基础课的内容,以社会主义荣辱观为主线,按其内涵分解成若干个部分,重点加强对大学生世界观、人生观、价值观与道德观、法律观的教育引导。同时,积极发挥形势与政策、心理教育、职业生涯规划、大学生就业等课程的积极作用,以期帮助学生树立正确的法制和就业观念、良好的心理素养、健全的思想道德修养以及崇高的理想信念。另一方面改革德育教育方式。教师可以通过研讨式、互动式、案例式、实践式等多种教育方式,增强德育教育内容的吸引力、渗透力、启发力、引导力、艺术性。例如针对国际化、信息化属性所面临的思想政治教育新形势,教师可以利用互联网技术设计西方价值观、宗教信仰等专题,加强德育教育国际化课程建设,以应对国际化、信息化所带来的德育教育困境。

其次，创新"第二课堂"德育教育内容。除了发挥"第一课堂"中国特色社会主义理论体系及其价值观念单向度的传输式教育功能外，教育工作者应结合大学生的心理特点、时事热点、心理需求设计"第二课堂"的德育教育内容。例如为提升大学生职业道德素养，可以开展始业教育和毕业教育活动。让学生树立起敬业的精神，养成认真负责的职业态度。为培养大学生诚信品格，可以实施诚信考场制度。引导大学生真诚做人、守信做事，从而形成讲诚实、重信用、守承诺的浓厚氛围。为培养大学生爱国主义的家国情怀，可以利用重大节庆日、传统节日等时机，大力开展爱国主义、民族传统教育，深化大学生对党、对祖国、对民族、对中国特色社会主义的认同。为弘扬以社会公德、职业道德、家庭美德、个人品德为主要内涵的"最美"风尚，可以开展"最美教师""最美大学生"的先进事迹评比活动。

最后，拓展德育教育渠道，实施"卓越工程师"计划。思想政治教育活动不但应在"第一课堂"内对大学生思想观念、道德规范和价值观念施加有计划、有指向的训练，更应融入现实的教学科研实践平台对其情感、信念、意志和行为等素养进行训练，从而促进人的全面发展。其实现路径可以通过校企协同、"双元制"推进以"实践教学"为主要意蕴的"卓越工程师"计划。校企共同配备指导教师，对大学生的学业、思想、安全等内容进行全方位指导。也可以引导广大学生到农村、社区、企业中去，通过工作实习、实地考察、社会调查等活动，增进其对党和人民的感情，在实践中增强理想信念、意志品质和艰苦奋斗的精神。

3.3　实施思想政治教育的"三个工程"建设

"三个工程"包括"党建工程""文化工程""网络工程"。从某种意义上说，其教育范畴已经突破时空限制。它贯穿于大学生思想政治教育的各个方面，是思想政治教育体系、格局的重要组成部分。

首先，实施"党建工程"，发挥政治核心作用。其一，最主要的表现形式是通过党校、红色网站、党建新媒体等载体建设，开展马克思主义经典理论、中共党史、中国特色社会主义、形势政策教育等活动，不断增强党员、入党积极分子对国家和党的情感认同、组织认同、价值认同、行为认同。其二，可以通过设计党组织和党员活动，发挥党组织战斗堡垒和党员的先锋模范作用。以榜样力量促进对大学生思想政治工作的牵引作用和辐射作用，最终实现主体性思想教育与主体间性思想教育。例如推行党员 123 计划。即一个党员帮助一个有困难的同学，联系两个积极向党组织靠拢的同学，联络三个同专业的寝室。推行"党员 1＋X 共促学风"活动。即党员发挥先锋模范作用，在学习上开展"一对多"的帮扶活动，让先进学生帮助学习困难学生。

其次，实施"文化工程"，发挥"以文化人"功能。文化建设对大学生的思想政治教育作用不言而喻。大学文化的本质是运用其渗透性和持久性，让大学生在不知不觉的客体环境中接受主体文化潜移默化的熏陶。大气、高雅、开放、和谐、中正、创新的大学文化自然能够孕育出卓越的青年学子。硬件文化建设上应着力打造一批文化价值选择符合办学定位、办学特色以及师生身心发展需要的文化产品和文化阵地。例如通过实施"文明寝室工程"，把公寓建设成为融思想教育、行为指导、生活服务、文化熏陶为一体的"第二课堂"，发挥"寝室育人"的功能。软件文化建设上应形成百花齐放、百家争鸣的大学文化景象，以"人文精神"培育为切入点，坚持社会主义的主流意识和价值观导向。尤其应着力建设"一院一品"、社团文化、学术讲坛三个层次的"文化品牌工程",发挥其在各路文化思潮中"标杆育人"的作用。例如通过举办"人文大讲坛",引导大学生阅读经典名著,做中华优秀传统文化的继承者和弘扬者。邀请学者、校友、企业家、音乐家进校园,形成"学术育人、校训育人、创业育人、美育育人"的"文化育人"良好格局。与此同时,应疏堵结合,规范讲座、论坛、报告会、研讨会、学术交流、学生活动等的管理。

最后,实施"网络工程",发挥"新媒体"功能。以互联网和手机媒体为代表的信息化技术的快速发展,使得大学生获取信息的渠道更为广阔,传播更为便捷,表现形式更为生动,交流方式更为平等、自由,主客体关系更为模糊,网络信息更为混杂。在此背景下,形成网上网下思想政治教育合力,构建清朗、文明的"网络工程"刻不容缓。应以正确的舆论导向,理直气壮地占领主流网络媒体。"讲好中国故事、传播好中国声音"。建立分团委微博、班级微博、社团微博及校园微信、QQ群等公共账号,借鉴"O2O"模式,实现线下现实自组织与线上网络自组织的融通、融合。加强对网军"排头兵"——辅导员、学生骨干的媒介素养的培养,使其编辑生动活泼、声情并茂,符合大学生心理特点的网络语言,让德育教育更接地气,更容易融入学生。应完善网络舆情的监控管理,及时清理和处置网络不良信息。对唱衰祖国、唱衰社会主义、唱衰改革开放,反道德、反人类、反社会的"意见领袖",予以坚决打击,必要时运用法律手段、校纪校规,对其进行惩戒。

参考文献

[1] 卢丽君.依托行业开放办学激发大学生机活力——访华北电力大学校长刘吉臻教授[J].中国高等教育,2011(2).

[2] 陈骏.推进开放办学战略.建设世界一流大学[J].中国高等教育,2010(Z3).

[3] 陈骏.推进开放办学战略.建设世界一流大学[J].中国高等教育,2010(Z3).

[4] 谭志敏,吴叶林.略论新媒体环境下高校马克思主义大众化的实现路径[J].学校党建与思想教育,2014(13).

[5] 习文.理想信念·道德情操·扎实学识·仁爱之心[J].教育实践与研究(A),2014(10).

论高校国际化创新人才的意识形态教育

摘要: 高等教育国际化改变了当代大学生的意识形态教育工作格局,而身处外事项目的大学生则处于核心位置,他们受到了最直接、深刻的影响,已成为东西方意识形态领域激烈争夺的教育对象。本文通过分析国际化创新人才及其意识形态教育的内涵、必要性与意识形态教育所面临的现实困惑,提出了构建国际化创新人才意识形态教育策略应对的发展思考,以期增强国际化创新人才的马克思主义意识形态教育工作。

关键词: 国际化;创新人才;意识形态教育

高等教育国际化肩负着培养国际化创新人才、服务国家创新驱动发展、推动社会经济增长等重大使命。当前,高等教育国际化迅猛发展。以高等教育国际化重要表现形式的中外合作办学数、出国留学人员数为例,截至 2014 年 12 月,国内通过教育部复核的本科及以上中外合作办学机构有 57 所,项目 954 个。[1] 全国拥有中外合作办学在校生约 45 万人。[2] 2014 年我国出国留学人员总数为 45.98 万人。[3] 国内高等教育在走向国际化的进程中,如何加强国际化创新人才的意识形态教育已经成为一个具有理论价值和重要现实意义的问题。

1 国际化创新人才意识形态教育的基本内涵及其必要性分析

国际化创新人才及其意识形态教育主要有两层含义:一方面是指在高等教育国际化背景下,特别是对外事项目的当代大学生而言,通过个性发展、创新训练等方式实现个人价值目标,即具有创新意识、创新精神、创新能力并取得创新成果的人才,应从"国际能力"的视角重点加以理解和诠释。另一方面,通过主流意识形态的有效引导、政治教化等方式实现社会价值目标,即其意识形态及其价值观需符合一定社会阶级的"价值认同"。在国际化背景下,国内外学者大多从知识体系、能力结构、技能等维度对国际化创新人才进行研究,对其意识形态教育的考察、评价、构建、政治监督等情况的考察不容乐观,对意识形态教育的必要性也缺乏正确认识。

(1)加强国际化创新人才的意识形态教育是培养社会主义合格接班人的现实需要。高校是意识形态教育的前沿阵地,高校培养怎么样的人直接关系到国家的前途命运。坚持马克思主义对意识形态领域的领导地位,是高等教育贯彻党的教育方针的重要体现。邓小平同志曾经指出:学校应该永远把坚定正确的政治方向放在第一位。可见,高等教育国际化不应成为削弱思想政治素质教育的理由;相反,国际化创新人才应坚持社会主义的发展方向,通过政治实践活动,特别是意识形态教育,让其形成对社会主义的认同态度和归属情感,成为社会主义"又红又专"的合格接班人。

（2）加强国际化创新人才的意识形态教育是适应高等教育国际化的客观需要。高等教育的国际化加剧了国际化创新人才东西方意识形态的碰撞。东方价值观倡导的"集体领导下的民主、自由,崇尚集体主义与道德至上"的意识形态受到了西方价值观倡导的"独立、自由的精神,崇尚个人主义与物质主义"的严峻挑战。高等教育国际化在提升我国教育国际地位、影响力和竞争力的同时,对高校意识形态教育带来了前所未有的影响。在国际化背景下,东西方文化、价值观正面相遇,对于身处其中的外事项目的学生有时会缺乏理性价值辨析力,迷失方向,意识形态教育面临更加复杂的外部环境。因此,加强意识形态教育对国际化创新人才培养意义重大。

（3）加强国际化创新人才的意识形态教育是思想政治教育的内在需要。思想政治教育是贯彻党的教育方针、路线的集中体现,其重要内容就是对大学生进行以马克思主义为指导的主流意识形态教育,包括思想观念、政治观念和道德观念为主要内涵的意识形态教育。在教育国际化背景下,创新人才在知识、能力和素质方面有一定的培养要求。素质方面不仅包括科学文化素质、心理素质、身体素质,更应包括思想道德素质。因为思想道德素质是人才素质结构中最基本、最重要的内容,在人的整体素质中,它起着主导作用[4],而意识形态教育贯穿于其中。

2　国际化创新人才意识形态教育面临的现实困境

（1）国际化创新人才意识形态教育的党委主体性领导面临困惑。教育国际化强调创新人才"硬"指标,意识形态教育"软"指标评价易"矮化"。在国际合作办学中,或多或少的存在重业务、轻党建、轻意识形态的教育现象,党委对意识形态领域的主体性领导作用发挥不够。在高等教育国际化规模扩张阶段,即发展初级阶段,高校主要是对"硬"指标进行约束性考核,如学生国际交流人数、教师国际交流人数、国际化教材、国际化专业、科研国际合作平台、学生出国选拔考试通过率等指标,而对国际化创新人才的意识形态教育存在较大的误区。在其教育体系设计上,一定程度上存在主导性价值体系"缺位"现象。如党务工作者对外事工作的领导力显得捉襟见肘,往往由于外语能力限制或者考虑到外事项目的特殊性,教育工作者有时很难深层次、有针对性地开展社会主义核心价值观等内容的教育,有时甚至出现基层党组织设置不到位、压缩马克思主义理论学时数等现象。在教育方式上,教育主体大多采用传统的"单向度"灌输式说教,国际化视野普遍不够开阔。其教育方式与"国际化"的研讨式、互动式、案例式、实践式等教育方式形成鲜明的对比,中国特色社会主义的观念、信仰、意识形态等教育缺乏"润物无声"的境界。

（2）国际化创新人才意识形态教育的跨文化性。高等教育国际化,特别是随着国内高校国际化办学模式的急剧增加,包括合作办学、海外留学、联合培养、国际化专业、设置海外合作办学机构和项目等形式,除了为我们输送了西方先进的教育理念、专业知识、发达的科技文明外,还带来了世界各国的文化。跨国界、跨民族、跨文化的交流,使得世界各国文化相互交融、相互影响,直接或间接影响着我国大学生世界观、人生观、价值观的形成,如独立自主的文化、自由的文化、平等的文化等等。可见,为培养具有"适应性、换位思考、跨文化意识、跨文化关系和文化协调能力"的国际化创新人才,其教育内容应具有跨文化性特征,蕴含在国际交流及教育的各个环节。因此,其意识形态教育也具有跨文化性。不仅如此,西方还积极利用网络、电影、新媒体等一切可以利用的途径和方法对社会主义进行跨文化的思想渗透。其中,网络语言文字95%为英语,这种话语霸权、文化环境与成果的霸权,具有客观的强制性[5],以宣传、输出资本主义的价值观及意识形态。其直接结果必然导致文化的对抗、冲突,意识形态的维护、批判与重新整合。

(3)国际化创新人才意识形态教育的隐蔽性。传统的意识形态教育主要是通过思政课加强马克思主义的指导地位以及社会主义、集体主义的价值取向。可以说,其教学手段单一,教学方法较为呆板,效果也往往一般。对于特殊的国际化创新人才教育对象,他们更乐于接受寓教于乐、互动式的教学方法。教育的国际化某种程度上契合了这一发展趋势,它把意识形态教育放在无形之处,把价值观放到专业知识的传授里,使得专业教师开始担任起思想政治教育的"传播员"。对此,外籍教师通过开设"中西方文化"课程、外语课程、专业课程、通识课程,传播专业理论知识、人文知识和国际知识,他们在传授专业知识的同时,也会输出西方的价值观、道德观、法律观。而国际留学生通过与中国大学生的混堂上课、学生社团活动等形式,也在不知不觉中互相传播各国文化和价值观。

(4)国际化创新人才意识形态教育的相对自由性。从制度层面上来看,学校虽有国际化创新人才的管理条例,但主要还是针对人才培养方面的规定,对思想道德、行为规范、价值观等方面的量化约束性规定较少。其一,教育工作者往往基于国际教育项目及其教育对象的特殊性,以及受诸如出国率等教育功利化价值观的影响,为共享西方的优质高等教育资源,其"自由""民主""人权"等西方的"普世价值"及其意识形态容易贴上"教学自由""学术自由""交流自由"的标签蒙混过关,在课堂内外相对自由地进行传播。其二,意识形态的传播有着即时性、互动性及形象性等特点,而教育场所则具有无形性、虚拟性及无限性等多种特点。[6]其三,有时,教育工作者由于自身国际视野、跨文化能力等的局限,对国际化创新人才德育教育及其意识形态的定性判断也缺乏政治鉴别力。

3 国际化创新人才意识形态教育的策略应对

针对高等教育国际化所带来的诸如意识形态教育党委主体性作用薄弱以及跨文化性、隐蔽性、相对自由性等方面所面临的复杂外部意识形态教育环境,教育工作者应化"被动"为"主动",突出国际化创新人才培养的社会主义主导价值取向,重点从以下4个方面予以应对:

(1)加强和改进党对国际合作教育事业的领导,发挥"党建引领"功能,实现创新人才对国家、党和社会的"政治认同"。一是加强对国际合作领域的党建政治巡视与问责力度。巡视内容主要包括以下几个方面:首先,巡视高校是否坚持国际化创新人才意识形态教育的社会主义方向;是否牢牢把握"第一课堂"对于大学生意识形态教育的主阵地地位;是否发挥思想道德修养与法律基础课"两课"政治教化主渠道作用;是否依据国家和党的教育方针,传播社会主义的思想观念、政治观点和道德规范,宣传国家、党、社会的主流价值。其次,巡视党务干部、社科部、辅导员等意识形态教育队伍在国际合作领域的配备情况以及意识形态教育课程的执行情况。最后,党务部门应联合教学部门督察跨文化课程是否坚持"学术研究无禁区,课堂教授有纪律"的基本原则,并出台相关的意识形态教育管理条例及制度。二是实施

"党建工程",增强党建工作在国际合作工作中的声音。其最主要的表现形式是通过党校、红色网站、专题教育实践活动、邓读会、党建新媒体等载体建设,开展以马克思主义经典理论、中共党史、"中国梦"为主题的中国特色社会主义、形势政策教育等活动,不断增强大学生与外事专任教师对国家、党和社会的"政治认同"。

(2)优化思想政治教育内容,发挥"文化育人"功能,实现创新人才对国家、党和社会的"价值认同"。大学教育的本质是运用其渗透性和持久性,让教育客体在不知不觉的客体环境中接受主体潜移默化的熏陶,从而实现教育客体对社会主流意识形态的"价值认同"。从教育内容看,教育工作者应通过整合思想道德修养与法律基础课的内容,以社会主义荣辱观为主线,按其内涵分解成若干个部分,重点加强对大学生世界观、人生观、价值观与道德观、法律观的教育引导,立足学生成长成才过程中面临的实际困难,帮助学生确立正确的法制观念、良好的思想道德素质和崇高的理想信念。从文化育人视角看,教育工作者应善于运用和掌握重要媒介,以科学的理论武装人,以正确的舆论引导人,以高尚的精神塑造人,以优秀的作品鼓舞人。弘扬社会主义主旋律,唱响祖国颂、唱响社会主义颂、唱响改革开放颂。教育工作者还应着力提升"一院一品"、社团文化、学术讲坛三个层次的"文化品牌建设"。通过建设大学生人文素质基地,开展人文大讲坛;结合时事热点,开设主题报告会或者开展主题团日活动;选配"精兵强将"指导学生社团、社会实践;邀请学者、校友、企业家、音乐家进校园等形式,形成"学术育人、校训育人、创业育人、美育育人"的良好文化格局。

(3)思、情、意统一,发挥"新媒体"功能,实现创新人才对国家、党和社会的"情感认同"。面对日益复杂的意识形态教育外部环境,教育工作者应根据不同的学生群体、不同的大学生特点,实施分类指导、个性化教育。针对"意见领袖"、心理问题生、学习困难生、极端宗教信仰生,教育工作者可以采取"面对面"交流、"一对一"沟通的方式,通过分析学生的心理特点和情感需求,把思想政治教育理论与解决实际问题结合起来,真正做到思、情、意的统一,潜移默化地培养学生的思想、道德、品质和人格。同时,教育工作者应高度关注新媒体,不断提升包括运用信息化技术的能力、理性的自媒体交流力的媒介素养,熟练运用、掌握新媒体技术,主动占领新媒体的意识形态教育阵地。通过建立团委、班级、社团微博及校园微信、QQ群等公共账号,编辑生动活泼、声情并茂,符合大学生心理特点的新媒体语言,最终实现"情感交互""情感认同"。

(4)适应国际化新形势,加强意识形态队伍建设,实施教学改革。第一,以提高跨文化能力为主导,建设一支国际化的思想政治教育队伍。首先,加强传统的思想政治教育队伍建设,主要包括社科类授课教师、辅导员队伍建设。通过组建教学团队,固化教学人员,创新教学方法,开办思想政治教育学术沙龙,围绕大学生意识形态教育热点对教师进行定期培训等手段从质量上予以保障。并以一定的师生比配备辅导员(一般是1∶200左右),从数量上保障思想政治教育和学生日常管理的顺利开展。其次,思想政治教育队伍建设要实施国际化战略。随着中外合作项目、国际化专业的实施,思想政治教育队伍应逐步实现国际化,教育的国际化在思想政治教育队伍建设上应有充分的体现。高校应培养一批具有跨文化能力、国际视野、懂外语的"双师型"思想政治教育队伍。最后,高校还应重视专业教师的国际化,并对专业教师的思想政治教育理念进行必要的培训。

第二,以教学改革为突破口,实现三个"国际化"。即教学理念的国际化、课程的国际化、教学方式的国际化。其一,教学理念的国际化。应借鉴国外教育的先进理念,意识形态教育应倾向于从本质出发,系统、完整地描述一个价值体系。既有抽象的描述,又有具体、生动的实践。其好处在于能够让学生掌握客观事物、客观规律的本质,实现理论和实践的统一,从而达到"政治认同""价值认同""情感认同"。其二,课程的国际化。教育工作者应根据国际化创新人才面临的意识形态教育新环境,培育与世界接轨的中国特色社会主义思想政治教育国际化课程,科学设计西方价值观、宗教信仰等学生既感兴趣又感困惑的教学内容,并对其进行专题讨论与学习,对国际化创新人才进行"拓展性"意识形态教育。其三,教学方式的国际化。教师可以通过研讨式、互动式、案例式等多种教育方式,加强"两课"的吸引力、渗透力、启发力、引导力、艺术性,把看似松散的思想政治教育揉成一条主线,以期增强学生参与"两课"教育的积极性,增加"两课"教育的实效性和针对性。

总之,面临高等教育日趋国际化的新形势,教育工作者应深刻认识到国际化创新人才意识形态教育的价值,全面审视所面临的困境,应从党建工作、思想政治教育内容、文化工作、新媒体手段等入手,坚持社会主义办学方向,发挥"党建引领""文化育人"和"新媒体"功能,进而实现意识形态教育的"政治认同""价值认同""情感认同"。同时,应加强意识形态教育队伍建设,以教学改革为突破口,切实增强国际化创新人才意识形态教育的有效性和创新性。

参考文献

[1] 王志强.中国高等教育国际化十年回顾与现状分析[J].世界教育信息,2015(17).

[2] 中国与全球化智库.国际人才蓝皮书:中国留学发展报告(2015)[M].北京:中国社会科学院出版社,2015.

[3] 浙江省教育厅.应用型人才培养的理论与实践[M].北京:高等教育出版社,2008.

[4] 王杨.国际化视野下大学生意识形态教育问题探析[J].思想政治教育研究,2011(12).

[5] 钱俊.高校意识形态安全运行机制建设研究[J].学校党建与思想教育,2015(19).

应用型高校国际化建设的若干实践和思考

——以浙江科技学院土木与建筑工程学院为例

詹 俊,张云莲

摘要:浙江科技学院坚持走国际化办学之路,其国际化总体水平位居浙江省高校前列。建工学院依托土木工程优势学科的国际合作平台,不断拓展合作项目,国际化建设成效显著。通过深入分析建工学院国际化办学的特色和优势,笔者认为在先进的国际化理念、交流项目的覆盖面和辐射作用、国际化师资队伍和国际化大环境等方面还有待完善,并提出了进一步加强国际化建设的目标和策略。通过努力拓宽合作领域,深化项目内涵建设,提升合作层次,使国际化建设与教学科研、校企合作、师资队伍建设、文化建设协同发展,并积极接轨国家"一带一路"发展战略,从而更好地促进应用型高校的内涵建设,不断提高办学层次和竞争力。

关键词:国际化建设;合作交流;合作项目;师资队伍

浙江科技学院建校于 1980 年。经过 30 余年的建设,学校已发展成为一所具有硕士、学士学位授予权和外国留学生、港澳台学生招生权的特色鲜明的应用型省属本科高校。

作为教育部确定的中德合作培养高等应用型人才试点院校、教育部首批实施"卓越工程师教育培养计划"的高校,学校坚持"学以致用、全面发展"的育人理念,学习借鉴国外先进的办学理念和经验,以培养具有实践能力、创新精神、国际素养和社会责任的高素质应用型人才为己任,积极开展教育教学改革与实践,逐步形成了鲜明的应用型和国际化的办学特色。土木与建筑工程学院(以下简称"建工学院")的前身为建校伊始设立的土木系,1992 年开始招收土木工程专业本科生,2012 年通过全国土木工程专业本科教育评估。2010 年开始(与浙江工业大学、浙江理工大学等)联合培养研究生,2013 年获批为硕士学位授予单位。建工学院目前设有土木工程、给水排水工程、建筑学、城市规划、工程造价五个本科专业。其中土木工程专业已成为浙江省重点专业、国家级特色专业建设点、浙江省"十二五"优势专业。土木工程学科是浙江省"十二五"重点学科、"十三五"一流学科(B 类)。学院现有全日制本科生、研究生共 1800 余名,留学生 200 余名。

在学校的国际化氛围的推动下,建工学院依托土木工程优势学科开展了一系列的国际合作与交流项目,成效显著。面对高等教育国际化新趋势和国家"一带一路"发展战略,国际化建设面临前所未有的机遇与挑战,不断提升国际化建设质量,提高国际化办学水平,促进内涵建设,对于提高人才培养质量和办学竞争力具有重大意义。

1 国际合作基本概况

这些年来,学校坚持走国际化办学之路,始终把国际交流与合作作为学校发展的重要战略,与德国、澳大利亚、法国、美国、加拿大、英国、日本、罗马尼亚等国(境)外的 80 余所大学建立了交流与合作关系,各类国际合作交流项目 110 余项。学校在中德合作方面,历史悠久,成果丰硕,是"中德论坛"基地建设单位,已成为浙江省乃至全国对德教育、科技、文化交流与合作的重要窗口,并建立了浙江省首个本科层次非独立设置的中外合作办学机构——中德工程师学院;先后在罗马尼亚、德国合作建立 2 所海外孔子学院,其中罗马尼亚的克鲁日巴比什-波雅依大学孔子学院获评全球"先进孔子学院";学校开设本科层次全英文授课国际化专业 10 个,硕士层次全英文授课国际化专业 6 个,是浙江省开设全英文授课国际化专业最多的高校之一,其中 2 个全英文授课国际化专业入选浙江省教育厅国际化专业建设项目。

目前,学校国际化总体水平已位居浙江省高校前列。入选"浙江省国际化特色高校"首批建设单位,是教育部首批来华留学质量试点认证高校、国家留学基金委优秀本科生国际交流奖学金项目资助院校、国家留学基金委青年骨干教师出国研修项目资助院校和中国政府来华留学奖学金学生招收院校。

建工学院始终把国际交流与合作作为学院发展的重要战略,积极厘清发展目标,加强组织体系建设,使国际化工作逐步深入人才培养、学科与专业建设、科学研究以及服务社会的各个方面,并开始融入和参与到国家和浙江省重要的发展战略中。随着对外合作与交流的拓展和深入,项目层次和办学水平不断提高,取得了可喜的成绩,形成了鲜明的国际化办学特色,成为整个学校的国际交流合作的重要组成部分,并提供了重要的成果支撑。

2 国际化办学特色

2.1 国际合作历史悠久

学院的国际合作交流起步于 20 世纪 80 年代初期与德国应用科学大学的合作,已经有30 多年的发展历史。学习借鉴德国应用科学大学应用型人才的培养模式,从最初的教学模式引进、师资交流和接收德方设备援助开始,到 2000 年开始土木工程类联合培养本科生项目。合作的德方院校有奥登堡应用科学大学、纽伦堡应用科学大学、科堡应用科学大学及吕贝克应用科学大学等,培养模式为"2+3""2+2""2.5+1.5"等,每年均有 10 余名学生经过选拔赴德学习深造,绝大部分项目的学生都顺利地获得了双学位证书。

这些双学位项目的顺利执行,进一步巩固和发展了学院与德方院校的传统友谊。2011年至 2016 年,德国合作院校共派遣教授 50 余人次来访,进行学生选拔和合作交流工作,其中 6 位教授还承担了项目和我院土木工程国际化专业的授课工作。我院共派遣教师 30 余人次前往德方院校进行考察访问和学术交流。

从 2010 年开始,学院又与其他国家的一些大学签订了合作交流协议(如表 1 所示),国际合作项目日臻丰满。

表1　土木工程类合作办学项目

项目类别	起始时间	合作学校	备注
"2+3"双学位	2000年	德国纽伦堡应用科学大学 德国科堡应用科学大学	
"2+2"双学位	2000年	德国奥登堡应用科学大学	
"2.5+1.5"双学位	2011年	德国吕贝克应用科学大学	
"2+2"双学位	2010年	美国旧金山州立大学	土木工程国际化专业（全英文授课）
中外合作办学	2013年	法国赛尔齐·蓬多瓦兹大学	
本、硕交换生	2013年	比利时鲁汶大学	交流一学期或一学年
硕士交换生	2014年	法国赛尔齐·蓬多瓦兹大学	交流一学期或一学年
硕士生	2008年	日本佐贺大学	优秀毕业生赴合作院校攻读硕士学位
硕士生	2010年	法国赛尔齐·蓬多瓦兹大学	优秀毕业生赴合作院校攻读硕士学位
暑期游学	2015年	法国赛尔齐·蓬多瓦兹大学	
师生交流	2016年	希腊雅典美术学院	
师生交流	2017年	瑞士南方应用科技大学	

2.2　国际合作类别多，层次高

学院与法国赛尔齐·蓬多瓦兹大学合作举办了本科层次中外合作办学项目1个（土木工程专业）；开设本科层次全英文授课国际化专业1个（土木工程专业），硕士层次全英文授课国际化专业1个（土木工程专业），土木工程国际化专业于2014年入选浙江省教育厅国际化专业建设项目。

与法国赛尔齐·蓬多瓦兹大学的合作办学项目现有学生约350余名，引进法方核心课程21门，法方教师来校教学，使学生不出国门就能接受到法国优质的高等教育资源。成绩优秀的20名学生还可在第四学年赴法学习一年。此外，法方还将招收三分之一的毕业生赴法攻读硕士学位。2017年第一届赴法学习的学生就包揽了混编班级成绩的前5名。法国赛尔齐·蓬多瓦兹大学校长称赞该项目为他们学校国际合作交流项目的典范。现双方正向教育部申报延长合作项目期限。

与德国应用科学大学的双学位合作项目不断深化和完善，并为学校中德工程学院的建设打下了重要基础。作为浙江省首个本科层次非独立设置的中外合作办学机构，中德工程师学院现设2个专业，其中土木工程专业就是由建工学院与德国吕贝克应用科学大学的合作项目衍生而来的。建工学院专业教师还参与中德工程师学院土木工程专业的教学工作，并为该专业顺利通过德国权威工程教育认证机构ACQUIN专业认证做出重要贡献。

除土木工程类联合培养本科生项目外，学院每年接收德国本科交换生来校进行为期半年至一年的交流学习。

与比利时鲁汶大学的合作交流也不断深入，专业教师的交流互访不断扩大，教师之间的国际科研合作也开展得如火如荼。已实现双方硕士研究生和本科生的半年或一年时间的交换培养。

学院全英文授课国际化专业现有近200名来自世界各地的留学生，2016年顺利通过教育部首批来华留学质量试点认证。2014 年开始招收留学生硕士研究生。

学院还组织学生积极参与与国内顶尖大学、国际知名大学学生一起进行的联合教学活动。例如,2017 年 4 月,学院建筑系学生与来自浙江大学建筑学院及瑞士南方应用科技大学建筑系的师生在学院共同开展了联合项目教学,通过分组完成项目设计,从建筑学、规划学等角度探讨了在校园建设中利用"微设施"提高空间品质和使用体验的设计策略。2017 年 7 月在瑞士南方应用科技大学继续进行了第二站的联合设计。鉴于扎实出色的专业素养和组织协调能力,参加联合项目教学的我院建筑学专业学生获得了浙江大学建筑学院及瑞士南方应用科技大学建筑系师生的一致好评。

学院积极拓展国际科研合作,"浙江省废弃生物质循环利用与生态处理技术重点实验室"2016 年成功获批了"生物质综合利用技术浙江省国际科技合作基地"。建筑学和城乡规划也正在与欧洲数所高校联合申报欧盟"H2020 Nature Based Solution and Smart Cities and Communities"项目。

2.3 国际化师资队伍建设成效显著

为进一步深化和拓展国际交流合作,学院高度重视国际化师资队伍的建设。建工学院大力实施"人才强院"战略,建设了一支具有一定国际化视野、较高学术水平、梯队结构合理的师资队伍。他们有享受国务院特殊津贴者,教育部"新世纪优秀人才支持计划"入选者,"钱江学者"特聘教授,省突出贡献中青年专家,省"151 人才工程"第一层次和培养人员,省高校中青年学科带头人等。学院教师认真贯彻学校的育人理念,进行了一系列教育教学改革,承担了一批高水平科研工作,取得了丰硕的成果。近年来获国家技术发明二等奖 1 项,教育部技术发明奖二等奖 1 项,浙江省科学技术奖二等奖 2 项,浙江省科学技术奖三等奖 1 项。

教师出国学习进修考察早已进入常态化。学院的大多数教师均有出国学习交流的经历。例如,土木工程专业现有专任教师 42 名,具有海外留学访学及交流经历的教师 29 人,占 69%;他们或是参与学院对外合作项目赴相关院校进行课程进修培训,或是申请国家留学基金项目进修学习,或是联合进行中外研究生的指导,或是参加国际学术会议,开展联合科研活动。教师的国际视野不断开阔,跨文化的国际交流能力不断提高。

除专业教师外,学院还有计划地组织和安排政治辅导员参与国际化的有关活动。例如,担任项目班级的班主任;参加项目管理的有关会议;协助专业教师共同带队指导学生出国游学考察等,这些做法不仅使政治辅导员熟悉了学院的国际合作情况,有利于形成国际化工作的合力,而且也使学院学生的思政工作更体现国际化的特点,加强了思政工作的针对性和有效性。

学院高度重视引进国外优质智力资源,聘请了一批国外知名专家教授担任长期专家或短期专家。除中法合作办学项目每年有 10 余人次教授专家来学院进行专业授课之外,2014 年,经省外专局推荐,学院聘请雅典美术学院院长 Spyros Amourgis 教授为长期外籍专家。此前学院已经聘请了多位来自德国、澳大利亚等大学的外籍教师直接参与学院相关专业的部分教学工作。他们承担主讲课程(课程名称),指导学生的课程设计与毕业论文,把国外先进的专业建设理念和教学方法运用到具体的教学活动中,使学生们在国内就能接受到国际优质教育资源,取得了很好的效果,深受学生们的欢迎。

2.4 国际化氛围较浓厚

学院目前拥有多个正在执行的合作交流项目,参与学生人数达到全院学生总数的近四分之一。非项目学生也有机会接受外籍教师的专业教学,或赴法国、美国、比利时、德国等国家进行交流学习,国际化教学科研活动丰富。外籍教师的授课和国际学术报告,与国外大学学生互派交流,与国外大学学生的联合设计,外资企业进校园系列讲座,还有众多的学生游学交流活动,这些共同形成了学院浓厚的国际化氛围。仅 2017 年的暑期,全学院就有 70 余位学生参加了法国、希腊、瑞士等高校的游学活动。学院的毕业生正因为具有鲜明的"应用型和国际化"特色,使他们非常受欢迎,近五年平均就业率达 98%,众多的校友已经成为行业和企业的业务骨干,并涌现出许多杰出英才。

留学生教育不仅是教育国际化的重要指标,留学生培养更是一所大学国际水平、教学质量、管理水平和知识创新能力的体现[1]。学院近 200 名国际留学生的规模,是学院的整体国际化工作的重要组成部分。精心组织的开学典礼、毕业典礼、共同的教学活动和生活环境,促进了中外学生的交融,尤其是开拓了中国学生的国际视野,培养了跨文化国际交流能力,收效显著。

3 国际化建设存在的不足之处

3.1 先进的国际化建设的理念还不够深入

全球化推进了高等教育国际化,信息技术、人力和物力资源日益共享[2]。虽然这些年来,学院的国际化建设取得了很大的成绩,但是先进的教育国际化建设的理念还不够深入。具体表现在:学院教职工对高等教育国际化发展趋势认识还不够清晰,对新形势下高校国际化建设的内涵和意义认识还不充分,对国际化建设与学院内涵建设的关系认识还不透彻,对进一步增强国际化视野、提高跨文化交流能力培养模式的整合优化和实践还不充分。

3.2 合作交流项目覆盖面不均衡

虽然目前学院的国际交流合作拥有多种类别和多种形式,但是对学科和专业的覆盖还不均衡。双学位的项目集中在土木工程专业,建筑学和城市规划等专业虽然也在拓展,但主要是还是以引进外籍教师,组织联合教学为主。联合科研平台主要集中在省级重点实验室的环境工程方向,其余专业虽然也在开展,例如建设联合实验室、申报国际合作项目等,但还没有形成标志性的成果。

3.3 国际化师资队伍建设还需进一步加强

虽然有大量的教师有出国学习进修的经历,但是他们的后续发展还显薄弱,引进、消化和应用国际上优秀的教育理念、教学方法还不够,教学成果还较少。海外优秀师资引进力度还不够大,引进的海外师资结构还不尽合理,年富力强的现职教授学者刚性和柔性引进还较少,而且个别专业的外籍专家还有空白。

3.4　合作交流项目的辐射作用不够

虽然有众多的合作项目在执行,但中法、中德等重要合作项目的优势还未充分显现出来,项目经验、项目成果还需要进一步总结凝练,国际化的教学科研成果对各专业的辐射、影响和带动作用还不充分。非项目学生参与国际交流的机会还相对薄弱,享受国际合作带来的成果还相对较少。

留学生教育还存在一些问题。生源质量参差不齐,课堂教学难度较大。此外,留学生来源国众多,国别差异大,以致培养方案中体现"需求型导向"不够,教学计划的针对性和灵活性不强。

3.5　学院国际化大环境的建设还不够完善

虽然学院已经建立了国际化工作的管理体系,制定了一系列规章制度,但全院上下对"国际化建设入主流"的执行力还不够强,教学、科研、学工各条线以及行政办公体系与外事方面的工作协同不够协调,各类资源还没有充分挖掘和整合,整个"系统"还没有进入高效协同的运行状态。

此外,学院对国际交流合作的宣传工作还相对薄弱。国际化建设的专题学习研讨活动不丰富,对项目学生和留学生跟踪调查工作还做得不够,网站建设还不能跟上工作发展的需要。

4　进一步加强学院国际化建设的若干思路与举措

4.1　深入学习领会,不断提高对国际化建设重要现实意义的认识

组织全院认真学习讨论,深刻领会党和政府对高校建设发展提出的新要求。把加强推进高等教育国际化与加强学院内涵建设,提升办学质量,加强社会服务紧密结合。要围绕"十三五"发展规划的实施,进一步明确国际化建设的目标和思路,制定切实有效的举措。要做好"国际化入主流",必须先做到"国际化入人心"。通过组织开展全院、系、教研室以及项目团队等各种层面的专题讨论,统一认识,统一行动,不断提高国际化工作的自觉性和主动性。

4.2　结合学科专业特点,积极接轨国家的发展战略和浙江省重要发展举措

认真学习习近平总书记关于推进"一带一路"建设工作的重要讲话精神,把学院的建设发展与国家的重要发展战略紧密结合。学院要积极实施走出去战略,进一步加大开放办学的意识和步伐,加强校企合作,利用学院专业技术优势和众多的国际项目以及留学生资源,为"一带一路"战略中的基础设施建设提供智力和人才的支撑,为浙江省的支柱产业的发展做出自己的贡献。目前一项重要工作就是与浙江交工集团做好校企合作,为这家浙江省内规模最大、实力最强的交通工程施工企业实施海外建设项目输送大量熟悉中国以及当地国家文化和习惯,语言能力强的土木工程专门人才,为"一带一路"建设走出扎实的一步。

4.3　深化项目内涵建设,进一步实施好现有重点合作交流项目

进一步完善中法合作办学项目的教学大纲和教学内容,提高引进课程教学质量,加强项目实验室建设,完善出国选拔工作,同时做好第二期合作项目的延伸工作。

进一步加强与德国应用科学大学的合作交流,提高专业教学水平,提高出国深造的比例;同时更好的总结经验,把德国先进的应用型人才培养的教学理念和模式辐射非项目土木工程专业的教学中去。

进一步加强与比利时鲁汶大学的交流合作项目,加大研究生和本科生的互派交流力度,进一步加大"建筑材料循环利用"等领域的科研合作。

进一步加强留学生工作。结合国家"一带一路"建设,修订国际化专业培养方案,使之既符合中国国情又符合国际惯例[3]。加强师资培训,改进课堂教学,不断提高留学生教学质量。积极拓展中外学生共同参与的学习平台、社会实践平台、文化活动平台建设,强化学生跨文化交流能力的培养。此外,学院还将继续实施"留学生中国文化传统和浙江经济社会发展成果考察体验工程",加大留学生对中国文化的了解,促进他们对中国经济社会发展取得巨大成就的认同,进一步加深他们对中国和中国人民的感情,培养更多的"友谊使者"和有着深厚感情的"好朋友"。

4.4　加强国际经验的本土化实践

要加强对各类国际合作项目经验、成果的总结凝练,努力进行国际经验和成果的本土化实践[4],让项目成果也能惠及非项目学生,让每个学生都能享受到国际化建设取得的"红利"。当前,尤其要学习借鉴国际先进经验,在课堂教学和实践教学的改革上下功夫,重视"用互动式教学代替传统的传授式教学"[5],不断提高应用型人才培养的质量与水平。

4.5　着力抓好新项目的突破

"十三五"期间,力争在建筑学和城市规划等专业新建中外合作办学项目,力争实现硕士研究生合作办学项目零的突破,力争在"一带一路"沿线国家实现国际合作项目的突破。

同时,为学生创造更多出国学习进修和游学考察的机会,为学生创造更多在国内接受国际优秀教育资源的机会。

4.6　着力加强国际化师资队伍建设

加强国际化师资培养,加大学院教师出国培养和交流力度,加强具有海外留学人员的引进。同时,主动出击,加强国外优秀师资和智力的引进,完善师资队伍年龄、职称和学历结构,力争各专业外籍专家的全覆盖。

同时加强外事工作队伍的建设。完善规章制度建设。与岗位聘任相挂钩,完善内部考核奖惩机制,充分调动教师参与国际交流合作工作的积极性和创造性。

4.7　加强与合作院校的联合科学研究工作

加强联合科研平台建设,做实做强"生物质综合利用技术浙江省国际科技合作基地"。整合资源,全力申报欧盟"H2020 Nature Based Solution and Smart Cities and Communities"项

目,力争欧盟项目零的突破。

4.8 加强国际化大环境建设,努力形成氛围良好的工作机制

一所院校要想真正实现国际化,必须使国际化渗透到它的每一个角落[6]。进一步理顺国际化的工作体系,把国际化整合到学院工作的各个方面,不断强化"国际化建设入主流"的工作执行力。充分整合各类项目的优势和特点,凸显学院国际化建设的良好环境和氛围。

进一步加强交流合作项目的学生和留学生的校友工作。加强网络宣传力度,形成良好的宣传辐射效果。

高等教育国际化是时代发展的必然趋势,也是高校自身加强内涵建设,不断提升办学质量的必要途径和重要机遇。这一点对应用型高校尤其重要。浙江科技学院建工学院将继续努力,不断探索和实践,为培养更多高水平国际化应用型人才而努力。

参考文献

[1] 李军,田小红.一带一路背景下中、非大学的国际合作与发展[J].华南师范大学学报(社会科学版),2017(1):73-75.

[2] 牧笛.世界高等教育国际化浅析[J].国际教育交流,2014(7):28-32.

[3] 吴晓峰,唐敏.基于一带一路战略视角谈地方高校国际化——以江苏大学国际化的探索与实践例[J].科技展望,2016(10):324-325.

[4] 钟秉林.推进教育国际化,促进高校内涵建设[J].中国教育学刊,2014(9).

[5] 吴晓峰,唐敏.基于一带一路战略视角谈地方高校国际化——以江苏大学国际化的探索与实践例[J].科技展望,2016(10):324-325.

[6] [英]皮特·斯科特.高等教育全球化理论与政策[M].周倩,高耀丽,译.北京:北京大学出版社,2009:42.

工程造价专业

工程造价课程教学中的改革与实践讨论

刘　薇

摘要：专业课程教学是培养具有卓越工程师高素质应用型人才的有效途径。浙江科技学院自 2013 年起按照卓越工程师教学大纲培养的计划实施，通过多年的"教与学"的教学模式的摸索与实践，积累了一定的经验与改革措施。本文以工程造价课程教与学为例，分析在课堂"教与学"中出现的常见问题，并通过学生反馈总结"教与学"的弊端，反思"教与学"的矛盾，初探专业课程"教与学"的改革措施，并加以实践验证了其效果。

关键词：工程造价；培养目标；教与学；改革；模块教学

1　培养目标

国家和地方地区的科技、经济、教育发展应该是紧密结合的[1]。"一带一路"涉及大量工程建设项目，建筑市场迫切需要专业人才。浙江作为建筑大省，许多建筑企业参与了这些项目的建设。浙江科技学院工程造价专业的培养目标定位在培养应用型管理人才，学院本着"优化基础、强化能力、提高素质、发展个性、鼓励创新"的教学理念，突出"现场工程实训教学"人才的培养[1]。学院针对市场所需人才，加强了高素质应用型专门人才培养的改革与实践。工程造价课程教学是参照"卓越工程师培养计划"2013 版执行的。工程所需造价是技术与经济的结合，它是运用科学的技术原理和经济及法律等管理手段，解决工程建设活动中工程造价的确定与控制、技术与经济、经营与管理等实际问题[2]。工程造价课程主要讲述了工程造价与管理的相关知识和建设项目全过程所需造价的确定、控制和管理。它是建筑生产技术和管理科学两门专业的必修课。因此，建筑工程设计、施工和管理人员，都应当具有工程造价的管理与经营能力[4]。通过本课程的学习，学生应掌握工程造价构成，工程造价计价依据，工程造价计价方法，对项目决策阶段、设计阶段、招投标阶段、施工阶段和竣工阶段等工程造价的管理，掌握工程造价的竣工结算及审查的方法[4]。

2　传统教学存在的弊端

2.1　学生学习的目标不明确

大学三年级开设该课程，许多学生不知道学习工程造价这门课程的目标，或者说只理解成工程施工阶段的投标与结算。这种片面理解导致学生没有学习原动力，只能被动学习。

课堂教学中就少有教与学的互动,成了教师满堂灌式教学。

2.2　学生学习的热情不足

从学生角度来讲,专业造价课程比较抽象,学起来知识面广且难度大,容易产生畏难情绪导致没有学习兴趣,习惯跟着教师被动听课。这种"教师满堂灌"的传统教学模式的弊端是教师教了什么,学生就学什么。表现为沟通互动不够,对学生的启发与引导不够,学生在学习中常出现的"老师没讲过的就不会","上课躺一片、低头一族"的现象。

2.3　学生学习的方法单一

学生普遍存在重理论轻实践的学习,导致动手能力和识图能力差。学习主动性较差,表现为不预习、不及时复习,导致学习过的专业基础知识和专业知识前后不能连贯应用,每门课的知识脱节。学习方法单一,只喜欢通过做题来巩固所学习的知识,不会理解、思考知识要领,导致理论联系实际的能力差,更是达不到理想的实践教学效果。

2.4　教学课时的安排矛盾

工程造价课程具有很强的工程实践特性,该课程的学习需要将课堂教学与工程现场实习、板书讲授与多媒体教学、理论与实验上机结合在一起,这样才能达到较为理想的效果。但是现场实习也很难与课堂教学同步。所以一般高校几乎没有模拟造价实习的条件,目前工管方向学时安排 64 学时,土木方向安排 32 学时,造价专业安排 96 学时。各专业课程设计学时安排分别是 1 周、1 周、2 周。无论哪个专业方向,要解决理论、实习、实践和专业化、职业化、国际化的矛盾,课时都是严重不足的。

2.5　教学师资配备和培养需求矛盾

工程造价专业是 2012 年教育部才批准的本科专业,是为社会培养经济建设人才而新增的专业,更是成为我国"一带一路"发展战略不可或缺的与基建所需的国际高端人才相适应的新增专业。社会需求大,高校培养师资要 6~8 年时间,培养周期长,高校专业教师严重不足是普遍现象。

3　课程"教与学"改革与实践措施

3.1　促进学生学习目标改进的措施与实践效果

首先,教师引导让学生理解工程造价课程性质:工程造价是一门造价专业必修的专业核心考试课程,具有实践性、综合性、政策性强的特点,与建筑经济、工程施工等学科领域密切相关。其次,教师阐述工程造价应用性广泛:是把项目构想变为工程实体阶段资金使用的全过程测算。通过该课程的学习,学生掌握各工种的施工技术及工艺顺序,了解我国基本建设的方针和政策,掌握各分项工程的施工方案和组织设计的编制,具备把理论和施工现场实际紧密结合起来,独立分析和解决施工问题的能力[4]。最后教师介绍学习该课程后的就业方向:政府计划招投标部门、房地产策划及经营部、设计院经营部、施工单位经营部、造价咨询单位、工程监理单位、建设银行审计部门、会计审计事务所。通过上述措施来明确学生的学习目的，尤其是通过就业方向的引导，来明确学生学习该课程的目标的效果显著。

3.2　解决学生学习的热情不足的措施

首先教师应充分备课，精心组织讲课内容，自己做到教学内容熟悉，讲课情绪饱满，把每次课堂讲解当成一次精心准备的演讲来感染学生的情绪，以讲课的精彩内容来吸引学生的注意力。其次强调课堂师生互动，讲课时设置一些问题，让学生讨论发言，引导学生说出他们的方法。同时观察学生学习状况，发现有疲劳情况时及时跟进案例教学，用精彩的案例故事来吸引学生的注意力。

除此以外，还要把该课内容与职业考试知识相结合，这点要求教师的知识面应更加结合社会前沿。教师设置教学内容时，适当结合"一带一路"的国际化项目信息，结合国际投标承包案例，以此提高学生的学习热情。

3.3　解决学生学习的方法单一的措施

推行实践化—信息化—职业化—国际化学习方法。"实践化"是组织引导学生把造价理论和课程设计的知识内容与学校的基建项目相结合，达到学生感性认识和识图能力的提高，动手兴趣增强。"信息化"是把造价理论知识与实验室和机房造价软件结合，提高学生在实验室对工程量计算的感性认识，吸引学生在计算机房用造价软件上机操作模拟造价学习。"职业化"是把造价理论知识和执业考试中的注册造价师、注册建造师考试相结合，给出参考资料和模拟考试题库，有针对性地引导学生学习。"国际化"是在教学中结合国际上工程量清单的应用，结合"一带一路"国际项目的案例，邀请著名造价咨询公司来开展讲座，是三方结合学习的方法。这四化的学习方法需要教师参与引导，学院创造条件，教与学紧密结合才能有效。

网络是一个非常丰富的教学资源，学院可以通过建设专业课程的网站让学生在课余自学和查阅资料，也可以通过建设精品课程的方式将课件、教案、视频、工程图纸、复习题库等上传到网站[1]，这样就可以在有限的课堂之外为学生提供一个网络课堂，甚至可以让学生在网站上完成并提交作业，由老师统一批改并记录存档。可以在网站上开辟一个注册考试专栏，建立与考试相关的资料库和习题库，师生共同参与建设。

3.4　解决教学课时的安排不足的措施

按模块教学的思路，把上机实验课、理论课、课程设计课、认识实习课、建工实习课、毕业设计课按照模块划分并将其结合起来进行安排。模块一：把造价概论与国际清单造价模块结合，安排 12 学时；模块二：把基础实验和工程识图认识实习结合，安排 12 学时；模块三：把理论教学与课程设计模块结合，安排 32 学时；模块四：把上机软件的实践和毕业设计结合，安排 32 学时。土木专业方向的培养选择二、三模块教学，工管方向的选择一、二、三模块教学，造价专业方向的选择一、二、三、四模块教学。这样有效地解决了学时不足问题，通过 2013 年到 2017 年的实践证明，教师这样设置教学内容也取得了不错的教学效果。

3.5　解决教学师资培养和配备需求的措施

学院采取招聘、引进和内部培养相结合的措施来解决短期内师资不足的问题。向社会和著名高校引进、招聘符合条件的有国际工管经验的高端人才和高校博士生,同时在学院内部现有的相关专业的教职员工中培养转专业教师。学校应积极与对口企业签订实习协议并建设校外实习基地,主动为造价专业的教学提供可靠的物质保障[3]。加强机房软件建设,提高造价软件的应用力。对市场应用的广联达和鲁班造价软件应配备 60 人的联机教学条件。

4　工程造价课程"教与学"持续改进几点思考

4.1　以学生学习为中心,学生毕业后发展为目标

改变授课方法及模式,从教师个人唱独角戏转变成教师组织、调控、引导下的学生主动参与讨论的教学模式。实施讨论式教学、案例式教学,进行教学内容的合理调整及精减,为课堂讨论及学生自主探索留出时间及空间。培养的学生要求能迅速融入企业,适应企业需求。在校期间学校要多举办企业家讲座,引导学生参加执业注册考试,加强双师型教师队伍的建设。同时及时收集毕业 5 年左右的学生反馈意见,将此作为持续改进教学的精准参照。

4.2　加强校企合作,教学考核改进成为机制

企业是应用型高校最好的工程实践基地,不仅对学生学习期间在企业实习或者参观能收到非常好的学习效果,而且对于老师而言也一样能提高其工程造价能力和专业教学水平。所以学校应积极与对口企业签订实习协议并建设校外实习基地,主动为造价专业的教学提供可靠的物质保障[3]。

教学改革可以从教学内容的调整融合、教学方法的多样互补等方面入手,用成果导向教育理念引导教学改革,结合应用型高校的卓越工程师培养计划不断改进,为社会培养具有实用的工程造价和创新能力的"卓越工程师"。

参考文献

[1] 刘元芳.基于国际视野的工程造价专业人才能力标准与课程体系研究[J].长春工程学院学报(社会科学版),2009,10(2):102-105.

[2] 高静.基于系统工程思想的工程造价课程改革探索[J].高教论坛,2011(8):99-101.

[3] 张建锋,黄延林.基于"卓越工程师"目标下的给水排水工程专业实践教学改革[J].西安建筑科技大学学报(社会科学版),2011,30(5):93-96.

[4] 刘薇.工程造价与管理[M].北京:电子工业出版社,2014.

关于工程经济课程教改的思考和探索

滕一峰

摘要：本文在简述了工程经济课程特点后,探讨了该课程在实际教学过程中遇到的问题,并通过分析和借鉴其他学者在相关问题上的研究后,提出了针对相关问题的教改建议,并结合实际情况对相关改进措施的效果进行了分析。

关键词：工程经济;教改;实践

工程经济课程是一门融合了经济学和土木工程知识的课程,该课程具有交叉性,主要是运用经济学的相关知识分析工程的经济效果是否合理[1]。这门课的专业综合性比较强,知识点比较多,以计算为主,比较难理解[2],所以在教学实践中应注重教学方法,以便使学生能够较好地理解这门课程,从而达到较好的教学效果。本文为笔者结合自身教学经验分析了该课程在教学过程中的一些问题,并提出了相应的解决方法。

1 讲授多,实践少

工程经济课程的内容主要是以教师讲授为主,这种情况被不少笔者描述成:灌输式或填鸭式[3],而学生从第一次课开始便有可能出现积极性不高的情况[4]。虽然近年来重视了学生的实践,但笔者认为可进一步加强学生的实践能力,以下为笔者结合实际教学中的情况而列举的几种改进措施。

(1)课前指定某位学生以工程经济中的某个内容为主题(例如现金流量图),请学生准备相关的讲解材料,如 PPT 及相关例题,在课堂讲解时,先请学生就该内容进行讲解,并结合例题为大家做示范,在讲解的过程中,任课教师需经常对学生的讲解进行肯定,并积极配合学生的讲解,在学生讲解完毕后,教师对讲解内容进行总结或补充相关注意点。这样一来,能充分激发学生的学习积极性,且真正让学生参与到课堂中,让学生真正感觉到自己是课程的主人,而不是感觉到课堂是传统的填鸭式教学。杨子胜等[5]也提到了"换位式教学"。杨子胜等人认为现在普遍采用的是教师讲,学生听的教学方式,在这种模式下,学生接受知识的方式大多是被动的。为了让学生真正成为课堂的主人,可采取以 1 到 3 名学生为一小组的方式将班上学生分为若干小组,小组成员可进行分工合作,例如合作制作用于课上讲解的PPT,指定一名学生课上讲解,指定一名学生负责答疑等。杨子胜等人还指出,在学生讲解的最后,可由任课教师对学生讲解的内容进行补充等。笔者认为,当指定的讲解内容比较复杂时,可考虑采用这种方式中多学生分工合作的方式,这样便可使学生们在团队合作方面有更好的历练。

(2)教师在讲解完相关知识点之后,请学生马上总结涉及的内容,并形成自己的理解,接下来可当堂布置练习题,并给学生一定的时间就该练习题进行分析和解答,然后可随机请部分学生上台讲解,或任课教师为大家讲解。这种方法的特点是:因为事前未指定学生,因此每位学生皆有可能会被选中进行讲解,这样一来,学生们注意力都会集中于如何分析总结涉及的内容以及如何讲解练习题。当学生上台解答练习题时,考虑到学生的情况,任课教师须适时提供帮助,以免"冷场"。当学生解答完练习题后,任课教师要给予充分的肯定,这样才能更进一步提高学生的学习积极性,才能为下次这样的教学方法打下良好的基础。

另外,赵玲[1]还提出了一个笔者认为比较有新意的方法,即组织本学院学生,参加工程经济专业知识相关的竞赛或设计比赛。这种方法的优势在于能将实践和理论合二为一,让学生的创意能力和实践能力有机会得以提升,同时又反过来激励学生更好地参与到专业知识的学习中来。

如上这些解决方法的目的不仅仅是希望学生对相关知识点做更好的了解,同时也培养学生的能力,因为在学生就业之后也有可能会在工作中为一同工作的同事讲解自己对于某个实际问题的解决方案,因而在学生时代培养出来的分析、讲解等能力就显得至关重要,这在学生今后的就业中也非常重要。

关于学生提高实践能力的建议,还有陈琳等人[6]提出的打造校企合作模式,这种模式的优点在于,一方面通过和企业的合作,了解工程经济的最新动态和关注点,从而帮助任课教师在授课时更加切合工程中的实际经济问题,学生通过这种模式,能真正参与到实践中,能提高学生的学习积极性,并加深对所学相关知识的了解,同时,企业通过这种模式,或可发现具有潜质的学生。

2　理工科学生接触经济学内容较少

黄志祥[7]认为学习工程经济学需要具备一定的经济以及工程的常识,同时,学生毕业后到工程单位工作,一般会先从从事技术工作开始,所以能使用工程经济学的机会并不多。对于理工科学生来说,由于工程经济这门课涉及经济学的相关知识,所以在学习时会给没有经济学基础的学生带来困难[8]。如上种种就使得工程经济学这门课程在讲授时会遇到诸多的困难。

在这样的情况下,就需要任课教师讲授该课程时,注重多采取相关知识结合实例的方法。张有佳等人[9]针对这个问题给出了较为详尽的解决方案,从分析原因开始,给出了详尽的分模块(类别)的参考案例和具体实施的方法,甚至还给出了相关成绩考核上的建议。

笔者认为这些可减少学生对于工程经济这门课程的生疏感,同时增加学生的实践意识。另外,笔者还认为,任课教师在讲授这门课程的时候不能一味地求多求全,必须有所取舍,集中基础知识,以实践为导向,多以例题深化学生对于知识点的认识,这样才能更好地做到理论指导实践,用实践来进一步巩固学生对于理论的认知。

3　课程内容中计算相对较为困难

工程经济这门课程主要的目的还是通过计算得出数据,并通过分析为相关工程的决策提供依据,所以这门课在计算方面的量不在少数。例如时间资金、时间价值、方案比选、方案不确定性分析等等都是通过为数不少的计算方能得出有效答案,这就要求学生在学习这门课的时候不仅要掌握好计算的方法,明白计算的原理,还需要有较强的计算能力。就笔者自身的经验来看,学生在计算题中出现错误的常见原因有以下几种。

3.1　计算步骤容易出错

对于计算题,就笔者的经验来说,其步骤往往更为重要,因为假如能做到计算步骤正确,那么就能够展示出较为清晰的解题思路,这样一来不仅解题人本身能方便了解解题过程,更为之后的检查带来便利。但假若在计算过程中因为太过自信而出现略过中间过程的情况,当然如果有足够计算和分析能力那么出现错误的概率不会很大,但是就笔者自身经过备课和准备计算题时自己推演计算过程和计算最终结果而言,出现计算结果和正确答案之间有偏差的概率不小。因此,笔者在讲授相关计算时也尽量留足时间将解题步骤详情尽可能罗列,以便帮助学生理清思路,这样虽然会消耗相对多的时间,但是在一定程度上可降低出现计算错误的可能性,所以笔者认为这个方法是可行的。另外,题目多种多样,但解题思路万变不离其宗。我们作为教师,应该尽力做到"授人渔"而非简单的"授人鱼",也就是说我们应该更多地注意传授学生方法。

3.2　计算结果容易出错

工程经济课程的计算难易不一,计算方式也多种多样,除了前述强调的注意计算步骤,注意理清思路外,如何确保计算的结果在最大程度上不出现和正确答案的偏差也是一件比较重要的事情。

不少学者都提到了使用 excel 等计算软件来替代手工计算[7-11],笔者认为也是非常有必要的。特别是针对相对比较复杂的计算,例如净现值等在手工计算时,往往会因为原始数据较多,计算公式繁复而增加计算答案出现错误的概率,假若能在确定计算公式后,使用 excel 或 matlab 之类的计算软件来帮助解决计算问题,那么计算答案的准确性将大大提高。这种方法特别适合于计算过程重复,而只是计算过程中数据有变化的情况,例如互斥项目使用净现值来进行比较和选择的过程中,即计算过程是大致类似的,而只是初始投资额及分年度的净现金流有异等。

笔者也曾将复利系数的 6 个公式编辑成 matlab 计算程序,当输入原始数据后即可得出复利系数,然后再与已有的复利系数表中查询得出的值相比对,如此一来,出现计算错误的概率将大大减小。又或者在进行盈亏平衡分析时,也可采用 excel 来帮助核对答案。

在我们这个时代,计算机已经成为比较方便、容易获取的"工具",而寻求这个工具的帮助所花费的"代价"其实并不高,但是其效果确是比较显著的,那就能大大提高计算的准确度,从而避开我们因为计算的繁复而出现的计算错误。换言之,使用较小的"投入",可以获取较大的"收益",这也符合工程经济所希望达到的目的。

4　结　语

综上所述,在土木工程专业中开展工程经济教学时首先需针对土木专业的特点,其次需要充分考虑学生的情况,来确定该课程的教学内容和教学方法,来对该课程进行切合实际、有针对性的改革。这样才能最大限度地发挥该课程的作用使其最好最大化地为土木工程专业服务。

致谢：衷心感谢我院给予我这个总结自身教学经验，并进一步学习其他学者对这个问题研究成果的机会！

参考文献

[1] 赵玲.《工程经济》教学改革的思考与实践[J].江西建材,2017(3):291.[2017-08-07].

[2] 胡迟春.《工程经济》教学改革的探索[J].亚太教育,2015(25):87.[2017-08-07].DOI:10.16550/j.cnki.2095-9214.2015.25.155.

[3] 詹朝曦,张向前.《工程经济学》课程教学改革分析[J].经济与社会发展,2005(2):210-212.[2017-08-07].DOI:10.16523/j.45-1319.2005.02.062.

[4] 鲍学英,王琳,王恩茂."工程经济学"重点课程教学改革[J].价值工程,2011,30(23):177-178.[2017-08-07].DOI:10.14018/j.cnki.cn13-1085/n.2011.23.196.

[5] 杨子胜,海然,祝彦知."工程经济与项目管理"课程教学改革与实践[J].中国电力教育,2013(10):150-151＋155.[2017-08-07].

[6] 陈琳,聂芹.浅谈《工程经济》课程教学改革[J].山东工业技术,2015(23):266.[2017-08-08].DOI:10.16640/j.cnki.37-1222/t.2015.23.233.

[7] 黄志祥.学以致用:工程经济学的教学改革[J].时代金融,2012(24):298＋305.[2017-08-09].

[8] 杨帆.土木工程专业"工程经济学"教学内容改革和创新研究[J].中小企业管理与科技(上旬刊),2015(1):243-244.[2017-08-09].

[9] 张有佳,刘卫星,程志辉,等.浅议项目导项及案例驱动在工程经济学教学改革中的应用[J].科技视界,2015(33):169＋237.[2017-08-09].

[10] 周楠,闫淑荣.工程经济学课程教学改革的思考[J].大学教育,2013(10):87-88＋91.[2017-08-09].

[11] 吴喜平.《工程经济学》教学改革的思考与实践[J].价值工程,2011,30(22):261-262.[2017-08-09].DOI:10.14018/j.cnki.cn13-1085/n.2011.22.206.

土木工程施工课程的教学改革思考

叶　良*

摘要：土木工程施工课程是我国高等教育院校土木工程专业的专业基础必修课程，具有实践性、综合性较强的特点。随着土木工程技术的不断发展和我国高等院校土木专业相关的教学改革的进一步深入，该课程的教学面临着新一轮的挑战。本文对土木工程施工课程教学存在的突出问题作了总结，并对土木工程施工课程教学改革提出了几点思考。

关键词：土木工程；施工；教学改革

1　土木工程施工教学研究背景

1.1　土木工程施工教学研究背景

建筑行业的不断创新发展，离不开行业中从业人员的专业素质水平，而当前高等院校在建筑课程方面的实践性教学匮乏，使得所培养的应届毕业生的实践能力远远不能满足建筑市场对人才的需求。随着中国市场的不断开放，各种不平衡因素无不冲击着国内行业中的从业人员的专业素质水平。而作为中国国民经济重要的物质生产部门，探索并创建一个科学合理的教学发展模式，并能使学生快速且具体全面地掌握土木工程施工等建筑课程的相关实践性内容，这成为当前教学改革的重中之重。

2　土木工程施工教学中存在的问题与不足

2.1　教学方法陈旧，教学手段落后

土木工程施工教学含有：施工工艺、施工工序及施工关键点等具体的实践性问题，同时也是教学过程中学生比较难以理解和掌握的建筑施工技术的核心问题。而传统的教学模式侧重于老师的讲解，是以老师为主，学生为辅的教学模式，这就容易导致学生对课程教学内容出现兴趣缺失的现象，从而达不到授课的真正目的。

大体的教学模式是课堂教学，即板书的静态教学，即便有相对逼真的空间模型，也是需要为学生提供一定的想象空间，加之学生对理论知识缺少必要的感性认识，最后导致学生的

---

*　项目资助：浙江科技学院 引进企业课程《土木工程施工》

一知半解或者完全不理解。再稍微好一些的是安排学生到工地现场进行见习和扫盲,由于学生时间和空间的不足性和局限性,接触到的也仅仅是施工现场中的单一过程,施工的全过程很难看到,致使教学过程与施工过程不能紧密结合。

2.2　课本内容滞后于实践,局部内容与其他学科重复

时下的很多土木工程教学的教材都是很传统的施工工艺,采用以往的教材减少了教师备课的任务,所以教学内容缺乏新意。即便是一些所谓的新的施工方法,实际上已成为落后的施工方法,而一些相对成熟且应用广泛的施工方法在教材中却体现得很少。在日常教学中,为了弥补施工课本的不完善,主要依靠教师所掌握的知识和积累的经验对课本内容进行补充和完善,而每个教师限制于自身专业程度,补充的内容极为有限且不够完善。此外,土木工程施工课本的内容与其他课程的部分章节设置重复,导致学生学习任务加重。这样不仅浪费了有限且宝贵的课时,而且严重打击了学生上课的积极性,严重影响了老师日常教学质量。

2.3　教学计划有待改进

教学计划的制定在很大程度上是由学校对该课程的重视程度所决定的,一般会体现在学时上。当前很多有土木工程施工这门课程的高校将学时由原来的 80 学时减至 48 学时,其中特别体现在工程管理专业的学生上,而在这么有限的学时内要让学生理解和掌握土木工程施工的专业知识和技能几乎是不可能的。最后的期末测试考的内容也只是皮毛中的皮毛,草草了事。这就导致了许多学生由于对专业知识概念模糊,而无法在毕业后迅速地适应具体工作,从而浪费了时间,丢失了机会。

2.4　施工实习面临的问题

土木工程施工的实践性较强,如果学生有很好的实习机会会为学生提高专业知识水平带来不少的帮助。但建筑市场由于自身的特点,喜爱富有经验的职员,所以很难提供给没有经验的学生实习的机会。再者,即使得到了宝贵的实习机会,学生的实习周期最多只有一个月,但是我们的建筑建设工期一般在一年左右或更长的时间,致使学生不能够很好地学习相关专业知识。因此学生在工地上只能见到有限的施工过程,再加之不是全勤的工地现场,有些工地为了保证学生的安全,只安排学生做施工内业,这样学生就更不可能了解施工的具体工艺和方法了。学生缺乏学习主动性这是最糟糕的,在工地上只能够了解到一些皮毛而已,不能够将课堂中所学习的专业知识和实践很好地结合在一起,对整个建筑物的施工过程不够了解,浪费了很多时间和精力。另外,在实习过程中缺乏工地讲解的人员,这样非常不利于学生深入学习。首先工地的师傅精于施工技术但是对专业知识匮乏,即使抽空为学生讲解了,也讲解得不够深入浅出;其次学生很难有机会接触到与项目与相关的详细图纸、施工方案等内容,从而使相关资料与工程实物不能很好地结合;由于学生人数众多,施工场地的局限性无法保证每个学生都能够有机会动手操作,也不能保证每位学生均能听到、看到和学到相关知识。所以工地实习无法作为教学的主要手段,只能是学生拓展教学课堂的一种方式。

3　土木工程施工教学改革的措施和方法

3.1　认真选择讲授内容与重点

在已经设定好的极为有限的教学时间内,要使学生掌握这门课程的重点与难点,就需要教师的教学质量大大提高,而课程的教学内容和重点的选择成为关键因素。比如老师可以把"土方工程、地基和基础工程、结构安装工程、混凝土结构工程"等几章作为重点进行讲解,因为这些都是在实际工程项目中经常运用到的。此外在涉及大量有关于计算方面的内容时,应重点讲授其受力特点、计算简图和规范采用方法的简化原理等让学生感觉比较难的内容。

而对于一些基本的专业知识原理,大学生应该具备自主学习的能力,不能够完全依靠老师,可以课后自学。只要我们分清主次,必能在非常有限的时间内,达到我们需要的目标。

3.2　加强实习基地建设

一是要充分利用学院的基建工地,成立一个模拟项目部的社团,由老师进行统一指导和管理,带队进驻工地进行现场勘测和操作;另外,可以把学生安排到校外各个实习基地,同时我们需要联系更多可靠的实习基地,这种方式既可缓解实习基地紧张的压力,又可培养学生的综合能力,若能扬长避短、加强管理考核必能收到良好的效果。除了上述两种实践方式走出课堂外,我们还可以把一些具有很强的理论基础和实践经验丰富的专家请到课堂上来。通过专家们现场讲解,学生了解工程实践中碰到的一些具体问题及解决办法,这对于学生来说有很大的帮助。学生们十分欢迎这种组织专家来讲座的方式。

3.3　教学手段改革

课程中存在大量的施工工艺过程和技术构造,课堂上学生是难以理解和掌握相对应的知识的。针对以上问题,教师通过现代多媒体教育技术,可以利用计算机动态模拟并配合适当的声、光、图和文字,将很难见到的桩基施工和其他高难度施工技术,生动地呈现在学生面前,使学生在课堂上学到直接、生动的知识,激发学生的学习兴趣。

3.4　加强师资队伍建设

土木工程施工这门专业课具有很强的实践性,不仅需要教师具有过硬的专业理论支撑,还要教师具备一定的现场施工的实践经验。因此,高校可以组织教师去工地实习,或者在招聘新教师时提出这样的硬性要求,另外,可以利用带学生出去实习的机会,去工地了解最新的施工技术。讲授土木工程施工课程的教师每隔两年要学习深造一次,充实、丰富、更新自己的理论知识和专业储备是必不可少的。

4　结　论

本文通过对土木工程教学中存在的诸多问题的研究和分析,如:教学方法、教学手段、教学计划和施工实习,提出了加强教学手段改革、师资队伍建设、实习基地建设等方法,目的在于提高土木工程专业的施工教学效果,确保学生在有限的时间内理解和掌握具体实用的施工技术知识。欣喜的是,在所阐述的改革方法中有些是可以通过努力做到的,如采用多媒体的教学手段,模拟实际的施工现场;有些是需要学校大力支持的,如加强师资队伍建设,提高教师自身素养等。所以土木工程施工课程的教学改革任重道远,需要社会、学校、老师以及学生们的共同努力,从而真正为建筑行业的人才队伍建设不断添砖加瓦。

参考文献

[1] 范臻辉.工程管理专业土木工程施工课程的教学改革探讨[J].长沙铁道学院学报（社会科学版）,2006(2):9-10.[2017-08-25].

[2] 刘勇,徐森,章莉.工程管理专业土木工程施工课程教学改革探索与实践[J].高等建筑教育,2013,22(3):78-81.[2017-08-25].

[3] 姚刚.土木工程专业施工课的教学改革探讨[J].高等建筑教育,1999(S1):41-42.[2017-08-25].

[4] 杨璐,张文学.土木工程施工课程教学改革思考与探索[J].高等建筑教育,2015,24(1):79-82.[2017-08-25].

建筑学专业

中国建筑史课思维拓展式教学体会

方绪明

摘要：中国建筑史思维拓展式教学是在使学生获得基本知识的同时，从潜藏在传统建筑形式背后的理念与方法中寻求启发，使学生通过拓展思维获得表象以外的知识与方法，即弄清事物发展的客观规律，知其所以然，启迪思维、开发悟性、激发灵感，引导学生对课程乃至专业建立兴趣，去积极、主动、自觉地探求真谛，掌握知识与方法。

关键词：中国建筑史；课程教学；拓展思维；教学研究

中国建筑史课程是一门重要的必修专业理论基础课，其作用在于让学生了解中国传统建筑的演变过程、发展历程以及历史上各时期、各类型的建筑特点，了解并掌握各个历史时期的代表性实例和木结构原理。课程有较强的实践性，且与建筑设计、城市规划等课程有很强的关联性，在建筑学专业的教学及建筑师的培养中占有极其重要的地位。学习中国建筑史不仅要了解中国传统建筑的发展还要了解影响建筑发展演变的各种因素，如社会制度、政治体制、经济力量、宗教信仰、文化背景、科技水平等等都对建筑有所制约，了解建筑发展演变的规律，正确理解建筑的本质与形式的关系，更重要的是让学生知道潜藏在形式背后的深刻内涵，而非仅仅关注建筑的表象。丰富的建筑历史知识和拓展思维的方法可提高学生对建筑的认识、思辨、评析能力和创造能力，从而逐渐树立健康的历史观和建筑观。对于这样一门重要的课程，不同的教学方法、考核方式都会影响学生的学习效果和知识的收获，本文就本人的教学实践做一些代表性梳理。

1 传统与现代比较，史论兼顾

中国建筑史作为一门专业历史课程，教材具有通史的特点，鸿篇巨制，内容繁多，主要包括中国各历史时期的建筑活动状况及其社会文化背景，各个时期的建筑形制、特征、结构做法等。了解不同历史时期的典型代表建筑实例及其特征是学习的主要内容，即通常就是讲授客观史实，按历史的时间顺序客观地陈述各个时期的代表性建筑，这样学生很容易把该课程当作一门普通的历史课来对待，加之冷僻词汇、新生概念繁多，学生很容易感觉枯燥无味，考核方法也是以识记知识点为主，学生死记硬背，这样虽然能够将知识传授给学生，但学生只了解了事物的表象，就事论史而已，不能很好激发学生的学习兴趣，学到的东西也很容易被忘记。假如将古代的建筑案例结合现代建筑理论讲授，学生则易于理解，兴趣将会大增，比如古建筑中比较普遍的介于室内与室外之间的廊，是一个建筑的室内外取得艺术上过渡的良好形式，就是现代建筑的灰空间理论，乃是中国建筑院落式空间的灵魂所在；还如中国传统建筑和自然环境结合的优美形态，宗教建筑与山水园林相得益彰的优美组合就是现代建筑的有机建筑论,诸如此类不胜枚举,让学生知道这些手法在我们中华大地早已有之,不足为奇,学生学习之余就会感慨古代匠师的伟大!这种方式可贯穿于整个课程教学的始终,这样可以大大激发学生的学习热情和爱国主义情怀。传统与现代比较、中国与外国比较,很容易会发现论由史出,以史代论、史论结合不失为一种良好的教学手段。

2　从传统文化中找答案

中国著名的前辈建筑学家梁思成在他的《我国伟大的建筑传统与遗产》一文中一开始便说:"历史上每一个民族的文化都产生了它自己的建筑,随着这文化而兴盛衰亡。……而我们的中华文化则血脉相承,蓬勃地滋长发展,四千余年,一气呵成。""世界艺术宝库"(Art Treasures of the World)丛书有关中国部分写道:"中国文化较之任何西方国家取得更为连续及不受干扰的发展,这种连续性就在它的艺术上反映出来。——中国艺术显示出一种风格的发展经过几个世纪仍然保持不断。一经确立,很少主题会无故消失,几个世纪之后还会重复一定意匠和风格。"

正如以上所说,中国传统木结构建筑无论从哪方面讲都是一个十分完善的建筑体系,在世界几支古老的文明中独树一帜,在很多方面已成定规,很少有突破,一直到封建社会末期,很多方面达到了炉火纯青的地步,也形成了特定的宇宙观和环境观,形成了一整套标准化定型化规制,成为中华文化的重要组成部分,如五行学说阴阳八卦和方位、颜色的关系等在传统建筑当中运用比较普遍,房子为什么要背山面水向阳而建;四合院的门为什么开在东南方;厕所为什么建在西南方;紫禁城三大殿的三层汉白玉台基为什么是"土"字形;宫殿琉璃瓦为什么是黄色;故宫文渊阁为什么是六开间;琉璃瓦为什么是黑色;天坛祈年殿、圜丘坛为什么是圆的……,虽用现代建筑理论无法解释但它们确是实用的、合乎情理的,教材也没有提及该方面的内容,种种现象只有用中国传统文化才能解释,而很多传统文化又是具有科学性和合理性的,深层分析不难发现它是先民们在我们中华大地的地理版图上,几千年来对待和适应环境的认识、经验总结和智慧的结晶。所以对于传统建筑而言就建筑讲建筑不提文化,犹如为无母之体,无源之水,是枯燥乏味的,只是了解了一个表面现象而已,只有了解了博大精深的传统文化内涵,才会发现我国的传统建筑是有血有肉有灵魂的。

3　联系工程实际找源泉

对于学生来说学历史最常见的问题就是不知道有什么用,学习中国建筑史亦然,甚至有的在问,我们又不建古建筑,不建寺庙,学习过去的建筑有用吗?这在学生缺乏工程积累的情况下,是可以理解的。中国传统建筑有很多概念比较抽象,教学中应通过恰当、生动的,用学生比较熟悉的例子进行提示、启发、引导,在教学过程中引用实际工程设计案例收到了良好的效果。如讲到北京四合院,不能简单仅讲授四合院的建筑组成这些表面现象,而要从传统文化中挖掘中国院落式空间的内在规律,学生了解了这一本质,才能深刻理解其内涵。北京老城区由清华大学吴良镛院士主持设计的、获得联合国人居奖的菊儿胡同,美籍华人贝聿铭设计的香山饭店等都很好地再现了传统建筑的精髓,它们虽然都是现代建筑,但继承了中国合院式建筑的优良传统,深受业界好评;中国历代不同类型的塔,以其优美的造型为不少文明古城留下标志性的景观,而往往又被现代建筑赋予新的生机,如著名的上海标志性建筑金茂大厦,美国的 SOM 设计公司以中国的密檐塔为构思源泉,以形似兼有神似地充满时代特色的现代建筑深受上海人的喜欢;还有贝聿铭设计的苏州博物馆和日本美秀博物馆,其屋顶形式和空间秩序均来源于中国传统,是坡屋顶和园林、院落空间的再创造;程泰宁院士设计的杭州火车站、浙江博物馆、绍兴鲁迅纪念馆等的设计灵感都来源于中国传统建筑;再如何镜堂院士设计的上海世博会中国馆来源于古建筑传统的木构架及其斗拱,等等。从这些大师的大作里不难发现古典建筑之魂是他们的创作灵感源泉,通过分析这样的例子使学生对学习中国建筑史大感兴趣,逐步明白了中国传统建筑的道理,理解了中国传统建筑形式与空间的意义,逐步悟出了建筑设计创作中的奥秘和文化内涵,有些同学已将其应用于自己的课程设计。

4 联系时政接地气

近几年,国家越来越重视优秀的传统文化和中华美德的继承与发扬,如今年的小学课本增加了不少古诗词,浙江省甚至将中医知识贯穿在小学教育里。传统建筑亦然,关注时政,让时政贯穿在专业课程的教学中,会使教学效果更接地气,有利于对专业知识的理解,如讲到中国传统木构架体系中构件标准化定型化时,联系到当今国家住建部出台有关建筑产业化的相关政策,号召全国推行标准化设计和装配式施工,浙江省也出台了相应的政策和近几年要求产业化所占比例的计划。产业化装配式的好处是大大减少了工地污染,是节能减排、提高建筑质量非常有效的措施,中国传统建筑早就具备了这一点。学生既学到了知识又及时了解到了建筑的发展趋势和国家的政策法规;再如讲到明清北京城时,恰好北京公布2016—2030 年总体规划,可以就此深入分析北京城 1000 多年的历史变迁、时代发展、社会变革对城市发展的影响,充分认识到北京古城城门拆掉是多么可惜,北京作为世界级历史文化名城,古建筑保护和古城保护是多么的重要;讲到传统民居,国家已经非常重视建筑遗产的保护,出台了保护古镇、古村风貌和美丽乡村建设的相关政策,如乌镇、周庄、婺源、丽江、溪口、龙门古镇等等积累了不少成功经验,浙江省已走在全国的前列,寻古探幽,古建筑遗产成为重要的旅游资源,保护和修复古村落、发展民宿,对拯救建筑遗产历史意义重大。

5 书本与实践相结合

中国木结构建筑的梁架及斗拱的细部构造复杂、层次繁多,名称冷僻,给学生记忆和理解带来了一定的困难。该部分教学内容,如果只采用死记硬背等不恰当的教学方式会对传统木结构构造原理的理解有明显不足,借助学校坐落于杭州这样一个历史文化名城及西湖风景区的优势,课程在课外拓展了现场测绘的实践性环节,并作为课程考核的一部分,学生每 3~4 人为一组,分别测绘和分析考察西湖风景区的亭子,绘出平立剖面图、构件详图及渲染效果图,通过学生亲临现场丈量,亲眼看见亭子木构架各构件之间的关系,达到了深刻理解木构架的目的,小亭子测绘的工作量也适中,学生感觉很愉快。测绘成果既积累了资料,测绘之余也了解了西湖风景区的人文积淀和历史变迁,寓学习于娱乐之中,收效显著。

思维拓展式教学注重对学生自身的主动性以及教学时机的把握,既是一种教学方法,又是一个教学理念。运用思维拓展式教学可以培养学生分析和解决问题的能力,通过对历史案例的拓展分析,激发学生的学习兴趣和自主学习的热情,而且通过思维拓展方法的教学,使学生从传统建筑中获得灵感,激发了学生的创造性思维,培养了创新能力。

思维拓展式教学是相对于灌输式教学而言的。灌输式教学不注意学生在学习上的主观能动性,而思维拓展式教学能启发学生积极思考,能调动学生学习的主动性和积极性,能激发学生对课程乃至专业的兴趣,可使学生在专业上尽快上路。笔者认为在教学中要大力提倡思维拓展式教学,反对灌输式,从思维拓展式的教学效果可以发现,它非常适合于工程类专业的教学与实践,巧妙地应用思维拓展式教学能够有效解决工科工程类课程应用型教学中存在的问题,可收到事半功倍的效果。

参考文献

[1] 潘谷西.中国建筑史:第 7 版[M].北京:中国建筑工业出版社,2017,8.

[2] 侯幼彬.中国建筑之道[M].北京:中国建筑工业出版社,2011.

[3] 侯幼彬.中国建筑美学[M].哈尔滨:黑龙江科学技术出版社,1997.

[4] 常青.建筑学教育体系改革的尝试——以同济建筑系教改为例[J].建筑学报,2010,10.

[5] 方绪明.中国建筑史不应回避传统文化[J].古建园林技术,2001,4:21-23.

[6] 郑力鹏.改进建筑历史教学的几个问题[J].华中建筑,2004,5:148.

[7] 陈颖.中国建筑史课程教学新探索[J].高等建筑教育,2013,22(4).

[8] 何俊寿.中国古代营建数理[M].哈尔滨:黑龙江科学技术出版社,2013.

[9] 李允鉌.华夏意匠[M].天津:天津大学出版社,2005.

[10] 彭怒.关于建筑历史、历史学理论中几个基本问题的思考[J].建筑学报,2002,6.

[11] 王其亨,杨昌鸣.深化中国建筑历史研究与教学的思考[J].建筑学报,1995,8.

建筑构造课程教学改革的探索

顾列英

摘要：建筑构造作为建筑学专业的一门专业基础课，它实操性强，随着技术的革新、新型材料在建筑中不断出现，课程内容的变化也比较快。因此在课程的教学过程中，需要不断地改进教学方法，充实教学内容，理论联系实际，强化实践教学，改革考核形式和要求，使课程教学始终保持时代的同步性和实用性。

关键词：建筑构造；应用型；教学改革

1 前 言

作为建筑学专业的一门重要的而且内容比较多的专业基础课。建筑构造课程教学强调课堂知识要与工程设计实际相结合，课程不仅理论方面的知识点比较多，而且对学生实际动手能力的要求也比较高。因为建筑构造不但需要学生结合建筑物、构造物的主要功能、建造技术、建筑经济和艺术造型等各方面要求，合理地选择构造方案以及细部大样的处理方式；还对建筑的施工方法、建筑结构的选型、建筑材料的选用以及构配件制造工艺等都有涉及。因此，建筑构造是学生学习其他相关课程或者从事建筑设计的重要基础，直接关系到学生动手能力、设计能力的培养。

2 建筑构造课程教学中的一些问题和困惑

为了更好地掌握建筑的构造方法以及构造设计的原理，要求学生有较强的综合能力、较广的知识面并且了解国家的相应规范。另外，建筑构造课程不同于一般的理论课程，虽然有理论框架，但实际应用却非常多元化，很少有标准答案，加上学生对建筑的感性认识和实践经验的缺乏，所以理解起来比较困难。除了这些客观的因素外，在建筑构造课程的教学过程中还存在着一些现状使课程的教学效果不如预期。

2.1 教材老化，教学内容陈旧

由于教材的编写有一定的滞后性，现有的很多教材存在着教材内容陈旧、累赘，知识结构老化，地方特色缺乏等不足，教学内容与社会的发展和需要之间有相当的距离，也与工程实际操作相去较远，教材的编写缺乏科技前瞻性，甚至缺乏时代性。比如，国家大力推行的绿色、节能建筑及由新材料做支撑的大跨度建筑等，其中涉及许多新的设计要求和新的构造方式，现行的教材大多没有提及，使学生对这些新的材料、施工技术、构造方式，全无概念，势必会影响学生的设计思维。

另外,教材内容编排上通常会把建筑分割为基础、墙、楼板、门窗、屋面等部分,看上去很有系统性。但由于各部分内容基本独立,学生虽然基本掌握了每个章节中所涉及的构件的构造做法,但还是不习惯把建筑的各个构件作为一个有机的整体来考虑。比如,构件的防水构造做法分别分布于屋面、墙面、变形缝、地下室等章节,对于它们的共性的做法及设计原理往往会被忽略。

2.2　理论课时与实践课时分离

近年来建筑构造课程一直面临着内容多、学时少的问题,课程本身的课时由理论课学时和课程设计的学时两部分组成。一般的课时安排是学生学完建筑构造理论后在学期末集中1~2周时间,在教师的指导下,要求每个学生独立地完成一项课程设计,课程设计是实践性教学活动的一个关键环节,在建筑构造课中起着承上启下的作用。这样的教学安排存在时间过于集中,学生的设计思考过程短;由于前面所学的理论部分进度快,内容多,所学的理论不能及时消化,甚至有些概念已经有些模糊;教师辅导课程设计的时间集中,不能照顾到每一位学生,造成课程设计质量无法有效控制等问题。

另外建筑构造与主干课程建筑设计之间也缺乏必要的联系。在通常的教学安排中建筑构造和建筑设计基本是两门互不相关的状态,建筑设计课着重在建筑主要功能、各类空间、交通流线等的组织以及建筑造型的设计的内容,因此学生设计时往往脱离构造原理来进行,容易导致设计思路天马行空、设计方案华而不实。因为较少实质性地考虑到建筑的结构类型及构造方式等要素,所以具体细节很难落到实处。另一方面,学生虽然通过学习构造设计原理和节点详图的绘制,掌握大量构造节点和构配件大样的具体做法,但并不会主动和建筑设计表达联系起来,只有到大四下半年的设计课中安排了半个学期的施工图设计训练,学生才开始了解构造和设计之间的联系,但这时大二下半年所学的建筑构造理论已经生疏了,老师和学生都需要花很多的时间重新理清两门课程之间的关系,很难让学生习惯造型—功能—构造同步的思维方式。

2.3　重设计轻技术的传统

在传统教学体系中,建筑学课程安排上建筑构造与建筑设计几乎是两条没有什么联系的两门课,师生都多多少少存在着重艺轻技的习惯。学生认为建筑构造是属于技术类的,学习过程中不重视不积极。认为对于设计师而言,重要的是做好设计方案,不愿在建筑构造课程上花太多的时间,由于存在这样的认识,导致学生对建筑构造课的重视程度远不及建筑设计课,甚至在施工图设计的练习中很多构造细部处理常直接参照国家标准图集或"克隆"同行做法,很少有真正关注建筑构造的设计原理及内涵的。实际上构造设计是建筑设计方案的继续和深入,是在建筑初步设计的基础上对节点大样进行设计,是施工图设计的重要组成,是建筑施工图设计中工作量较大,技术含量较高的一部分。一方面,构造设计也是建筑设计进行创新的方法之一,因为构造设计不仅仅是画画节点详图,尤其是一些高层和大跨建筑所涉及的一些建筑造型与结构体系或构造方式联系比较紧密,如果学生对于构造技术和构造方式知识的掌握不够,就很难做到造型和构造的和谐统一;另一方面,如果不能很好地掌握建筑构造的设计原理,设计师即使有很好的设计创意,却往往无法准确表达设计意图,让创意无法落地,使设计图纸与工程的实际效果存在较大差距,无法真正控制建筑设计的质量。

3 构造课程教学改革的一些探索

基于建筑构造课程的现状及课程特点,我们结合多年的教学经验,对建筑构造课程教学改革进行了一些探索,希望能有更好的教学效果。

3.1 选择合适的教材,补充教学内容

我们先后用过重庆建筑大学、东南大学编的教材,它们内容各有特点,各有优劣,尤其是《建筑构造2》,内容选择各有侧重,因此在上课过程中我们除了选择合适的教材外,还会注意结合当地具体情况,以及不断更新出台的建筑行业新的技术规范、标准、条例等,补充、归纳、总结、合并一些内容,补充一些地方性构造做法和介绍一些新材料、新技术等当今建筑业最新发展信息。比如,绿色建筑、生态建筑等的一些新的建筑概念,使建筑构造的课堂教学与工程技术的发展保持一致。

另外,传统教学中的课堂教学与执业资格需求是不够匹配的。比如,在与建筑构造相关的国家注册建筑师执业资格考试的考试科目"建筑材料与构造"中,相关的技术作图题科目近年的通过率也较低,这也反映了建筑构造的教学与执业要求不是很一致。建筑学的学生工作以后,很多都要参加这一考试,所以我们也有意识地在教学过程中按照近几年国家一级注册建筑师考试的要求,补充相应的教学内容,使学生能更早地了解执业资格要求。

3.2 加强与建筑设计课课程的联系

建筑构造开课时间一般是在大二的时候,相对于其他专业基础课来说开课时间比较早,而且不同于建筑设计课的互动性强、课堂氛围活跃,建筑构造课显得较为枯燥,加上建筑构造节点详图讲解或绘图都比较繁杂而细碎。对于学生而言,学起来比较懵懂,甚至不太清楚怎么把这些节点详图用到具体的设计项目中。所以我们尝试把建筑构造课程与建筑设计课程相联系。为了让学生了解学习构造课程的目的和作用,认识建筑构造在整个建筑设计过程中的重要性以及常用的表达方式。在教学过程中,我们让学生结合自己的建筑设计课的项目要求,配合建筑构造课的进度,绘制设计项目的主要的节点大样的构造详图。学生在深化建筑设计的过程中,不断发现原本设计的不足,并完善和补充了建筑方案设计,逐渐领悟到建筑造型与构造结合的统一和不可分割性,养成建筑造型—建筑功能—建筑构造的一体化的思维方式,习惯在建筑设计中主动考虑并解决构造和结构形式的问题,在优化构造设计的同时优化、创新建筑设计。

3.3 创新教学手段,强化实践环节

为了使学生能更好地学习枯燥而复杂的构造理论,除了要合理地安排教学内容外,教师在系统地把握课程的相关理论的同时,适当为学生补充一些有助于理解课程的内容。比如,学生对每天上课的教学楼非常熟悉,老师就把教学楼整套图纸给学生人手一套,也方便在课前课后带学生到学院的教学楼进行现场教学,这有效调动学生学习本课程的兴趣,也有利于学生将教材上的一些构造做法实物化,能够将理论知识与实际工程紧密结合,便于学生理解和掌握,帮助消化、巩固理论知识。

课程设计也是学生实践教学的一个重要环节。由于建筑构造课程总课时一个学期才48课时，不可能从理论课时中抽出更多的课时来改善课程设计时间短的现状，所以我们尝试着在课程一开始就布置一个课程设计的题目，学生可以随着理论课的讲解，对知识进行消化的同时，结合课程设计的要求，收集资料并随着理论课的进度开始课程设计的相应的工作，课后时间学生可以进行研究讨论，碰到问题可以在课间和课后请教老师，反过来也因为带着课程设计的问题来上课，理论课的教学也不再那么枯燥，在学期末的课程上，不管是老师还是学生都因为有了前一阶段的铺垫，使问题更有针对性，效率也会更高，课程设计完成质量也会更高。

3.4　改革考核方式

在考核方式上，我们也尝试对这门课程做了改革。首先将"课程设计"作为单独的项目进行考核。对课程设计设置答辩环节，不但考核知识的应用能力，还培养他们的语言表达能力。另外期末考试的难度参照一级注册建筑师考试的要求设置，这样能使学生更加符合执业资格的要求，更加学以致用，贴近实战。最后，学生平常的学习态度（主要是到课率和平时作业完成情况）也作为考核的内容之一。

4　结　语

建筑构造课程的教学改革，不是一朝一夕的工作，需要不断探索、创新和与时俱进，所以这是一项长期的教学任务。教改的目的不但是不断完善、发展建筑构造课程教学体系，而且也是在教学过程中调动学生的主观能动性，提高学生对知识的应用能力，激发每个学生的最大潜能，培养出综合素质高、具备创新精神的工程设计人才。

参考文献

[1] 陈瑜,薛洁,卞戎戎.结合建筑设计和构造教育的整合谈建筑构造教学改革[J].华中建筑,2009(11):366-368.
[2] 周欣墨,白文辉,李娟.建筑学专业建筑构造课程教学改革与实践[J].四川建筑,2013(6):78.
[3] 李雪平.建筑构造课程的教学改革与实践[J].陕西教育(高教版),2009(10):126-128.
[4] 苗展堂.横向联系,纵向拓展——可持续建筑构造课程体系教学模式探讨[D].天津:天津大学,2012.
[5] 何栋梁,成彦惠.新形势下《建筑构造》课程教学改革研究[J].湖南城市学院学报(自然科学版),2012,22(4):75-78.

对建筑物理教学的思考与建议

李争光

摘要:面对快速发展的现代社会,教学硬件和学生需求等方面都对高校课程提出了新的要求。建筑学专业的建筑物理课程由于自身特点更是如此。本文结合作者自身教学体会,从课程内容、讲授方式、实验教学等三个方面分析了目前建筑物理课程教学的一些可改进之处,并提出了改变课程内容教学顺序、弱化音质设计部分课程内容、提高课堂演示质量、重视 VR 等最新技术、以构建主义理论指导教学安排、鼓励教师试制教学设备等诸多建议。期望目前的建筑物理教学能借助这些改革,一扫其不受重视且效果较差的势态,为培养更加优秀的建筑师贡献一分力量。

关键词:建筑物理;实验设备;构建主义;虚拟现实

1 引 言

随着社会的不断发展,特别是信息化时代的降临,现代大学教育面临诸多挑战[1]。这些挑战不仅来自教学手段的不断更新,海量教学资源和自学资源的出现,还来自当代大学生对大学教育的认识。建筑物理是为建筑学专业开设的一门基础专业必修课,同样面临着上述挑战。同时,作为建筑学专业的技术性课程,它还有其独特的危机。

建筑学作为一个对知识面要求非常广泛的学科,其学生需要学习从人文地理到美术表现,从数学物理到结构材料等众多课程,国内大学一般将其划为理工科。然而,建筑学的主干课程中含有大量美术、构成、艺术表现、景观等艺术方面的内容,而作为一个合格的建筑师,一定的美术和表现功底也是最基本的要求,其思维方式上也偏向于"暗箱"思考。以上种种都导致一个结果,即建筑学的学生在不自觉间都重设计轻技术[2]。正因如此,这一环境给建筑物理这一理论性和技术性较强的课程的教学带来了极大的挑战。从知识结构上说,建筑学课程中对于高等数学的要求非常低,与艺术类专业处于同一级别;对物理类课程的要求也极低,仅要求对建筑力学有一些了解。这使得学生学习建筑物理时在知识结构上没有坚实的基础,同时带来了心理上的压力和抵触感。从认知上说,建筑学课程中对表现和设计类课程要求较高,最终的建筑作品往往也是在形象和表现上最为人所认知的,所以建筑学的学生对于建筑物理等理论性和技术性要求相对较高的课程不太重视。

另一方面,由于建筑学大背景如此,教学资源上也出现了重设计轻技术的情况。而实际上,技术类教学和研究需要大量经费和人力,这也使得大部分开设有建筑学的高校难以配备大型建筑物理设备(如消声室、混响室等)。而要想让原本基础就薄弱的建筑学专业学生能更好地学习建筑物理,一些实验实践课程和环节是必不可少的。但因为设备的缺憾,这类教学环节往往无法按照预期的设想实现[3]。

　　基于上述挑战,建筑物理课程的教学需要在传统课程教学方式的基础上进行调整,以更好地适应面临的困境,让未来的建筑师们更加高效地接受建筑物理教育,并将其体现在以后的实际建筑设计中。本文拟从以下几个方面对建筑物理课程教学进行思考并提出相应建议。

2　课程内容的思考

　　传统的建筑物理课程是将课程内容分为 3 个篇章,即建筑热工学、建筑光学和建筑声学。每一个篇章中又分为基础理论、实际应用以及实验 3 个部分[4]。因此,很多高校将建筑物理课程按照篇分为 3 个阶段来教学,所占课时则因每个学校教学计划不同而有所差异。这样做的好处是不言而喻的,条理清楚,结构清晰。然而,这样的安排也会让本来就对技术类课程比较抵触的学生产生要应对 3 门课程的印象,进一步加重了他们的心理压力。

　　对于这一问题,重庆大学杨春宇等人[5]给出了比较合理的改革措施,以基础篇、应用篇、实验篇三大模块式教学替代传统的热、光、声分述教学方法,并将传统实验方式改革为基础实验加建成环境的综合实验。这样改革的合理性在于,热、光、声在理论上有一定的相通性,集中教学不容易遗忘,而且能相互促进。同时对于学生来说,在"难易程度"上也是循序渐进的,更易于接受。而且,实际建筑中的热、光、声问题也是需要同时考虑的,因此这种安排也是符合客观规律的。

　　建筑声学是建筑物理的重要组成部分。从建筑声学发展的历史来看,传统的建筑声学的主要内容集中在厅堂音质设计,因此,我国建筑声学教育也是以厅堂音质设计为基础建立起来的,在内容上自然也占有较大比重。然而,现代建筑设计中,建筑师一般不会进行专门的厅堂音质设计,而会将这一任务交给声学顾问。取而代之,如何保证建筑拥有良好的声环境才是建筑师更关注的声学问题,而这属于噪声控制技术范畴,当然也属于广义的建筑声学问题。因此,对于现在建筑学学生的培养,应该将建筑声学的重点从音质设计转移到噪声控制技术上。相应地,课程内容应对二者的比重进行调整。

3　课程讲授方式的思考

3.1　关于课程演示

　　不同于其他课程,建筑物理课程中有相当大一部分内容需要实际现象的演示,才能更好地为学生所理解。可以说,课程演示在建筑物理中占有非常重要的作用。因此,课程讲授过程中应该重视课程演示环节,特别是建筑声学部分。

　　为重现物理现象,一般会借助摄影摄像等手段将其以照片或视频的形式记录下来,或者将该过程制作成动画或其他可视化的材料,在课堂重现。但对于声学课程而言,更重要的是听觉方面的重现。这就对建筑声学课程在听觉重现的记录和播放方面要求很高,特别是分辨一些音质差异时。

　　针对建筑物理课程的这一特点,可从两方面进行改进。一方面,授课教师应该重视讲课演示材料的准备,借助发达的互联网资源,以及图像动画制作软件的合理应用,精心制作有助于学生理解抽象物理现象的材料;另一方面,随着一些新技术的出现,将其合理地引入课堂非常有帮助,比如虚拟现实(Virtual Reality,VR)技术[6]。建筑环境的视觉感受对于建筑系学生来说非常重要。传统的建筑学教学中安排有住宅、博物馆、幼儿园、旅馆等不同类型建筑的设计训练,但缺少音乐厅、剧院等厅堂建筑的设计训练,而认知实习和学生自己外出参观往往也不会专门考察厅堂建筑。这就造成了在讲述厅堂的音质设计时学生们对此类建筑形式知之甚少,比较陌生,学生对厅堂音质的理解自然十分困难。沉浸式 VR 技术则可以很好地解决这一问题,让学生能身临其境地"实地考察"这一陌生的建筑类型,对于音质设计的理解也更加深刻。虽然目前各高校中 VR 设备还未普及,但不少高校已经开始重视这一新的课程演示手段,如图 1。

图 1　学生沉浸在 VR 教室内学习[7]

3.2　关于课程内容的讲述

如前所述,由于建筑系学生数理功底相对薄弱,这决定了教学中不能像对待其他理工科学生一样对建筑物理中的数理公式和概念进行详细推导。为此,如果在教学中穿插公式和概念背后的历史故事,可以减少学生对于纯数理知识的心理压力。本人在实际教学中的经验表明,学生对于建筑物理一些历史故事常常比其他知识点更感兴趣,而以此作为切入点,在吸引学生注意力的基础上,以时间线为逻辑讲解各公式和概念间的关联,将大大有助于学生对于建筑物理的学习。

另一方面,考虑到建筑系其他课程中经常会对一些大师建筑作品或学生作品进行点评,而学生对此种教学方法比较熟悉。因此,在实际教学中可适当穿插一些建筑案例进行点评,只不过不是从造型设计角度,而是从节能、采光、声学效果等物理方面进行点评。这样既可以让学生熟悉教学方式,也可以融会贯通建筑物理中不同的知识点。

3.3　关于调动学生积极性

建构主义学习理论认为[8],学习不是由教师把知识简单地传递给学生,而是由学生自己建构知识的过程。学生不是简单被动地接收信息,而是主动地建构知识的意义,这种建构是无法由他人来代替的。学习不是被动接收信息刺激,而是主动地建构意义,是根据自己的经验背景,对外部信息进行主动的选择、加工和处理,从而获得自己的意义。因此,只有让学生自己主动运用所学,才能使得知识有效成为学生所习得的。现在非常流行的翻转课堂,很大程度上就是基于这一理论发展而来的。

为此,在建筑物理的教学中,本人曾尝试让学生以小组为单位在课下搜集课程相关案例,运用所学进行分析,并在课堂上向班级同学讲解。通过这一教学手段,不仅让学生主动学习、运用和构建了相关的知识体系,而且也对学生团队合作能力有一定锻炼。

4　实验环节教学的思考

4.1　关于实验设备

不同于测距仪等常用教学仪器,建筑物理实验中需要用到很多较为昂贵的设备,如导热系数测定仪、混响时间及建筑构件空气隔声量测量系统等,因此一般高校建筑系不会购置太多。而且,其在教师科研工作中的应用也只需要配备 1~2 台即可满足要求。但是,这一状况却不能满足实际实验教学要求,往往出现一个班级的学生共用 1 台设备的情况,大部分学生根本无法亲自动手操作,教学效果可想而知。

针对这一情况,可采取两种措施。首先,应该鼓励教师在满足实验教学要求的前提下试制各种实验设备。这些设备并不需要特别高的精度,也不需要太多的功能和自动化系统,而应该反映出实验的基本原理,把一些计算和推导过程留给学生完成。这样既降低了试制设备的难度和成本,也让学生更直观深刻地了解实验原理。其次,还可以利用一些虚拟实验系统降低实验成本。同济大学[9]开发了一套虚拟仿真实验教学系统,取得了不错的效果,大大节约了设备成本和教师指导的精力。

4.2　关于实验内容和安排

目前的实验内容均是以知识点为单位划分为单个实验的,如材料导热系数测定、建筑采光系数测定、房间混响时间测量等等。这类实验属于重复性实验,目的较为简单,仅限于学生加深对上课内容和概念的理解。实际上只要设计得当,实验环节就可以达到很多目的。另一方面,由于前述实验设备的限制,以这种方式开展实验课程效果不尽人意,而指导教师则需要花费大量时间重复教学。

为此,可开设开放性实验代替原有的重复性实验。具体设想为,课程开始之初就将班级学生分成 4 人左右的小组,为每个小组布置一道需要利用原有实验环节内容完成的开放性实验课题,并为他们规划好大概的时间安排,要求其在一定时间(如 8 周)内完成该课题。这样既可以利用不同组之间的时间安排错开集中使用仪器的限制,又让重复性实验变为探索性实验,进一步激发了学生的能动性,而且增强了团队合作能力的锻炼。当然,这样的教学方式对教师的要求较高,需要花费一些精力设计开放性实验主题并安排每个小组的时间。

5　结　语

面对快速发展的现代社会,无论是教学硬件还是学生需求,都与以往大不一样,这既是机遇又是挑战。建筑物理课程作为建筑学专业的一门必修课,面对"偏艺术"的学生,具有更多挑战。现在的教学安排在教学内容、授课内容和方式以及实验环节等多方面都可以有所改进,主要思路是弱化理工思维,结合其他建筑课程教学环节,利用 VR 等最新教学手段,更直观地展示数理知识,同时注重提高学生的主动性,变被动接受为主动探索。同时也必须看到,上述这些措施都对教师有更高的要求,无论是时间上、精力上还是教学能力上。

参考文献

[1] 张娅琴.慕课对我国高等教育发展的影响和建议[J].时代教育,2016(13):138-139.

[2] 杜鹏.对建筑学专业美术教学的思考[J].山西建筑,2016,42(32):247-248.

[3] 罗运鹏,王渊,贾永兴,等.浅谈虚拟仿真实验中心的建设与管理[J].教育教学论坛,2016(7):220-222.

[4] 柳孝图.建筑物理:第三版[M].北京:中国建筑工业出版社,2010.

[5] 杨春宇,陈仲林,唐鸣放,等.建筑物理课程教学改革研究[J].高等建筑教育,2009,18(2):57-59.

[6] 王同聚.虚拟和增强现实(VR/AR)技术在教学中的应用与前景展望[J].数字教育,2017(1):1-10.

[7] 温彭年,贾国英.建构主义理论与教学改革——建构主义学习理论综述[J].教育理论与实践,2002(5):17-22.

[8] 叶海,罗小华,莫方朔.厅堂建成环境性能的虚拟仿真实验开发——其 1:混响时间及其影响因素[C].温州:第十二届全国建筑物理学术会议,2016.

山地建筑设计教学中的信息化教学改革[*]

李　林,杨晓龙

摘要:浙江科技学院以培养具有实践能力、创新精神、国际素养和社会责任的高素质应用型人才为己任,其建筑学专业遵循学校教育指导方针,培养方案考虑了学校的定位和浙江省经济发展对人才的需求,浙江省陆域面积中山地占 74.63%,浙江科技学院建筑系针对这一情况,依托浙江科技学院土木与建筑工程学院 BIM 实验室,在设计教学中采用倾斜摄影建模技术帮助学生直观了解山地建筑地形特征,实现山地建筑设计教学中的技术手段改革。

关键词:建筑设计;山地;教学;地形

浙江科技学院"坚持'学以致用、全面发展'的育人理念,以培养具有实践能力、创新精神、国际素养和社会责任的高素质应用型人才为己任,积极开展教育教学改革与实践,坚持质量立校,办学目标是'卓越工程师的摇篮'"。[1] 根据这一出发点,多年来,浙江科技学院一直坚持"应用型"办学,建筑学专业一直遵循学校教育指导方针,多次根据学校的应用型特色修改教学计划。在 2017 版最新建筑学培养计划中,培养目标规定为"培养适应我国经济发展和现代化建设需要,具有建筑学专业知识与基本理论,获得建筑师的基本训练和工程实践能力,能够在民用建筑、工业建筑、城乡规划与房地产开发等领域,从事建筑方案设计、技术设计、前期策划等工作的'应用型'建筑类专门人才。本专业培养目标的制定考虑了学校的定位和浙江省经济发展对人才的需求。预期本专业毕业生在 5 年时间内达到以下目标:目标 1,具备坚实的专业基础理论知识及持续学习能力;目标 2,具备扎实的专业知识和实际应用能力;目标 3,具备系统解决专业综合工程问题的能力;目标 4,具备良好的沟通交流、组织协调和团队合作能力;目标 5,具备良好的职业道德和综合素质,能胜任建筑类工程问题中的设计、开发、咨询、验收等技术和管理工作"。[2] 基于这一指导思想,我们在教学中应针对实际问题进行教学改革。

1　浙江地形特征

无论是学校的宗旨还是建筑系的培养方案都明确指出学校的定位是主要为浙江省经济建设服务的,而学生的招生和就业情况也明确支撑了这一点。

浙江省的地理特征以山地居多,地势由西南向东北倾斜,地形复杂。山脉自西南向东北成大致平行的三支。西北支脉从浙赣交界的怀玉山伸展成天目山、千里岗山等;中支脉从浙

---

* 浙江省教育厅高校科学研究项目资助(项目号:Y201533503)

闽交界的仙霞岭延伸成四明山、会稽山、天台山，入海成舟山群岛；东南支脉从浙闽交界的洞宫山延生成大洋山、括苍山、雁荡山。龙泉市境内海拔 1929 米的黄茅尖为浙江最高峰。……地形大致可分为浙北平原、浙西中山丘陵、浙东丘陵、中部金衢盆地、浙南山地、东南沿海平原及海滨岛屿 6 个地形区。……浙江陆域面积 10.55 万平方千米，占全国陆域面积的 1.1%，是中国面积较小的省份之一。东西和南北的直线距离均为 450 公里左右。全省陆域面积中，山地占 74.63%，水面占 5.05%，平坦地占 20.32%，故有"七山一水两分田"之说。[3] 因此，浙江可建设用地稀缺，不得不大量开发坡地、山地来满足经济发展需求。而山地建筑的设计研究，大多集中于西南，尤其是以重庆建筑大学为代表的西部院校，已经初步形成教学特色，东部院校的建筑学教学则基于历史原因很少考虑山地建筑的设计特殊性的问题。

2 山地建筑设计中的难点

山地建筑项目的特点主要在于地形复杂，且往往不规则，交通问题矛盾比较多，但是如果设计合理，山地特有的景观优势可以营造出出众的建筑特色。

在山地建筑设计中，为了解决地形起伏造成的交通问题、成本问题，需要和平地建筑有完全不同的设计思路。山地建筑设计中，场地的交通往往要依据山势设计，不但要满足机动车、非机动车、行人的交通要求，还要满足消防等特殊交通要求。在总平面布置、地下车库、地面道路的排布上，很多时候建筑与道路要实现立体交叉，对建筑师的空间思维能力和设计能力都有更高的要求。由于山地建筑天然有坡度和开挖问题，因此，不同的设计方案造成的开挖山体、挖填方量，后期挡土墙维护等成本会有很大的区别。

之前的设计教学中，学生由于很少接触山地地形，往往很难在 7~8 周的设计中完全把握山地建筑设计的特色，更遑论针对这些特色提出有针对性的方案，对山地建筑的特色问题予以解决。因此，有必要引入新的教学手段来辅助山地建筑设计教学。

3 倾斜摄影建模

山地建筑项目设计有其基本原理和方法，并非高不可攀，但是我校大多数学生的综合建筑素养并未达到可以在半学期的设计课中自主学习理论知识并应用到建筑设计实践中的程度。如果能够把场地从无法直观理解的二维地形图纸改变为三维场地模型，学生就能直观认识山地建筑设计中的地形问题，并通过各种辅助手段，在设计过程中同步发现并分析山地建筑设计中的各类特殊问题。近年来，随着技术的发展和社会的进步，达到这一目的的代价已经在教学可承受范围之内了。

"近年来，随着无人机技术、倾斜摄影测量技术以及三维自动建模技术的快速发展，基于无人机倾斜影像的快速三维建模已成为测绘领域的一项新技术。……可通过在同一飞行平台搭载多台传感器，从一个垂直、四个倾斜这 5 个角度同步曝光采集影像，获取真实地物信息，并采用后处理软件构建实景三维模型。近年来，无人机技术得到快速发展，它有高效、快捷、成本低等优点。……总体技术路线为：(1)将倾斜影像进行空中三角测量，获得所有影像的高精度外方位元素；(2)基于畸变校正后的倾斜影像和高精度的外方位元素通过多视影像密集匹配,获得高密度三维点云,构建城市 3DTIN 模型;(3)根据 3DTIN 每个三角形面片的法线方程与二维图像之间的夹角选择相对应的最佳纹理信息,实现纹理的自动关联;(4)输出并获得城市真三维模型成果。"[4]区域性的建筑场地模型乃至大范围的城市模型都可以以低成本的方式快速建立。

4　基于倾斜摄影建模的山地建筑设计教学

建筑系充分认识到服务浙江地方经济发展的主要途径是为浙江省建筑业提供优质的建筑类人才,并进行针对浙江特色的建筑类科研活动,因此不可避免地要解决山地建筑设计的问题。因此,建筑系申报并获批浙江科技学院土木与建筑工程学院 BIM 实验室,倾斜摄影建模就是其中的一个重要组成部分。

在实验室建设完成后,将拥有完备的软硬件设备,可以在教学中采用实际地形,由学生先对地形进行倾斜摄影建模,再根据实际地形模型有针对性地进行场地分析。由于有吻合度极高的场地模型支撑,学生可以结合其他相关软件分析,直观地对不同设计方案进行对比,分析根据建筑布局造成的场地交通差异、停车场库差异、消防规范满足情况、建筑景观和景观环境;还可以对不同建筑设计方案进行对比,对通风、防风、节能、日照、可再生能源利用等进行模拟分析,从而得到最佳设计方案;有余力的学生,还可以根据不同方案挖填方量,后期维护的不同,进行初步的方案成本分析,使自己的设计更加有的放矢。

不同于传统设计中根据二维平面图设计,倾斜摄影建模得到的地形模型使学生可以在三维空间中进行设计,且模型可以直接导入或调用各类模拟分析软件,与 BIM 实验室其他设备无缝对接,更真实、更完善地进行设计,而非仅凭一张等高线图凭空想象,随意臆造,对学生的设计能力而言,也是一个很大的提高。

5　总　结

建筑设计教学是以实际设计工作能力为目的,其手段和目标都应该能跟上时代的发展,在技术爆发性发展的今天,对技术的理解和应用无疑是建筑设计教学中的重要组成部分,倾斜摄影建模只是其中之一,我系全体教师秉承教书育人的初始理念,还将不断探索,为浙江省的经济和社会发展贡献力量。

参考文献

[1] 浙江科技学院.学校简介.http://www.zust.edu.cn/html/about/.

[2] 方绪明.建筑学培养计划:2017 版[D].杭州:浙江科技学院,2017.

[3] 浙江省人民政府办公厅.浙江地理概况.http://www.zj.gov.cn/col/col922/index.html.

[4] 周晓波,王军,周伟.基于无人机倾斜摄影快速建模方法研究[A].现代测绘,2017(1):40-42.

针对浙江省绿色建筑新形势的建筑学教学改革*

杨晓龙,李　林

摘要:浙江科技学院建筑系的生源及毕业学生去向都主要是浙江省内,因此建筑系最终培养目标主要是为浙江省经济建设服务的。建筑学教学也要有针对性地进行改革以适应浙江省绿色建筑覆盖性发展的新形势。当前培养计划中的绿色建筑相关教学不能满足其要求,需要增加《绿色建筑》必修课为全体建筑学学生讲授绿色建筑设计理念和设计模式,并增加基础类课程中对绿色建筑的介绍分析;在建筑设计和毕业设计课程中加入绿色建筑要求,使全体毕业生都具备基本的绿色建筑分析设计能力;此外,还要开设涵盖绿色建筑的全部范畴的各类选修课及相关的开放性实验供部分行有余力的学生深入学习。

关键词:浙江省;绿色建筑;装配式;教学改革

浙江科技学院建筑系的生源及毕业学生去向都主要是浙江省内,因此建筑系最终培养目标主要是为浙江省经济建设服务的。目前,浙江省乃至全国建筑业都在以绿色建筑为重要主题,因此,建筑学教学也应该有针对性地进行改革,以适合社会及经济发展的新形势。

1　浙江省绿色建筑发展新形势

自 2006 年《绿色建筑评价标准》(GB 50378-2006)颁布以来,国家和地方颁布了各类建筑节能、绿色建筑、生态建设等方面的法规和意见,积极促进绿色建筑的发展。住建部前副部长仇保兴认为,在"十二五"期间,绿色建筑从"启蒙"阶段迈向"快速发展"阶段,我国全面发展绿色建筑具有重要意义,要从建筑单体、社区、城镇、城市等维度提出绿色建筑新建与改造、可再生能源应用、建筑工业化等方面的发展策略。[1]如果说"十二五"期间是绿色建筑快速发展的时期,"十三五"期间可以说是绿色建筑的普及期,多个省市出台了绿色建筑全覆盖的相关政策,装配式建筑、生态城市、建筑碳排放管理、建筑能源管理、绿色施工、绿色运维等绿色建筑周边系统也在稳步推进,标志着绿色建筑从推广阶段走向了精细化发展阶段。

浙江省作为经济大省和能源匮乏的省份,对节能减排尤为重视,建筑业是浙江省的支柱产业之一,因此省委省政府先后出台了一系列政策措施引导浙江省绿色建筑发展,并编制了《浙江省绿色建筑标准》《绿色建筑设计标准》等标准和技术规范。

2015 年 9 月,根据国务院办公厅《绿色建筑行动方案》(国办发〔2013〕1 号)、中共浙江省委《关于建设美丽浙江创造美好生活的决定》、浙江省人民政府《关于积极推进绿色建筑发展

---

* 基金项目:浙江省教育厅科研计划项目:浙江省新建民用建筑实现绿色建筑的难度研究(项目号:Y201328210)

的若干意见》(浙政发〔2011〕56 号),浙江省住房和城乡建设厅、浙江省发展和改革委员会、浙江省机关事务管理局联合组织制定了《浙江省绿色建筑发展三年行动计划(2015—2017)》,该《计划》提出"全省新建民用建筑按照一星级以上绿色建筑强制性标准进行建设;其中,国家机关办公建筑和大型公共建筑按照二星级以上绿色建筑强制性标准进行建设"。以及推进装配式建筑发展和既有建筑节能改造的目标。[2]

2016 年 5 月 1 日起实施的《浙江省绿色建筑条例》旨在大力发展绿色建筑,目的在于提高能源资源利用效率,达到节能减排、减少污染、保护环境和改善人居环境的目的,推进"两美"浙江建设,实现绿色发展。该《条例》明确规定全省城镇建设用地范围内新建民用建筑,强制性执行一星级绿色建筑标准,其中的国家机关办公建筑和政府投资或者以政府投资为主的其他公共建筑强制性执行二星级绿色建筑标准;强制执行住宅全装修成品交付;建立了既有建筑能耗监管与改造制度,对超过能耗限额标准的公共建筑实行惩罚性电价政策;要求到"十三五"末实现装配式建筑占新建建筑比例达到 30%。[3]

为保证以上政策的落实,浙江省住房和城乡建设厅发布《绿色建筑专项规划编制技术导则》来指导各级地方政府编制当地《绿色建筑专项规划》,把绿色建筑、装配式建筑、建筑全装修等指标上升到法律高度。随后,2016 年 10 月 1 日执行的《浙江省人民政府办公厅关于推进绿色建筑和建筑工业化发展的实施意见》也再次强调了以上各条。

2　当前培养计划中的绿色建筑相关教学

浙江省的一系列政策和规定代表着今后的浙江建筑设计市场将更加精细化和专门化,有关绿色建筑的条款和规定真切地影响到建筑设计,建筑师对绿色建筑的掌握不应该仅仅是表面功夫,而是应真实从绿色建筑的角度出发。也就是说建筑系的毕业生不能再只关注体量、空间、功能、立面这些传统要素,而是要对节能、建筑物理环境、建材、建筑设备等都有基本的认识。

目前,虽然浙江科技学院建筑学专业的培养计划几经调整,但对这一新形势的关注还有不足。与绿色建筑有关的课程有《绿色建筑设计策略与方法》及《生态与可持续建筑》两门选修课,由于属于选修的拓展复合课程,学生是否选课随机性较强,不能做到对毕业生的全面覆盖。对于装配式建筑、住宅全装修、建筑信息化模型、建筑节能等关键问题,还没有设置专门的课程。这一方面是总课时限制和现行课时比例分配制度造成课时数不足,另一方面也说明了培养计划的滞后性。由于培养计划面向的是新生,这批执行现有教学计划的学生在 5 年以后毕业时面对的是绿色建筑已经充分成熟的市场竞争环境,这对他们的就业及个人发展都是不利的。

3　教学改革思路

我校作为应用型本科院校,在学生的培养中势必更加注重学生实践能力的提高,在浙江省的新形势下,毕业后从事建筑设计工作的学生需要能完成符合绿色建筑要求的设计工作。目前的浙江省绿色建筑标准对建筑的总图、建筑、结构、水、暖、电各专业都提出了具体规定,对于建筑专业来说,除了协调结构、水、暖、电、景观、市政、装修等专业外,还要明晰建筑节能、物理环境、可再生能源设计对建筑设计的影响。如绿色建筑要求建筑场地的风环境适宜和避免热岛效应,因此建筑的体量和场地布局就要事先进行模拟分析,不能凭感觉随意布置;而建筑的体量又影响到建筑节能率,目前浙江省新建建筑的节能率要求已经改为 65%,不利的体形系数将极大影响建筑围护结构的设计;建筑的围护结构又直接影响到建筑的立面设计,对于节能来说,尽量方正的体型和严格控制的窗墙比是最佳方案,但是这样的建筑在造型上先天就处于劣势,需要建筑师综合权衡,进行协调;建筑的造型不仅只受到节能的影响,而且诸如可再生能源的利用模式、建筑设备的选择、被动节能技术的应用都可能在建筑立面上布置大量设备,如何将它们处理为造型元素将是未来建筑师的基本功之一;此外,装配式建筑的装配单元的形式及其施工、BIM、VR、AR、MR 等技术在建筑设计中的介入等都直接影响到建筑设计。

在当前建筑学学生的培养中,最理想的状态是增加建筑节能、装配式建筑、建筑信息模型、虚拟现实和混合现实、建筑性能模拟等课程,并和相关实验结合,让学生提前适应未来的建筑设计。但是出于课时和经费的限制,不可能达到这样理想的状态,因此,在学生培养中,可以采用双管齐下的办法,一方面调整和增加部分课程,另一方面在教学大纲中作出适当调整。

由于全体建筑学学生都要了解绿色建筑在建筑设计中的重要地位并掌握初步的绿色建筑设计理念和设计模式,因此应当通过设置或调整原有课程的形式,形成《绿色建筑》专门课程,并将其列入必修课,讲授绿色建筑的设计理念和设计方法等;此外,在建筑概论和建筑设计基础课程中,要有意识地调整教学大纲,增加对绿色建筑及其周边问题的介绍分析。

对绿色建筑的概念性了解并非培养的最终目的,全体毕业生都应该具备基本的绿色建筑分析设计能力,因此应当在建筑设计课程中加入绿色建筑要求,让学生习惯绿色建筑诸多要素在设计中的影响,并在毕业设计中强调绿色建筑要求,使全体毕业生具备绿色建筑设计的基本能力。

每个学生的程度不可能一致,因此,对于部分行有余力并有兴趣钻研的学生,应该开设各类选修课,尽量涵盖绿色建筑的全部范畴,由于绿色建筑涉及众多方面,不可能由建筑学专业独立开设如此多的课程,势必需要土木与建筑工程学院乃至全校的统一协调。此外,还应该开设相关的开放性实验,让学生可以深入体验绿色建筑设计中的各类困难和方法。

4 总 结

建筑设计教学是以实际设计工作能力为目的的,其目标应该能跟上时代的发展,在绿色建筑作为强制性规定的时代,培养计划势必要进行针对性的调整,以满足毕业生目标市场和社会经济发展的需求。

参考文献

[1] 仇保兴.进一步加快绿色建筑发展步伐——中国绿色建筑行动纲要(草案)解读 [A].城市发展研究,2011(7):1-6.

[2] 浙江省住房和城乡建设厅,浙江省发展和改革委员会,浙江省机关事务管理局.浙江省绿色建筑发展三年行动计划(2015—2017)[D].杭州:浙江省住房和城乡建设厅,2016.

[3] 浙江省人民政府.浙江省绿色建筑条例[D].杭州:浙江省人民政府,2016.

对国内外大学建筑学教育数字化变革的反思

——关于哥伦比亚大学建筑学院数字化教学团队的案例分析

李滨泉

摘要：建筑教育的核心问题是专业人才的培养。多年以来，我们一直沿用古典主义和现代主义建筑语言的传统教育模式。在当今数字化时代，相对而言有些忽视了建筑教育的数字化变革，建筑教育的数字化与传统的建筑教育方法大相径庭。本文剖析了哥伦比亚大学建筑学院数字化变革的成功经验，希望对信息时代建筑教育模式进行重新思考，对今后的建筑教育的数字化变革起到一些借鉴作用。

关键词：建筑学教育；数字化设计；无纸工作室；数字化教学团队；学术平衡

20世纪末到21世纪之初建筑设计由于计算机这个设计思考工具的加入，随后计算机等数字化技术在建筑设计中深度应用以及非线性建筑的出现，和如今计算机对自由形体游刃有余的加工塑造，使更多建筑师得以享受拓展到曲面空间的自由表达，我们所熟知的建筑基本要素——功能、形式、体量、空间均被重新定义。这引发了比以往更重大的建筑教育变革。

哥伦比亚大学建筑学院是世界上建筑学数字化教学的急先锋，为更好地实现其专业定位，已经完成由传统意义上的建筑学院向计算机学派的领路人的转换。一个由格雷格·林恩（Greg Lynn）、苏兰·科拉坦（Sulan Kolatan）和威廉·麦克唐纳德（Willian MacDonald）、哈尼·拉希德（Hani Rashid）、杰西·雷塞（Jesse Reiser）教师和优秀毕业生组成的数字化教学团队，已经在建筑界享有数字先锋的世界性声誉，哥伦比亚大学建筑学院已经成为计算机时代对非线性建筑风格最有影响的发源地，以及其派生的经常出现分歧的建筑哲学的产生地。我们作为旁观者剖析其成长历程和成功经验，以下几点值得我们从事建筑教育的工作者借鉴。

1 具有良好的学术氛围

作为常春藤盟校的哥伦比亚大学（Columbia University，简称"哥大"）成立于1754年，是美国五所历史最长的大学之一。哥伦比亚大学在世界大学排名第十位，也是世界最具声望的高等学府之一。它位于美国纽约市曼哈顿的中央公园北面，紧靠哈德逊河。哥伦比亚大学由三个本科生院和13个研究生院构成。现有教授三千多人，学生两万余人，校友25万人遍布世界150多个国家。学校每年经费预算有20多亿美元，图书馆藏书870万册。哥伦比亚大学本科学院最具特色的是他的核心课程，核心课程是哥伦比亚大学（本科）教育的基石。核心课程的目标是为哥大全体本科生，无论其将来的专业或方向如何，使之谙熟文学、哲学、历史、音乐、艺术和科学上的重要思想与成就，这种通才教育为学生提供一个广阔的视野，是哥伦比亚大学才智开发的关键。它的研究生院更是以卓越的学术成就而闻名。至今，

哥伦比亚的校友和教授中一共有 104 人获得过诺贝尔奖,29 位获得奥斯卡奖;此外,学校的
医学、法学、商学和新闻学院在美国都名列前茅。哥伦比亚大学是每年一度的普利策奖的颁
发机构,其颁发的建筑普利策奖是世界建筑界的最高荣誉。哥大建筑学院是美国东岸建筑
科系的权威,包括下面五个专业:①建筑学(Architecture),②城市设计(Urban Design),③
历史保护(Historic Preservation),④房地产发展规划(Real Estate Development),⑤城市规
划(Urban Planning)。哥大建筑学院在美国建筑界一直以前卫精神著称,良好的学术氛围
为哥伦比亚大学建筑学院建筑学数字化教学开展提供了孕育的土壤。

2 具备革固创新的传统

哥伦比亚大学建筑学院过去以解构主义闻名,解构主义究其根源就是解现代主义建筑
之构,在建筑界也开创了革固创新的先河。解构主义没落之后,经过几年的沉寂,在数字化
时代哥伦比亚大学建筑学院又突破了传统教学方法和理念的束缚,抓住计算机在建筑设计
中应用的契机,并成为涉及和利用计算机进行建筑设计的主要学术摇篮。实际上最先进行
数字设计探索的并不仅仅是哥伦比亚大学建筑学院,还有许多大学进行了相关探索,如早在
哥大之前麻省理工学院的媒体实验室早已进行了有关计算机技术的一些研究探索,但是麻
省理工的数字实验室并不是作为一个教学机构存在的,主要是作为一个研究机构存在;因而
并未深入到实际的建筑教学中。而哥大建筑学院抓住这次契机,并将数字化的风潮贯穿到
建筑教育的各个环节,这正是其革固创新传统的延续。

3 具有前瞻胆识的领路人

1988 年正是建筑解构主义运动方兴未艾的时候,解构主义的旗手之一伯纳德·屈米就
任纽约哥伦比亚大学建筑学院院长。进入 20 世纪 90 年代后,随着计算机规模化应用,在
1993 年,具有前瞻胆识的屈米认识到计算机对建筑设计的重要性,与哥大校方积极沟通,说
服校方花费大量资金购买了功能强大的 Silicon Graphics 工作站和苹果计算机,在其上运行
用于建筑建模的专用绘图软件。并以此为基础在 1994 年创建了数字无纸工作室,启用了富
有探索精神的三位年轻教师负责数字无纸工作室的日常工作。无纸工作室强调运用强大的
计算机的设计软件取代传统的纸、笔、尺工具进行构思和设计,以计算机为媒介进行交互设
计,进一步实现数字化设计、数字化加工和数字化建筑的一体化的操作模式。经过十几年的
教学探索之后,哥大建筑学院数字化设计已经走上了正轨,已经完成了对建筑数字化设计可
操作性的探索,并实现了建筑数字化设计到数字化建造的转化。即对建筑数字化设计可建
造性的探索,世界上越来越多的非线性建筑的落成将这种疑云逐渐驱散。正是伯纳德·屈
米这位具有前瞻胆识的领路人才使哥大建筑学院走上了数字化之路。

4 建立教授、助教和学生组成的教学团队

1994 年在纽约哥伦比亚大学建筑学院第一次正式成立"无纸工作室"(Paperless Studio),
这个"无纸工作室"主要是利用当时比较先进的计算机进行建筑的数字化操作。屈米不顾阻

力大胆启用了林恩、拉希德(Rashid)和斯科特(Scott Marble)三位年轻的教师,让他们负责教授与新硬件、新软件相适应的"无纸"操作。当时几乎所有人都没有任何的计算机经验,甚至大多数建筑系的师生都不知道软盘是什么东西。为了使这些教师尽快熟悉计算机软硬件操作,屈米制定了一套教学助教的新模式:引进一些被称为"数字助教"的富于计算机知识的学生。在这些"数字助教"的帮助指导下"无纸工作室"原有的教师很快补齐了计算机软硬件操作的短板,而这些老师也将他们从计算机中学到的东西迅速反馈到他们的设计实践和教学工作中。在这个互相合作和互相指导的特殊环境下,这些软件不仅仅可以作为某种渲染工具使用,更为重要的是它们已经开始渗入和改变设计过程。像早期使用 3DMAX,Softimage 软件,之后使用功能更为强大的犀牛(Rhino)和玛雅(Maya)软件,这些程序都具备被建筑创作借鉴的独有能力。其建筑学硕士阶段的设计必须融入无纸工作室的数字化设计,他们把工作室作为试验室,深化专业的研究。哥大建筑学院的锐意创新的氛围吸引了大量从世界各地来的前卫的建筑师、优秀教师和那些想与建筑先锋一起工作的学生,他们组成了数字化建筑的教学团队。

5　扩大建筑作品在媒体上的影响力

哥伦比亚大学由于具有位于世界最具经济活力之都纽约曼哈顿的区位优势,以及哥大新闻学院在媒体界的影响力,为哥大建筑学院的广大师生提供了更多与评论界、博物馆负责人和杂志编辑接触的机会,以及与很多居住在此以及来此访问的明星建筑师接触的机会。哥大良好的学术风气促进了林恩、拉希德、莱欧舍、科拉坦和麦克唐纳德等哥大老师建筑数字理论的探索,为了寻求建筑中的复杂性,他们的数字建筑理论更加关注在形式上起源的探索。在无纸工作室开办的三年后,1997 年林恩发表了里程碑式的论文《泡状物》(the blob),泡状物用以表示不能被还原为更为简单的形式、具有连续复杂性的基元,以作为数字化建筑形态的变化原点。这篇文章被认为是一篇数字化设计运动即将迅速兴起的宣言。之后又发表颇具影响力的《形式表达——建筑设计中图解的原-功能潜力》。不久之后由麦克唐纳德设计的 O/K 公寓和林恩设计的韩国长老院教堂相继建成。随之又将其刊载在建筑(Architecture)杂志上:后来还刊登了由 Rashid 和 Lise Anne Couture 设计的古根海姆虚拟博物馆,这是一个完全由数字化影像组成的建筑而并不需要真实完成的项目。这些项目极大地扩大了哥大建筑学院的数字化作品的影响力。哥大教授与学生之间的数字化探索已经影响到一些外国建筑师——比如英国 OCEAN 事务所、荷兰 NOX 事务所的 Lars Spuybroek 和声名显赫的建筑师埃森曼——也采用了那些软件来制造他们自己的泡状物变化模式。建筑理论和设计实践的成功使哥大建筑学院站到了建筑数字化的潮头之上。

6　保持微妙的学术平衡

在哥大建筑学院院长屈米试图徘徊于先锋与传统之间:一方面屈米不断地加强哥大建筑学院的数字化建筑教学力量,在哥伦比亚大学建筑学院除了三位年轻的教授——林恩、拉希德和斯科特在数字化建筑领域卓有造诣外,屈米还将这几年一些数字化领域杰出的毕业生,比如文卡·迪伯尔丹(Winka Dubbeldam)、凯勒(KeIler)和菲斯科里(Pasquarelli)留校任教,这些人又从不同角度进一步巩固了哥大的计算机建筑哲学;另一方面屈米也注重夯实学生的传统建筑理论的基础,还广招贤才,把具有功力深厚的传统建筑理论学者的普林斯顿大学的 Mark Wigley 和莱斯大学的 Michael Bell 招聘过来,由他们来加强哥大建筑学院建筑传统底蕴。这很好说明了屈米这位老练的院长试图保持数字化先锋和建筑历史传统之间学术平衡的意图。数字化复杂建筑形式看似无法,实则并非无法,而是法度深藏,想要掌握数字化复杂建筑的法度则需要更深的建筑底蕴。数字化复杂建筑的风格并不是无法则的,但是它所依据的秩序是如此自由的,以致我们很难把它与一般的法则和自由度相对比。因此越是自由数字化建筑形式越是需要更加深厚的建筑历史传统。显然屈米看透了这一点,就这样在哥伦比亚大学建筑学院数字化先锋和传统的建筑理论学者之间保持着微妙的学术平衡。

7 国内建筑教育的反思

哥大建筑学院数字化革命已经促成了数字时代最有意义的建筑教育探索之一,除了 20 世纪 30 年代格罗皮乌斯领导下的包豪斯之外,几乎在任何一代都没有怎么出现过某个单独学术机构造成大范围专业冲击的现象,但过去十几年中的哥大建筑学院却创造了这样的奇迹。

它山之石,可以攻玉。建筑师在社会和专业体系中的角色定位,历经不同时代的起承转合,从知识结构、工作内容到工作方式都不断发生着或大或小的变化。在如今的数字化浪潮中,建筑工业化建造向 CNC 数字化制造转变所带来的个人从业定位的考虑,势必成为整个当代建筑教育体系变革所无法忽视的因素之一。数字化所提供的,不仅是自由形式生成的便捷实现,更是对设计概念——形式结构生成过程的革新。建筑专业教育领域和设计建造的实践互动,作为行业体系中的重要一环,同样受到数字化技术影响下的建构工艺发展的促进。后者对建筑师所需要的知识结构和专业技能的培养提出了新的要求。国内外教育界对此也作出了各自的积极回应,计算机的使用将会为建筑学教育与建筑设计带来一场新革命,清华大学的徐卫国教授已经带领学生做了一系列的数字化教学改革的探索。接着我们该何去何从,应该能从上文得到一些启示。

数字技术教学在建筑节能课程中的实践与探索

武 茜

摘要：为顺应"节能减排"的国家形势要求，传统建筑学专业教育需要加强建筑节能方面的知识与技能。在建筑节能课程中，如何引导学生从"节能"的思路出发进行建筑设计，将理论实践化，将抽象概念形象化，成为该课程教学改革中的实践目标。随着数字技术在建筑学专业教学中的逐渐渗透，12级本科大三年级首次尝试学习运用 Ecotect 软件进行方案初期阶段的模拟与优化，通过对给定任务的解析和执行，学生的节能观念得到加强，专业学习能力得到了提高。

关键词：建筑节能；数字技术教学；实践与探索

随着 20 世纪 60 年代全球爆发能源危机以来，其影响之广泛，冲击力之大，都是史无前例的。建筑业作为耗能大户，也面临着环境与发展问题的矛盾和挑战。迫于巨大的资源与能源的约束以及环境恶化的压力，中国政府提出了"节能减排"的重要基本国策。为顺应时代的发展，建筑学教育也应与时俱进。

但在当前的建筑学教育中，普遍存在着"重设计轻技术"的思想[1]。许多高校的建筑学专业设置中，将建筑设计与建筑技术课程完全割裂，技术类课程相对设计类课程成为独立的学科。教授技术类课程的老师普遍不是建筑学专业出身，无法做到与设计课程互动，且理论知识抽象枯燥，学生难以理解和掌握。而学生在设计课程中学到的仅仅是美学知识和设计的基本原理，缺乏技术概念的渗透，导致学生忽视技术，无法做到建筑与环境的真正融合[2]。因此，在建筑节能课程教学中如何引导学生从"节能"的思想出发进行建筑设计，将理论实践化，将抽象概念形象化，成为该课程教学改革中的实践目标[3]。

数字技术近十几年来逐渐深入到建筑学的专业教学当中，数字化设计是未来的大势所趋。近年来，随着建筑环境日益受到重视，由建筑师开发编写的 Ecotect 软件（见图 1），可以使学生在设计方案阶段进行建筑物理环境的分析。Ecotect 软件分析功能很强大，包含了热环境、光环境、声环境、日照、经济性及环境影响、可视度等 6 个方面的分析功能。而这些分

图 1　Ecotect 软件界面

析会对建筑物的朝向、造型、空间布局、围护结构设计等要素起到很大的决定作用。由此,在12 级本科生大三年级的建筑节能课程实践教学环节中,我系提出结合当前课程设计题目,应用 Ecotect 软件进行物理环境的模拟分析,从日照与节能的角度出发,调整和优化设计方案,使建筑的艺术形象与良好的物理环境相融合。

1 课程任务

建筑节能课是建筑学专业建筑技术基础教学范畴当中的一门拓展学科。本课程系统讲授建筑节能与建筑设计的关系,以及建筑创作过程中的建筑节能设计手法,同时辅以相关案例讲解和课程设计的指导,将节能技术的思想方法贯彻到学生的专业基础学习当中。该课程安排在大三下半学期,先修课程为建筑构造和建筑物理Ⅰ。这样设置的目的是让学生首先了解和掌握一定的建筑构造概念和建筑热环境及光环境的理论知识,从而在建筑节能课程学习中可以很好地理解节能的原理与过程,以及较好地掌握建筑节能设计的方法。

该课程包括 24 学时的理论教学和 8 学时的实践教学。其中理论教学主要传授建筑节能的原理、过程,建筑节能的策略、方法以及建筑节能的标准和规范。在实践教学环节中,以 Ecotect 生态分析软件实训为基础,让学生结合正在进行的博物馆课程设计任务,展开对室内热环境及场地日照情况的模拟分析,从而调整和优化总体方案设计和围护结构的构造做法。具体教学任务如下:

以杭州地区气象数据为依据:

(1)模拟在冬至日、春秋分、夏至日各典型日期内的室内逐时温度、逐时得失热及建筑全年能耗情况,评价围护结构的保温水平,分析并提出合理的改善建议;

(2)模拟建筑屋面和各典型朝向的冬夏两季(冬至日、夏至日)太阳辐射得热情况,提出合理的太阳能利用方式;

(3)对典型外窗进行遮阳设计;

(4)对室外场地的日照及阴影遮挡情况进行冬夏两季的模拟分析,提出合理的场地景观布置方式。

该项任务是与小型别墅设计同步进行的,设计课老师主要讲解居住类建筑的设计规范和设计要点,以满足功能和美观为主;建筑节能课上则要求学生在推敲平面和形态的同时,通过软件模拟,考虑当地气候条件对室内热环境和场地物理环境的影响。

2 教学过程

为达到建筑热环境分析的任务要求,该教学过程主要包括建筑节能相关理论的讲解、案例解析、软件学习和专题研讨等工作。

2.1 理论授课

建筑节能的理论知识是以建筑物理课为基础的,其中重点为建筑传热与日照等知识点。本课程通过多媒体、视频、模型等教学工具,将建筑传热知识进行形象化的演示,便于学生摆脱枯燥的物理原理,感性地认识建筑节能的全过程。

2.2　案例解析

节能原理是抽象的,只有结合具体建筑实例才能更好地达到实践操作的教学目的。该环节从传统民居入手,讲解地方风土建筑如何自发地被动地适应当地气候条件,在不利用机械能源设备的情况下一定程度地满足室内热舒适要求。接下来,再以现代节能建筑为例,解析如何在方案阶段通过定性和定量的分析,达到建筑被动式节能的效果。最后总结出建筑节能在不同环节的策略,由此提出利用数字化模拟软件对方案进行优化是设计前期行之有效的手段。

2.3　软件学习

该环节主要体现在实践教学中,上课地点在专业计算机房。首先对学生进行为期两周的软件培训。Ecotect 软件是一种交互式的技术性能分析辅助设计软件,便于逐步推进方案。软件的建模界面和方式与 Sketchup 很相似,学生理解和接受起来比较容易。软件的难点在于建模完成后的边界条件的设定,这考量学生对建筑物理课程的学习程度。通过教师的示范、讲解,学生可以独立完成建模、设置参数、运行计算等全部过程。

2.4　专题研讨

软件学习结束后,学生在机房中继续进行为期六周的实战训练。要求学生根据自己的博古馆设计方案,建立数字模型,设置边界条件,进行模拟运算。然后根据结果调整自己的方案。最后两周,每位学生对自己的模拟结果制作 PPT 进行汇报,由老师集中点评。

3　教学成果

3.1　任务解析阶段

学生在进行别墅设计之初,就强调要改变传统的设计方法,从节能与生态的角度出发来开展设计,由理性思维控制感性认识。

首先用 Ecotect 的 Weather Tool 软件,对任务给定的杭州地区气候条件进行分析,得到杭州地区的温湿度、风速与风力、太阳辐射情况等基础数据。图 2 和图 3 为软件气象工具分析得出的杭州地区最佳朝向和热环境最佳舒适区域。

其次,学生通过气候分析,并结合场地实际情况,在综合考虑建筑功能的情况下绘制出总平面与主要形体的草图,在软件中建立模型并进行分析。分析内容包括:场地内日照遮挡情况、太阳能利用的最佳朝向和表皮、窗口遮阳设计以及围护结构的得失热情况。

要注意引导学生通过运用软件对建筑方案的分析调整,不断优化方案。在建筑设计教学中运用数字技术来辅助设计,运用软件模拟作为技术支撑,其意义在于在确定目标后科学地推进设计。

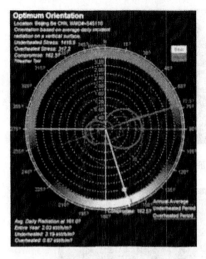

图 2　最佳朝向分析

图 3　热环境最佳舒适区域分析

3.2　成果阶段

在最后两周成果阶段,学生需要将模拟结果整理成图表,以报告的形式说明方案逐步深化的过程。学生在软件模拟阶段得到的遮阳(如图 4)、日照(如图 5)、全年能耗(如图 6)以及围护结构得热情况(如图 7)的优化结果,都是可以切实运用到正图成果中。此外,还要对在设计中使用的可再生能源利用策略加以说明。

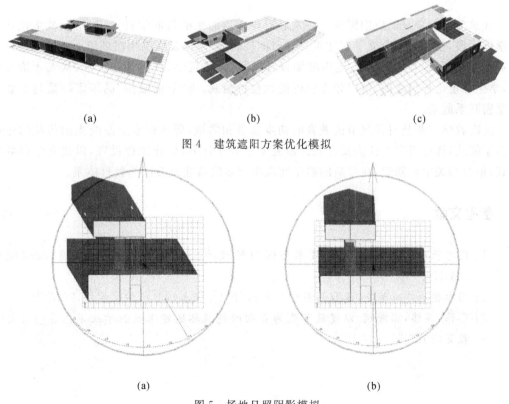

(a)　　　　　　　　　　　　(b)　　　　　　　　　　　　(c)

图 4　建筑遮阳方案优化模拟

(a)　　　　　　　　　　　　　　　　　(b)

图 5　场地日照阴影模拟

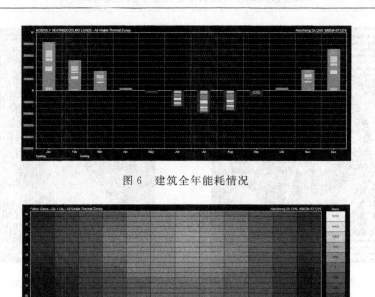

图 6　建筑全年能耗情况

图 7　建筑围护结构得热情况

4　教学总结

建筑节能教育是适应中国现阶段发展形势应运而生的新的学科知识,结合数字化技术教学的手段,学生能够全面了解建筑设计对能耗、热环境以及周围生态环境的影响程度。从专业学习来说,学生能够熟练运用辅助设计软件,以练促学,提高认知水平;从人才培养层面,学生在走出校门之前,可以建立正确的社会价值观,将"节能减排"的国家政策与专业学习紧密联系起来。

这次教学实践是对建筑节能教育的初步探索和尝试,要从根本上改变当前传统的建筑学教学模式,还有很多工作需要开展。需要调整教学计划、优化课程设置,以建立学科群的形式,整合相关学科知识,在今后的教学实践中逐步完善建筑节能的教育体系。

参考文献

[1] 周忠长.建筑学专业建筑技术类课程的教学改革探讨[J].大学教育,2015(2):175-176.

[2] 周春艳.《建筑节能》课程的教学改革探讨[J].佳木斯职业学院学报,2015(10).

[3] 蔡伟,谷伟,郭秀娟.以建筑节能为导向的建筑环境学课程教学改革探索[J].大学教育,2014(6):104-105.

基于居住建筑课程设计的老人宜居环境研究

孙培芳

摘要：为使当前的建筑设计服务于老龄化社会，我校居住建筑设计课程更具有针对性。从老龄化研究及老年宜居环境方面进行设计探讨，其研究成果可应用于教学和设计实践。基于国内城镇老年宜居环境建设现状及问题，结合课程调研问卷结果，也可提出相应的建议与实施意见。

关键词：老龄化；老人；宜居环境；建筑设计

20 世纪末叶以来，老人建筑类型开始多样化的蓬勃发展，相关的居住建筑与建筑设计也日臻完善，比如，老人社区、老人疗养院、老年医院等等。应对社会发展的老龄化，也出现了多方面的研究：逐渐呈现出社会学、人口学、医学、城市规划和建筑学等等各个学科相互交织的状态。

为使当前的建筑设计服务于老龄化社会，我校居住建筑设计课程更具有针对性，本文拟从老龄化研究及老年宜居环境方面进行探讨，并将研究成果应用于教学和设计实践。

1　国内外相关老龄化研究进展

为了应对人口老龄化，发达国家从人口学、社会学、心理学、经济学、医学的诸多学科的各个方面予以全面关注，研究成果颇多。为了应对老龄化，各个学科领域都有自己的策略，但也有一个共性，即在策略研究上，先后提出了：成功老龄化，健康老龄化，以及积极老龄化。

成功老龄化理论是由美国心理学家哈威格斯特提出的，其实现的关键是：个人在社会的生活当中能获得幸福与满足感，以及社会的老年、中青年和不同性别的人群都能够对社会生活保持比较高的满意度。

健康老龄化的含义有三个，一是躯体健康，二是精神健康，三是社会交往健康。而积极老龄化的概念则更进一步，除了老有所为之外，还呼吁老人能够积极地参与社会活动。

目前，国内的一线城市以"老年友好型城市"创建试点为契机，老人友好型城市、老人宜居社区、老人温馨家庭"三个建设"逐步开展起来。

以上海为例：2013 年，《上海市老年友好型城市建设导则（试行）》颁布并实施。杨浦区打造了社区老年人的关爱支持体系，引入社会力量，开展社区为老年人服务工作。长宁和浦东新区也有类似的措施。除此以外，老龄化程度最高的静安区，正在按照《全球老年友好城市建设指南》标准来建设老年友好城区，从小区、公园绿地、医院、菜场、超市、影院、戏院、学校等方面，从物质和精神两种层面提升老年人的生活品质。

2　国内城镇老年宜居环境建设现状及问题,以浙江省为例

国内大多数城镇的老年宜居环境建设状况,目前多限于理论研究和初步设计阶段。富庶地区即使是已经在养老机构建设方面率先完成了养老保险、医疗保险等社会保障措施的基本覆盖,然而在养老需求方面,目前工作也大多局限于"五保""三无""空巢"等低层次角度上,与国家和社会要求的老年人养、医、教、学、乐诸方面措施全面完善的建设目标有着较大差距。

以浙江省为例,省老龄办、省建设厅联合出台《关于进一步深化"老年友好城市"建设工作的意见》,提出了"老年友好城市"创建生活环境和设施、社会保障和援助、社会服务和健康、文化教育和体育、社会服务和健康等五个方面的主要任务,制定了《浙江省老年友好城市测评体系(2014—2016 年)》,明确 50 项具体指标。其中,五个方面的主要任务具体指:一是生活环境和设施;二是社会保障和援助;三是社会服务和健康;四是文化教育和体育;五是社会参与和优待。

3　以课程设计的问卷调查形式,将老年居住环境研究细节化

问卷发放对象包括老年人,社区街道居委会的工作人员和一般公众等。以我校《居住建筑设计》课程调研的相关问卷为例:

尊敬的社区老年居民及家人:

您好! 非常感谢您参与本次问卷调查。

本次调查希望进一步对老龄化背景下的社区宜居程度做出相应调查,以便为您日后生活提供更全面的服务。本问卷可采用匿名方式填写,对于您的相关信息将不会被透漏给任何人,只用于学术研究和数据统计。谢谢您给予我们的大力支持!

(第一部分:基础问卷)

(1)您的年龄?

A. 60～65 岁　　B. 65～70 岁　　C. 70～75 岁　　D. 75～80 岁　　E. 80～85 岁　　F. 85 岁以上

(2)您认为社区环境是否满意?

A. 满意　　　　B. 一般　　　　C. 不满意

(3)您对社区健康和体育设施是否满意?

A. 满意　　　　B. 一般　　　　C. 不满意

(4)您在社区内的交流情况如何?

A. 交流多　　　B. 交流较多　　C. 交流较少　　D. 交流少

(5)您对社区医疗保健条件是否满意?

A. 满意　　　　B. 一般　　　　C. 不满意

(6)您希望社区进行适老改造吗?

A. 希望　　　　B. 不希望

(7)您认为楼群的辨识度高吗?

A. 高　　　　　B. 不高

(8)请您将以下社区适老要素按照必要性从高至低排序:

①健康　②安全　③生态　④精神　⑤保障

——— $\longrightarrow$ ——— $\longrightarrow$ ——— $\longrightarrow$ ——— $\longrightarrow$ ———

（第二部分：问答访谈）

(1)您觉得社区出行情况如何?

(2)您最喜欢社区里哪个交流场所?

(3)您觉得社区中最需要增加的服务是什么?

(4)您平时都参加哪些社区中的哪些活动?对社区活动满意吗?

(5)您一天当中待着最多的地方是哪儿?最快乐的事是什么?最烦恼的事是什么?最想做和最不想做的事是什么?

(6)您最希望社区向哪个方向改造?

(7)对于社区的生活是否满意?满意在何处?不满意在何处?

(8)讲述您一天的生活情况,并谈一谈您理想中的老年社区环境?

4　老年宜居环境改良建议和实施意见

基于国内城镇老年宜居环境建设现状及问题,以及上述调查问卷结果和研究,提出如下建筑设计建议与实施意见:

4.1　创造无障碍的空间

根据老年人的行动特点和一些助行工具的规格尺寸,进行无障碍设计。主要包括:室内外道路、坡道、出入口、踏步平台、电梯轿厢等。其中电梯设计除了方便人员进出外,还要满足应急的担架与轮椅进出。视觉方面的无障碍,是指用不同的颜色或标示物帮助老年人辨识和记忆自己所居住的楼栋位置,减少老人在社区内迷路的概率。

4.2　修护老化的闲置空间

对社区内建成时间较久的闲置空间,进行维护。老人有足够的闲暇时间,喜欢聚集在一处进行交流活动。社区内建设整洁的交流空间,适于老年人进行较长停留,方便他们之间的交流互动。对于这类陈旧的闲置空间进行改造,首先应该对空间当中乱搭乱建的建筑物和构筑物进行统一拆除。其次,对于居民堆砌的废物,进行整理回收,使空间明亮整洁,重塑空间活力。

4.3　游乐设施等积极因子的介入

如果一个空间在功能方面设计不合理,就会制约这个空间的活力,为了活力,可以在其中插入一些积极因子,比如游乐、健身设施。也可以在空间中安排儿童嬉戏玩耍的器材,儿童的玩耍常常需要老人看护,增加空间内儿童的使用率就会相应地提高老人对空间的使用率,吸引更多的老人参与其中。

4.4　设置绿化空间改善社区环境

老人活动行为的完成,需要住区内的相关组织设置绿化空间,完善绿化环境完善绿化环境,使绿化空间承载着游览观赏,种植园艺等老年性的活动行为。

4.5　营造复合空间满足多元选择

居住区当中应该为老年人提供多元化的空间,以满足不同的性格、年龄、社会地位以及文化程度的老人的喜好,满足老人们不同的活动要求。不同的老年人能够平等地共享社区内的公共环境,健康养老,积极养老,使社区公共空间具有功能的复合性。

5　结　语

总之,老年宜居社区设计研究的总体思路是从老年人的生理、心理、社会等特征出发,结合人居环境发展的内在要求,以人为本,研究和实施对老年人宜居环境的改良与塑造,并将其设计理念应用于高校的《居住建筑设计》课程与教学。

参考文献

［1］胡庭浩,沈山.老年友好型城市研究进展与建设实践[J].现代城市研究,2014.

［2］Peca S P. Real Estate Development and Investment：A Comprehensive Approach (Wiley Finance)[M]. New Jersey：John Wiley Sons，2014.

［3］北京科文图书业信息技术有限公司.老年人建筑设计规范[S].北京科文图书业信息技术有限公司,2006.

［4］中华人民共和国住房与城乡建设部.养老设施建筑设计规范[M].北京:中国建筑工业出版社,2014.

［5］汪秀峰.关于现有居住建筑适老改造的思考[J].安徽建筑,2014.

画法几何与建筑制图课程教学方法初探*

赵志芳

摘要：画法几何与建筑制图课程理论严谨、实践性强，与工程联系紧密，同时是后续课程的重要基础，但传统教学中存在一定问题。为了适应专业特点，提高教学质量，我们以"正投影"为例来探讨实例教学法的应用。

关键词：画法几何与建筑制图；正投影；实例教学法

引 言

画法几何与建筑制图是建筑学专业的一门专业基础课。课程主要研究解决空间几何问题以及阅读和绘制建筑工程图样的理论和方法，既培养学生的识图和制图能力，同时又是学习后续课程和从事工程技术工作不可缺少的基础[1]，对未来建筑师素质的培养具有重要意义。本课程具有很强的理论性、实践性和形象思维性，学习内容抽象，而授课的对象又是一年级新生，他们绝大多数没有任何相关建筑工程知识和实践经验，学习起来难度较大，也导致后续专业课程学习上的困难[2]。目前，课程教学现状不容乐观，面对学校"应用型人才"的培养目标，必须优化课程体系，探讨灵活适用的教学方法。

1 课程概述

画法几何与建筑制图在建筑学专业的总学时为64，课程大致分为画法几何和建筑制图两大板块，主要内容有：投影、视图、轴测图、透视图、阴影及建筑制图等。画法几何部分，是培养学生具有平面和空间两者互逆、对应的思维方式。其学习过程中贯穿着平面投影和空间形体相互紧密联系的两个思维过程。从一个日常生活中习惯的直观空间中，去想象一个不直观的空间体系，进而转化成平面体系，这本身是有一定难度的[3]。建筑制图部分，涉及总平面图、平面图、立面图、剖面图等内容，并且制图要达到标准、细致、准确，对于学生来讲同样存在很大困难。这也就要求教师能够深入浅出，把握重点，剖析难点，通过教学使学生能够尽快学习到必需的专业知识[3]。

---

* 基金项目：建筑图学课程教学改革——以《画法几何与建筑制图》为例（kg20160279）
　　实践创新能力培养为核心的建筑图学课程教学改革——以《画法几何与建筑制图》为例（2016-k14）

2　教学中存在的问题

（1）课程内容抽象、语言表达较难，作为一门专业基础课被安排在一年级学习。大部分大一新生缺乏实际动手能力和空间想象力，并且不具备任何建筑工程知识，在不能完全理解课程学习目标和重要性的情况下，学生缺乏学习动力，对课程有明显的畏难情绪。

（2）传统的教学非常注重理论的系统性和全面性，课堂上采用的主要是老师单方面的知识讲授，理论知识讲解占据了大量的课堂学习时间，学生在课堂上被动的接受，没有足够的时间理解知识和独立思考。教学内容与工作过程不能有效结合，造成理论与实践的严重脱节，学生一般都能够完成一些教材及习题册上的练习题，但在把这些理论知识应用到专业图纸的阅读和绘制时就常常会束手无策，并出现各种各样的错误，学生的动手操作能力很难得到提高，无法达到课程的目标要求，也给后续的专业学习留下隐患。

（3）在投影、视图、轴测图等章节中，教材及习题册所给的大部分例题是简单的几何形体，与建筑实例结合不够紧密，针对性不强，从而造成理论知识和实际应用的脱节。仅在"阴影和透视"的章节中，例题是以建筑实例为主的。这样就使相当一部分学生在理解"阴影和透视"的内容时造成了一定的困难，也影响了对阴影和透视知识的理解与掌握。

3　教学方法的探讨

针对上述教学中存在的问题，我们探讨多媒体课堂教学、实例教学、现场教学等多元教学方法，而本文重点以"正投影"为例来探讨实例教学法的应用。

画法几何学的核心是投影法，投影的原理是所有现代工程制图的源头，传统的授课方法也可以让学生了解投影的原理、方法，但学生很难在这些理论知识与复杂的工程图纸之间建立起必要的联系。我们以"正投影"为例，通过实例教学法引导学生学习正投影的基本知识，训练从"二维到三维、三维到二维"的空间想象力[4]，启发学生将"正投影"与生活中常见的建筑图纸形式进行联系，加深学生对正投影的理解，真正了解正投影的特点和作用，具备根据对象特点和表达要求选择合适的正投影图的能力[5]，并能运用所学知识推导出建筑平、立、剖的投影图，为后续专业课程的学习打好基础。具体实施如下：

3.1　立体模型，课前准备

在传统教学模式中，教师是主体、学生是受体，教师主动地讲、学生被动地听，这种模式对学生而言缺乏学习动力。为了让学生身临其境地参与到投影知识的学习中来，我们鼓励和引导学生应用直观的模型法。在"投影"这一章节中，课本上列举了常见的基本形体，例如棱柱、棱锥、棱台等的投影特点；而建筑构件也正是由这些基本形体组合或消减而成的。在课前，学生利用废旧纸板或者橡皮泥自己动手制作这些基本形体的模型，接着可以组合成较多的组合形体或简化的建筑体块模型，从不同的角度观察这些模型并思考"模型"与投影图之间的关系。在授课中，将立体模型引入课堂中，搭建一个"实际操作平台"让学生动手操作，展示自己的动手能力，使学生能够主动学习，真正成为学习的主人，提高学习投影知识的信心。

3.2 理论知识,课堂讲授

教师在课堂上首先详细讲授该部分教学任务的目的和要求,其次引导学生梳理出应该重点掌握的理论知识,让学生明确这部分教学内容的知识要点。投影理论中主要讲解投影的概念、投影的形成和特点、点线面的投影、空间立体的投影、建筑的投影等[4],并把建筑形体投影及其表达方式作为教学重点。在讲授基本投影时,把学生课前制作的基本形体的模型作为研究对象,使学生理解和掌握正投影图(三视图)的成图原理,讨论利用正投影原理得到的三视图和各视图间的对应关系,指导学生正确快速地转换三视图和立体模型。同时挑选部分学生演示自己通过基本形体模型组合而成的简化的建筑体块模型并引导其转换成对应的三视图或多视图。最后老师对该部分教学内容和课堂教学过程进行归纳总结,使该部分内容在教师的讲解和学生的演示中得到更全面的学习。学生主动参与到课堂教学中来,增强了师生之间的互动,学生及时反馈课堂教学效果,使教师能更好地把握课堂教学的进度,也激发了学生的学习兴趣。

3.3 实例教学,建筑测绘

完成了教学任务所需知识和技能的学习后,我们设计了建筑实物与"图纸"之间转换比对的平台——"建筑测绘"。安排的具体任务是测绘校园里建筑物的立面(行政楼、图书馆、学生食堂),并根据正投影原理来绘制建筑物的立面。上课前一周向学生下发测绘任务书,学生根据测绘要求自行分组,每组 4~5 人,课前先对所测建筑进行感性认识并预先思考完成测绘需要应用哪些知识和掌握哪些技能。测绘小组根据测绘目标制定实施计划,详细列出需要测绘的内容和步骤、组员分工、所需工具材料等内容并根据老师提供的资料了解建筑测绘的方法和建筑立面表达的要求等[5]。在实地测绘过程中,小组成员根据所测建筑物的造型和体量确定合理的投影数量、图纸比例和图纸布局;根据建筑物的测绘方法测量建筑立面尺寸、建筑细部尺寸等,并应尽量降低测量误差。在测绘过程中,学生通过从实体建筑物到二维图纸、从二维图纸再到实体建筑物的思维转换,提高了空间想象力。最后结合现场的测绘内容和数据,以正投影原理为依据,最终完成建筑立面测绘图纸(如图 1)。在测绘过程中,学生是主体,教师起辅助作用,教师仅在测绘的关键环节给予提醒、指点和答疑,同时记录学生在测绘过程中使用的方法及存在的问题,以便在后续的作业点评中进行总结[6]。通过建筑测绘,学生的实践应用能力得到了显著提升。

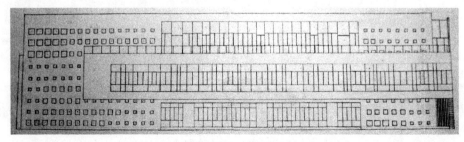

南立面图　　1:200

图 1　学生食堂南立面图

通过这种实例教学法,理论知识在实践中得到更好的应用;学生更加注重知识的应用并形成了自主学习的意识,学习质量有了明显的提升,学习主动性有了很大的加强。

3　结　语

画法几何与建筑制图是建筑学专业的基础课,授课对象是大一新生,客观上存在一定的教学难度。传统教学模式在一定程度上不易被学生认可,这就要求我们不断总结教学经验,选择合适的教学内容和运用多元化的教学方法,提高课程教学质量[4]。

参考文献

[1] 赵欣,俞培柱."建筑制图"课程教改策略分析[J].浙江树人大学学报,2012,12(3):39-43.

[2] 蔡华.建筑学专业"画法几何与阴影透视"课程考核与评价改革研究[J].四川水泥,2016(7):265.

[3] 赵欣.多媒体教学手段在"建筑制图"课程中的应用[J].浙江树人大学学报,2010,10(3),54-57.

[4] 王蓓.基于慕课平台的建筑制图课程研究性教学探讨[J].包装世界,2016(1):62-63.

[5] 李艳.翻转课堂教学模式应用初探——以"建筑制图"为例[J].现代职业教育,2016(9):21.

[6] 赵志芳.建筑图学课程教学探讨——《画法几何与建筑制图》[J].课程教育研究,2015(34):28.

建筑学设计类课程教学方法改革[*]

郑锐锋

摘要：本人针对我国传统建筑教育体制存在的问题，经过积极探索，提出了"主动式教学法、互动式教学模式、过程化教学方法"的教改思路，使每个学生都有机会发挥其创造力的师生合作互动式教学体系。激发学生自主学习积极性，使学生学会用理性思考应对建筑设计。从单一固定模式转向多种尝试的模式，对于提高学生分析解决问题的能力，促进个性化、创新性的人才的培养，强化综合素质培养具有一定的现实指导意义。

关键词：建筑设计课程；互动式教学改革；主动式教学法；过程化教学法

1　国内外相关研究现状分析

建筑学教育的目标宗旨是面对社会和未来培育建筑师，以及具备高素质的人才。建筑设计课程与其他的设计类课程相比情况特殊，建筑学作为一门综合性很强的学科，国内外的建筑设计革新教育体系大多针对建筑学教育系统和教学体制与课程内容设置的改革理论，没有针对《建筑设计》课程的教学改革实践与理论。国内外各校教学系统虽是大体相同的，但教学内容和教法却有很大差别，这完全取决于教师队伍的水平和学校对学生的培养目标及培养模式。我国的建筑学专业开设较迟，所采用建筑设计教学模式大多为苏联的学院派老的教学模式；以法国古典主义理论为主，结合中国的传统风格，在理论上形成了折中主义形式。随着西方新思想、新理论的涌入，我国的建筑学变为教授学生较强的应用性和培养灵活的实践和解决问题的能力。大学生教育不再倾向于单一追求建筑学位，更表现为接受新的实践形式，如清华大学建筑学专业已由五年制改为六年制。专门成立建筑学院，其所属教研室也很充分；并有专门设计院，让学生能在学习中达到理论和实践结合的目的。随着中西方教育文化的不断融合和冲击，各院校的教学模式、教学方法、教学观念都在调整和变革。

西方的建筑设计教育模式为教师工作室模式，学生参与教师布置的实际项目，从而得到实际的知识体系和能力训练。训练实际分析问题，掌握制定工作步骤的能力、思维方式，培养合作能力和扎实的解决问题能力，学生因此会获得较强的实践经验并保持稳扎稳打的工作态度，他们的建筑工作体验将会对其产生严肃认真的职业能力影响。标准的"职业训练"课程和工作室计划会承担建筑业务更复杂的要求，涉及不同的课程计划、项目平台、设计基地，也对教师的实际业务水平有更高的要求，同时计划将课程更好地建设成理论、实践和综

---

* 基金项目：浙江科技学院教学研究项目(2010 I B-a15)

合交流的场所。

国外建筑院校师资配套一般是1个教师带10个学生,而国内建筑学专业课程多为1名教师带20~40个学生并进行一对一的辅导及方案修改,这造成设计课其他没有进行辅导的学生不能自律,与此同时,课堂时间利用不充足,有的学生甚至离开教室逃课回宿舍画图,或者在课堂时间做与本课程并不相关的事情。

2 研究性教学模式对教学改革的意义

采用研究性教学模式使学生更喜欢留在教室,课堂教学效果充分发挥。利于课堂管理,摆脱了以往上课点名下课前再点名的无奈之举。

(1)教学中时刻注重研究学生设计中的共性问题并进行同程讲解,调动学生的主动性、对问题的探索性和设计理念的创新性,激发学生对问题的主动研究和探讨的活跃性,通过加强教学与研究的内在联系,融学术的严谨于教学过程中。

(2)注重建筑学的实践性,培养学生的强烈的社会责任感和文化使命感,对设计问题要有自己的观点评判,从而使其摆脱被动式、填鸭式的学习方法。

(3)引导学生在设计过程中去做大量的实际调研,并从实例中发现问题、提出问题,并带着问题去寻找解决问题的创新的方式方法,在通过逻辑性的设计构思过程中培养学生的研究能力,团队合作能力、积极的思维创新能力和介绍方案的语言表达能力。

(4)研究型教学一个支撑点是结合社会实际项目和最新的建筑科技技术,赋予设计项目一个前沿的研究题目,同时,对于学生可能遇到的问题,教师应该积聚足够的预先知识储备,提供给学生最佳答案。通过研究型教学也可以加强教师的科研能力。

(5)教学改革的另一个重要支撑点是结合工程实践,这就要求要以专业水准应对社会服务需求。建筑系教师多数在实际工程设计方面具有显著业绩,有机会和平台给学生们提供课内外直接或间接地参与机会。

总之,可以优化组织教育过程,建立一种能使每个学生都有机会发挥其创造力的师生合作互动式教学体系。激发学生自主学习积极性,使学生学会用理性思考应对建筑设计,建筑设计教学从单一固定模式转向多种尝试的模式,学生的知识和技能结构更加系统化,本次教学内容可以以点带面,相信会有显著的教学效果。此方法在建筑设计及其他的建筑学课程及其他专业同样可进行推广。

3 具体改革内容、改革目标和拟解决的关键问题

3.1 具体研究内容

研究对象:建筑设计课程分为4个学年8个学期。本次教学改革以三年级学生的医院设计课程设计为研究对象。因为三年级是承上启下的阶段,学生已具备一定的设计基础和设计方法,同时也可以在下一年级的课程训练中加以巩固。再者医院设计课程具有独特性,在教师改图的过程中发现很多学生都会有共性的问题,犯同样的错误。医院设计课程涉及规范、市场经济、管理、设计方法等内容,研究内容繁杂。如果靠学生个人搜集资料会需要很

多时间,但由教师课堂讲授又会使学生一时难以融会接受。所以三年级学生是最佳的教改对象。

主要研究内容:分组教学的方式;先分散后集中再分散的改图、讨论的方式;这些方式都在本教学改革里贯穿。不同的设计阶段有相应的教学侧重点。注重研究学生学习的主动性、互动性、研究性和创新性特点。

3.2 研究拟达到的改革目标

3.2.1 培养实践性

在教学方法上应注意调动课堂学习的积极性、自主性和合作性。培养学生的自主学习的能力、创造力、敏锐的洞察力。培养能够综合运用设计理论、知识来分析问题,讨论并解决问题的能力,同时培养实事求是、严谨、有序、团结协作的科学态度和工作作风,激发学生不甘落后的精神。这样能使学生在一个紧张、充实、有序的教学环节下进行,避免了以往当教师给其中的一两个学生改图时,其他学生处于"放羊"的状态,使学生能够尽量充分的利用课上时间解决更多的问题。

3.2.2 特色化教学

传统式教学方法与互动式分组教学方法特色比较如下:

传统教学方法以传授知识为主线,以教师的教为中心,上课模式为师徒式的设计改图模式,上课形式单一。课堂效果散漫,只注重课程目标的完成,只培养专业能力及学生独立完成设计任务的能力;互动式分组教学方法以能力培养为主线,以学生的学为中心,兼具师徒式、学生小组合作式、个别学习、集体讨论模式,教学环节紧凑,注重课程效果的实现,同时培养专业能力、社会能力和学习方法的能力。

3.2.3 创新点

(1)参与——改变传统的教学模式

参与理念是一种着眼于学生思维发展的教育观念,给大学生创造了再思考和提出质疑的机会和条件,也有利于构建新型互动式的师生师友关系。参与理念对教师也提出了新的要求,教师要根据当代高校教育对象的实情激励其发展并创新,关注学生主体参与的重要性。

(2)构建民主、平等、宽容的教学环境

转变传统教育模式下教师的角色。教师的转变在于,在教学过程中不能单纯完成讲授任务,而应充分关注学生主体,调动学生参与课堂的积极性,鼓励学生提前预习,课前准备问题,课前主动查找资料以此作为课上讨论的知识贮备,鼓励学生把教师从管理者和知识输送者的角色转化为知识引导者的角色。

(3)优化教学方法

为调动学生的主体参与积极性,教师应改变以往一成不变的教学方法,教师应为学生创设情境,提高教学的艺术性,在教学过程中给他们多提供一些讨论、辩论等形式的实践活动,打破单一的上课模式,使分小组合作和讨论、个别学习等成为教学组织形式的必要组成部分。

(4)优化考核方法

以往考核成绩只关注于最终图纸成绩。现在考核成绩分为:调研、讨论、课上快速设计、每阶段草图、最终图纸,按比例得出最终成绩。这种考核方式会激发学生的自主学习动力,让学生能够认真对待每阶段草图的设计,增加课后的自主学习时间。讨论环节计入考核内容可以激发学生课后查阅资料的积极性,扩大知识面,增加知识积累。

3.3　拟解决的关键问题

(1)加强教师引导,有效教学的必要条件需提高学习效率和有效的管理,分组学习并非"放羊"式的教学方法,在这里教师必须加强引导和管理。在进行教学时,学生通过相互协作研究解决问题,共同努力完成学习目标,但是整个过程离不开教师合理的诱导、精心地组织安排。

(2)教师充分备课,保证顺利实施,在分组学习的过程中,教师担当的角色是引导者、辅导者。对于学生可能遇到的问题,教师应该课前预想到,并有最佳答案。同时教师还应该准备出足够的资料以方便学生使用,保证各小组计划的顺利进行。教师要预先准备充分,这要求教师具有实践能力。

(3)激发学习兴趣,主动参与学习。在上课开始就激发学生对所学内容的兴趣,使学生建立起内在的学习需求,这样就能使学生积极参与分组学习的活动,否则只能使学生按教师的指令机械、被动地参与教学甚至对教学采取一种观望的态度了。在实施基于"互动式"教学的分组学习法过程中,我们不断地发现新的问题,在今后的教学实践中,力求更加完善。

4　实施方案及具体实施计划

4.1　实施方案

将全班分成6~8人的学习小组。

(1)实例考察阶段:学生自己选择考察对象,搜集资料,进行现场调查,撰写心得并集中汇报交流;提出不解问题,由教师作以解并进行引导。

(2)资料搜集阶段:搜集相关资料及规范。分配相关规范给学生课下阅读,由学生分组讨论并由学生在讲台讲解,教师作补充和纠正。学生所搜集的资料在学生间分组共享。

(3)方案构思及深化阶段:

一草阶段:两位老师指导学生分组讨论,并修改学生设计,组群内部进行讨论,学生互相改图组内交流并互相给予建议,得出的共性问题,再由教师统一讲解。

二草阶段:教师组织学生介绍自己的设计,教师现场讲评,其他学生给出自己的建议及观点。2位教师再逐一针对个人设计进行修改。

(4)成果制作:教师逐一辅导,成图后学生分组交流,再由教师统一讲评。

4.2　本项目的教学改革拟采用以下三种教学方法

4.2.1　分组教学法

以组为学习单元,组员进行资料共享。互相介绍自己的方案,其余组员给出介绍者自己的观点,得出共性由教师作答。

4.2.2　互动教学法

（1）强调学生间的互动，更加重视学生的参与，以学生为本，教师引导。

（2）要根据课程特点，合理确定互动教学的恰当比例及学时分配，加强学生的专业技能培养，坚持以实践为本。

（3）更加注重职业素质的培养、分析与解决问题能力的培养。注重调动学生的主动性、参与性，培养学生的合作性，锻炼学生的技能性。

（4）过程式教学法：

改变建筑主干课教学重结果轻过程的弊端，重视组内部讨论，组与组之间的讨论，单一学生与整个班级的交流讨论。讨论式教学调动学生的积极性和思维活跃性以及上进心。把前期调研、过程分析能力的培养和解决问题的手段等运用于教学中；对于成绩优劣的评判进行过程化偏移，摒弃抄袭及肤浅创作的习惯和轻率浮躁的学风，引导学生追求个性化、创新性和重视分析、解决问题能力，进而达到强化综合素质培养的目的。

5　结　语

通过建筑学课程教学模式的改革，其教学环节安排要求将更加科学、紧凑。教学效果的最终良好体现需要师生的协作努力和学院的支持，同时对教师的教学和业务水平也有很高的要求，是教学相长的教学环节。改革后的教学模式激励教师和学生在课程开展的过程中都主动探求新知识、新思想，解放固有的知识体系，在建筑设计这一具有创新性的艺术、探索性的科技知识领域不断提高自己的能力，取得了良好的教学效果。

市政与环境工程专业

应用型高校给水排水管网系统教学改革探讨

陈勇民

摘要：随着培养计划的调整，给水排水管网系统课程的学时被压缩到了 48 学时，而对学生的工程实践能力和创新能力的要求却有所提高。传统的教学方法在教材选用、课时安排、实践教学和硬件设施等方面均难以满足新培养目标的要求。针对传统教学存在的问题，对给水排水管网系统课程的教学方法进行了改革探索，结果表明在教学内容安排、融合理论教学与课程设计、采取多样教学方法等方面的改革措施可以取得较好的教学效果。

关键词：给水排水管网系统；培养目标；教学改革；探讨

给水排水管网系统是给水排水科学与工程专业的主干课程之一，其教学目的和任务是通过课堂学习给水排水管道的规划设计、计算和运行管理的基本原理和一般方法，使学生初步具备给水排水管网系统的设计能力，并掌握给水排水管网运行管理的基本技能。给水排水工程专业指导委员会于 2003 年提出将给水管道系统和排水管道系统合并为一门课程综合讲授，并由严煦世和刘遂庆编写了相应的教材《给水排水管网系统》。

目前高等学校普遍以"厚基础、宽口径、强能力、高素质"为培养目标[1]，在此要求下，给水排水管网系统的教学课时压缩至 48 学时。我校是具有明显应用特色的本科高校，近年来也在努力实行卓越工程师培养计划。在此背景下，给水排水管网系统课程对基本理论教学和实践环节教学都提出了较高的要求，传统的灌输式教学模式已难以适应新形势下的要求。为了在较短课时内做到理论与实践并重，既要让学生掌握核心的给排水管网系统理论知识又要在课程设计中运用所学进行给排水管网的规划设计，本课程的教学方法改革势在必行。在多年的教学实践基础上，笔者针对我校应用型的特点和卓越工程师的培养计划，对给水排水管网系统的教学方式进行了一些改革和探讨。

1 传统教学存在的问题

1.1 教材的选用问题

目前各高校采用的教材主要有两种：一种是传统的《给水工程》（第四版，严煦世，范瑾初主编）+《排水工程（上册）》（第五版，张智主编），另一种是《给水排水管网系统》（第二版，严煦世，刘遂庆主编）。前者是传统的经典教材，其内容编排将给水管网和排水管网分开讲述。该教材的优点是内容全面，专业知识点阐述深入浅出易于理解和自学；其缺点是重点相对分散，给水管网和排水管网缺乏直观对比和有机联系。后者是近年来高校给水排水工程专业指导委员会推出的新教材，它将给水管网和排水管网合并编写，从水力学基本原理到管网的特点和设计内容都进行了对比说明。但这本教材也有其不足之处,一是排水管渠系统上的构筑物部分不如旧教材详细全面;二是新教材对于给水管网和排水管网都大量地采用集合、矩阵、图论、高阶方程组线性化、矩阵求解方程组等较难理解的理论,以及利用纯水力学理论公式计算排水管道等,这些理论和知识需要花费较多的学时进行理解消化。对于应用型高校学生而言,旧教材以举例的形式推导出这些理论公式,更加直观易于理解,特别是排水管网部分采用水力计算图和水力计算表进行管网水力计算,使设计计算更加直观方便和快捷,学生也更容易理解和在课程设计中应用。

鉴于上述新旧教材的对比,对于应用型高校的给水排水科学与工程专业,笔者建议采用《给水工程》+《排水工程(上册)》作为课堂教材,而《给水排水管网系统》作为辅助教材。这种教材模式在本校几届学生当中进行了应用,从反馈的情况来看学生普遍反映较好。基础较差的学生可通过传统教材的示例理解和掌握管网的水力计算公式的求解过程,而基础较好的学生则可以通过新教材学习更深层次的理论知识,而且都不会影响在课程设计当中的应用,更加符合应用型的特点。

1.2　课时的安排问题

根据专业指导委员会的要求,给水排水管网系统的课时从原来的 64 学时压缩至 48 学时,压缩幅度较大,而《排水工程(上册)》最新的第五版还增加了“海绵城市”等内容,使得课时数量与教学内容之间矛盾非常大,许多内容和工程示例均不能在课堂展开讲解,传统的教学方法难以适应新形势下的教学要求。

如何合理综合编排教学内容,将理论知识和工程设计实践有机结合起来,在较少的课时内获得较好的教学效果,这是本课程教学改革的主要内容之一。

1.3　实践教学问题

工科专业应以培养应用型专业人才为目标,在教学上更要注重对学生实践能力的培养,要让学生在理论联系实际中理解并掌握知识,积极运用所学知识来解决实际工程问题,形成专业人才所需的技能和技巧,强化分析问题和解决问题的能力[2]。故对于应用型高校而言,实践教学环节在专业中占有不可或缺的地位。给水排水管网系统的实践教学主要包括专业实验课、课程实习和课程设计[3]。其中,专业实验课教学既可使学生加深对理论知识的理解又可培养学生的动手能力和创新思维。课程设计是将所学的给排水管网理论知识和设计规范联系起来并达到综合应用的实践环节。

目前在总学时被压缩的形势下,给水排水管网系统的实践教学并被没有加强,有的其至有所减少,一般不会安排专业实验课,课程实习被并入第七学期的生产实习或技术管理实习,而课程设计一般安排给水管网和排水管网各一周时间。这样的实践教学安排难以实现应用型高校本科生的培养目标,这就需要对以往的教学方式进行改革,综合考虑理论教学和实践教学的安排,尽量将两者有机融合在一起,让学生学以致用。

1.4　硬件设施问题

给水排水管网系统具有很强的工程实践特性,该课程的学习需要将课堂教学与工程现场实习、板书讲授与多媒体教学、理论与实验有机结合在一起,这样才能达到较为理想的效果。然而由于管道基本都是埋于地下的隐蔽工程,除非是正在施工的阶段,否则很难安排到现场实习,而且施工现场也一般与课堂教学不同步。所以一般高校几乎不具备进行现场管道工程实习的条件。

此外,如果学校如果能提供硬件条件,使得学生能在校内对给水排水管道工程、管材和附件模型进行参观和实验,学校甚至可以在校内施工一条真正的管道,让每一届的学生均有机会参与实习,也会收到较好的实习效果。

2 课程教学改革探索与设想

2.1 教学改革探索

新形势下传统的教学模式已难以完成给水排水工程专业指导委员会的培养目标要求,针对上述的教材、课时、实践和硬件设施等方面的矛盾和问题,笔者在本校几届给水排水科学与工程专业的给水排水管网系统课程中连续进行了教学改革探索和尝试,积累了一些经验,也取得了一定成效。

2.1.1 综合安排章节内容

以《给水工程》+《排水工程(上册)》作为课堂教材,《给水排水管网系统》作为辅助教材。为了增强给水管网系统和排水管网系统之间的连贯性和整体性,按《给水排水管网系统》的编排方式将给水管网和排水管网进行有机统一讲授,既包括两者具有一致性的基础理论知识,比如水力学基本理论、管网定线规划、管道材料与附件、管网维护与运行管理等。然后再根据两者的差异性对排水管网和给水管网的具体设计方式和水力计算方法等内容分章节逐步讲解。综合两种教材在内容编排方面的优点,将给水管网和排水管网进行对比教学[4]。

2.1.2 有机融合理论教学与课程设计

给水排水管网系统本身具有很强的应用性、实践性,而课程设计的设置就是为了在加深学生对课堂所学理论知识的理解和记忆的基础上,锻炼学生的实践能力和创新能力,使两者互为补充、互为依托。当介绍完给排水管网的概述、组成和功能之后,在进入给排水管网的定线布置和设计计算之前,将课程设计的题目、基础资料和成果要求先布置给学生,以调动学生对课堂讲授内容的兴趣并加深对所学理论知识的理解。这样就可以将课程设计实践环节贯穿在整个课堂教学过程之中,学生可以边学习理论边着手课程设计,使两者同步进行,遇到设计问题可以在课堂上或课后跟老师讨论。

课程设计的题目需要多样化,而且为了防止学生思路单一和抄袭,每个学生的题目、设计参数等要尽量避免相同,让学生独立思考和探究,使课程学习多样化和个性化[5]。

2.1.3 教学方法多样化

教学方法一般有板书教学和多媒体教学。传统的板书教学具有互动性强、节奏感好、让学生易消化理解的优点。教师通过一笔一画的板书引导学生跟随思考,让学生有时间当堂消化,通过师生之间的互动起到良好的引导作用。教师的讲授、肢体语言、板书动作等都可以吸引学生的注意,有利于学生集中注意力,具有良好的教学效果。

多媒体教学利用声音、图像等手段演示、表达教学内容,具有信息量大、节约板书时间、讲解方式灵活、界面丰富和进度较快等优点[6]。这有利于解决给水排水管网系统课程内容有所增加而课时压缩的矛盾[7]。

在《给水排水管网系统》的教学过程中,教师需要结合板书教学和多媒体教学,各取所长。具体来说,给水排水管网概述、基本概念、组成与功能、管网附件、运行与管理等叙述性内容采用多媒体教学,发挥多媒体可以演示图片、动画和大段文字的优点,既直观生动又大大节约了时间。而给水管网和排水管网的水力学原理、水力分析、管网设计原理和方法以及给水管网优化设计等内容,涉及给排水管网的核心理论,需要利用水力学相关知识进行逐步推导演绎,这就要求必须采用传统的板书教学方式,虽然讲解速度较慢,耗时较多,但更加有利于学生的跟随思考,有利于学生对关键知识点的理解,也更加能吸引学生的注意力。

2.2 教学改革设想

为培养具备较强动手能力和较高工程素养的应用型人才,需要在已有的教学改革探索的基础上进一步地进行深层次和更大范围内的教学革新。在此提出一些设想作为今后教学改革的目标和方向。

2.2.1 加强校企合作

企业是应用型高校最好的工程实践基地,不仅能让学生在学习期间或在企业实习或者参观期间能收到非常好的学习效果,而且对于老师而言也一样能提高其工程设计能力和专业教学水平。所以学校应积极与对口企业签订实习协议并建设校外实习基地,主动为工科专业的教学提供可靠的物质保障[8]。

2.2.2 有效利用网络资源

网络是一个非常丰富的教学资源,学校可以通过建设专业课程的网站让学生在课余自学和查阅资料,也可以建设精品课程的方式将课件、教案、视频、工程图纸、复习题库等上传到网站[9],这样就可以在有限的课堂之外为学生提供一个网络课堂,甚至可以让学生在网站上完成并提交作业,由老师统一批改并记录存档。另外,全国勘察设计注册公用设备工程师(给水排水专业)执业资格考试是学生非常重视与关注的,与学生将来的就业息息相关,可以在网站上开辟一个注册考试专栏,建立与考试相关的资料库和习题库,师生共同参与建设。

此外,为了让学生及时了解学科前沿的研究成果和发展方向,可以向学生提供一些期刊资料及其网站,例如:《中国给水排水》《给水排水》《环境科学》《环境工程》以及 *Environmental Science & Technology*、*Water Research*、*Water Science & Technology* 等[10]。

2.2.3 加强课程设计实践环节

课程设计是检验课堂教学成效的重要内容,也是给水排水管网系统课程的实践性教学环节。传统的课程设计一般安排在理论教学完成之后的一至两周内进行。全班学生的课程设计题目基本相似,导致抄袭现象严重。

课程设计的教学改革设想是学生每人一题,基础资料各不相同,延长课程设计时间至四周,要求课程设计达到初步设计深度。

3 结 语

在给水排水工程专业指导委员会提出新的培养目标,且学时又被压缩的情况下,给水排水管网系统必须进行及时而又有针对性的教学改革,才能收到较好的教学效果,为后续专业课程和毕业设计打下坚实基础。

教学改革可以从教学内容的调整融合、教学方法的多样互补等方面入手,同时还要积极拓展企业资源和网络资源,重视和加强实践环节,结合应用型高校的特色不断改进,为社会培养具有实用性的工程设计和创新能力的"卓越工程师"。

参考文献

[1] 成先雄,张涛,朱易春,等.给水排水管网系统课程建设与教学实践[J].新课程研究,2011,219:34-35.

[2] 刘绍根.给水排水管网系统课程教学改革的探索和实践[J].赤峰学院学报(自然科学版),2012,28(3):210-213.

[3] 许春红,应一梅.给水排水管网系统课程教学改革探讨[J].广州化工,2012,40(2):111-113.

[4] 王文东,朱陆莉,邓林煜.对比教学法在给水排水管网系统教学中的应用[J].西安建筑科技大学学报(社会科学版),2012,31(3):74-77.

[5] 成先雄,张继忠,严群,等.给水排水管网系统课程实践教学探讨[J].新课程研究,2011(8):116-117.

[6] 朱越平.给水排水管网系统课程教学实践与探讨[J].广州化工,2014,42(9):217-218.

[7] 任朝斌.给水排水管网系统课程教学探讨[J].新乡学院学报(社会科学版),2012,26(4):191-193.

[8] 张建锋,黄延林.基于"卓越工程师"目标下的给水排水工程专业实践教学改革[J].西安建筑科技大学学报(社会科学版),2011,30(5):93-96.

[9] 赵玲萍,涂保华.给水排水管网系统课程教学改革与实践[J].化工高等教育,2012,126(4):59-62.

[10] 汪艳宁,员建,李文朴,等.面向卓越工程师培养的给水排水管网系统课程教学改革[J].中国现代教育装备,2014(23):57-59.

水分析化学课程教学过程中的几点思考

方程舟

摘要:就水分析化学课程现状,分析了课程存在的课时、实验条件、授课方式等问题,并提出了相应的改进方法。

关键词:水分析化学;理论教学;实验教学;改进方法

水分析化学课程是给排水科学与工程专业的主干课程之一,是水质监测、分析及水处理的理论基础。本课程系统讲授水分析化学的性质、任务、分类、水分析测量的质量保证方法、化学分析法及仪器分析法等专业知识。通过该课程的学习,学生在掌握水分析化学基本理论的前提下,掌握水质分析的一般方法,并能在给水工程、排水工程和环境工程等方向进行常规的水质调查研究。本文就水分析化学的教学现状,谈谈自己的想法。

1 课程现状

水分析化学目前采用的是 2013 版的教学计划,共计 40 学时,其中理论 32 学时,实验 8 学时。理论部分重点围绕酸碱滴定法、络合滴定法、沉淀滴定法和氧化还原滴定法讲授化学分析法,以及围绕电化学分析法、吸收光谱法及色谱法讲授仪器分析法,其中又以化学分析法为主,占 20 学时。授课形式采用 PPT 和板书相结合的形式。

实验部分,设置 2 个综合性实验,一为仪器操作和标准溶液的配制和标定,主要考量对水分析化学实验基础部分的掌握,二为水质重要指标"硬度"的测定,针对的是络合滴定法的实际应用。实验授课包括课前让学生参与实验仪器和试剂的准备工作、重点内容的演示实验、指导每位学生的动手操作和实验报告的填写以及实验报告的批改等。

课程成绩的评定由 3 部分组成,包括平时成绩、实验成绩和期末考试成绩。平时成绩结合课堂表现和作业完成情况;实验成绩包括预习、实验纪律、实验操作和实验报告质量情况;期末考试采用闭卷、百分制。平时成绩、实验成绩和期末考试成绩占总成绩的比重分别为 25%,15% 和 60%。

2 存在问题

2.1 课时严重不足

2013 版的教学计划已执行了 5 年,是在原 2010 版的基础上的最新修改。无论是理论课时还是实验课时都严重不足,尤其是实验。水分析化学虽然是专业基础课,但其教学内容是要求学生掌握水质分析的实用方法,所以除了掌握理论知识,更重要的是掌握相关实验操作,能将水质分析真正学以致用。而目前仅 8 个学时的课时量,让学生学到的水质指标分析方法极其有限,实验操作不能覆盖课堂理论知识,导致纸上谈兵,效果可想而知。

2.2　实验条件缺乏

水分析化学属于专业基础课,大范围应该还是属于专业课范畴,因此授课让专业教师来承担是合理的,但给排水科学与工程专业所在的土木与建筑工程学院是以工科为主的教学机构,其配套实验室也多为中试或大型工科实验用房和设备。而水分析化学实验本身偏重于理科,其实质和化学学科的分析化学如出一辙,其相应实验室应为具备分析化学基础和条件的各种仪器及大量的化学试剂,有专属的实验室和实验台。近年来,学院给予了大力支持,为本专业改造了专用的化学、生物实验室,并给那 8 个课时的实验配备了相关的小型仪器和试剂。但也正因为 8 个课时,2 个实验,其投入是极其有限的,这就造成了实验用房和实验本身的投入和产出不相匹配的尴尬局面。此外,水分析化学还有仪器分析这块重点内容,虽然目前的教学计划没有安排仪器分析的相关实验,但就学科发展来看,仪器分析即使不能作为学生动手操作的实验,但作为演示、观摩实验是势在必行的,而目前大型仪器极少用于这门课的教学。

2.3　授课方式传统单一

虽然在每年的学生评教中,此门课分数都位于学院前列,但每年的授课内容及方式都类似。理论课,由于内容繁多且枯燥,课堂上本人尽量结合自己的科研实际,讲授案例,以提高学生的兴趣和积极性。但因课时有限,课堂教学主要还是以灌输为主。实验教学采取传统模式,先通过演示实验让学生观摩,然后让学生动手操作,完成实验报告。但演示也只是实验中的一小部分,且学生观摩的效果也不尽理想。因此,还是会经常出现实验过程中无目的操作、操作不当、实验效果不佳、实验报告敷衍了事的局面。

3　教改想法

3.1　适当增加学时

水分析化学课程内容丰富,若和内容配套,应具有较多实验。在目前的学时下,很难让学生系统掌握知识,尤其是实验,只能让学生接触一点水分析化学的皮毛,这有违水分析化学课程的宗旨。因此,当务之急是修改教学计划,适当增加学时数,包括理论学时和实验学时,让学生有充分的时间系统学习化学分析法和仪器分析法的理论知识,并对各章节涉及的相关实验有亲自动手、熟练操作的机会。

3.2　改善实验条件

针对实验用房齐备、但实验仪器缺乏的尴尬局面,应加大对水分析实验室的投资,完善运行机制,提高现有仪器设备的利用率。应改变此投入仅限于一门课程教学而不具有经济效用的以往观念,应能认识到设备的增添不仅可以完善课程的教学,且可以通过开放实验、参与教师科研课题等途径逐步实现实验室对学生的全方位开放,甚至争创省级高校重点实验室。

3.3　引入先进教学手段

水分析化学课程网上资源丰富,如果在课时允许的条件下,能够将这些资源用到教学过程中,势必会提高教学效果。如将演示实验改为视频观赏,可以让实验过程更完整更清晰地展现,学生兴趣也可以有所提高。也可以尝试将演示实验由老师演示改为由学生演示、同学评议、老师打分的形式,直接与实验成绩挂钩,改变原来主要由实验报告决定实验成绩的考核方法。除了原有的传统实验,可以开设创新性实验,实验的具体内容、操作方法等可以让学生自己通过查阅资料完成,激发他们的创新热情和创新能力。此外,可以借助仿真技术、虚拟实验、微课等先进教学手段,开发出形式多样的教学素材,让学生倍感水分析化学课程的丰富多彩。

3.4　拓展教学内容和方式

除了原有的照本宣科的课堂教学和实验教学,还可以尝试课外教学。主要是以与教师有关的水质分析的科研项目为依托,让学生参与科研实践活动。可以结合浙江省"五水共治"消除劣 V 类水的要求,切实了解我省主要水体水质现状。跟随相关科研人员去校外水体取水样,取回后针对不同的水质指标进行分析。一方面学习水质分析的具体内容,另一方面对我省的水环境现状有了深入的认识,进一步提升了专业素养,为后续的专业学习、毕业实践、工作打下专业基础,这可以极大提高学生对这门课的学习热情和积极性。当然,教学手段和方式的创新,也势必带动考核机制的改进,这又要求我们再回到教学计划本身,必须制定一个合理的、创新的、能被学校学院认可的、老师接受的、切实能提高教学效果的教学计划。

4　结　论

通过对水分析化学课程教学现状的思考,分析了该课程在课时、实验条件、授课方式等方面存在的问题,并提出了相应改进措施。希望通过改进措施的实施,激发学生的学习主动性和积极性,提高课程的教学效果。

参考文献

[1] 黄君礼.水分析化学[M].北京:中国建筑工业出版社,2013.

建筑给水排水工程课程实践教学改革研究

潘翠霞

摘要：从学生的就业方向来说，建筑给水排水工程课程实践教学是给排水科学与工程专业学生最重要的学习内容，本文从本校的建筑给水排水工程课程实践教学现状出发，分析了目前的教学效果不能令人满意的原因，提出了通过利用社交软件、慕课等资源更方便地对学生进行指导，监管学生的实践学习过程，能够更客观地评价学生的成绩，能够促使学生在实践过程中更好更快地掌握相关知识的方法。

关键词：建筑给水排水工程；实践教学；社交软件；慕课

引　言

建筑给水排水工程是给排水科学与工程专业最重要的专业课之一，是给水排水科学与工程中不可缺少而又独具特色的组成部分，与城镇给水排水、工业给水排水并列而组成完整的给水排水科学与工程体系；[1]同时建筑给水排水工程又是建筑物的有机组成部分，它和建筑学、建筑结构、建筑电气、建筑暖通与空调、建筑燃气等工程共同构成可供使用的建筑物整体，是一个很重要的分项工程。每年都有超过一半的给排水科学与工程专业的毕业生就业于与建筑给水排水工程相关的设计、施工、管理等领域，而从事建筑给水排水工程的技术人员不仅要有系统的理论知识，更重要的还要有很强的工程实践能力。进而，建筑给排水工程课程教学中的实践环节变得尤为重要。实践环节建设着重对建筑给水排水工程理论知识进行验证、强化和拓展，具有较强的直观性和操作性，旨在培养和训练学生的设计、施工、管理等工程实践和创新能力。

1　建筑给水排水工程课程实践教学设置现状

我校建筑给水排水工程教学实践环节建设的内容主要包括课堂实践教学、两个实习（即认识实习、毕业实习）及两个设计（即课程设计、毕业设计）等三个方面的内容。认识实习是一周的时间，安排在大二下学期末，旨在接触专业课之前让学生有个大致的认识和了解，我们大都会安排学生去一些复杂建筑的设备房、地下室等去参观，让学生认识各种水泵、各种管道、各种消防构筑物及设备等。毕业实习总共有 12 周的时间，安排在大四第一个学期，要求学生去与本专业相关的单位全天上班，并听从实习单位的安排，旨在使学生正式进入社会和做毕业设计之前能够得到实际的锻炼，认清自己的兴趣所在，了解行业的需求，将理论知识与实践结合，选择既符合自己的兴趣又能契合就业岗位的毕业设计课题，历年来都有很大一部分学生进入建筑设计院、施工单位、监理公司等从事与建筑给水排水工程相关的设计、施工、监理等实习工作。建筑给水排水课程设计共两周时间,安排在课程结束后,要求学生独立完成一栋多层建筑的给水、排水、雨水的设计,该建筑的建筑面积较小,一般不会超过10000平方米,因时间短一般也不涉及消防内容,旨在让学生初步掌握建筑给排水设计步骤、方法。毕业设计在大四最后一个学期,共有 16 周的时间,毕业设计课题实行教师和学生的双向选择,实行一人一题政策,毕业设计课题如果是建筑给水排水设计,一般是要求学生独立完成一栋高层建筑的生活给水(包括热水)系统、生活排水系统、消火栓系统、自动喷淋灭火系统、灭火器等的设计计算和绘图的,要求完成的深度和广度要大大的高于课程设计,据统计 2015 年、2016 年、2017 年我校选择以建筑给水排水设计作为毕业设计课题的共 73人,总毕业人数 185 人,占 39.5%,这个比例是相当大的,也从侧面说明了建筑给排水设计相关的就业岗位较多,才会有那么多学生选择以建筑给水排水设计作为毕业课题,这更加凸显了建筑给水排水工程实践教学的重要性。

2　建筑给水排水工程课程实践教学存在的问题分析

从最近三年的建筑给排水课程设计成绩统计分析(见表 1)和建筑给排水毕业设计成绩统计分析(见表 2)可以看出优秀率极低,最高 7.69%,最低 0.00%。建筑给排水课程设计和建筑给排水毕业设计的成绩每年都有超过 60%的人是处于中等和及格档次,这个成绩应该说是相当差的。实践环节教学的目的是以学生为中心,通过全面的参加专业实践,将所学理论知识和专业技能正确运用于生产实际,培养学生的综合能力,为毕业后学生独立从事专业技术工作打下坚实的基础。但从近三年本校本课程的实践教学成绩来看,这个目的应该说远没有达到,经仔细研究分析,主要是以下原因导致建筑给排水课程实践教学不能达到理想的效果。

(1)由于建筑给水排水工程发展很快,随着高层/超高层建筑崛起、住宅小区兴建、海绵城市建设、雨水利用及节水技术的倡导、健康住宅/绿色生态小区/绿色住宅等新概念的提出,[2]涌现出较多的建筑给水排水新技术、新设计规范、新设备、新设计方法,由于本校课程课时设置少,建筑给水排水理论课时只有 48 学时,在这么短的时间内能把建筑给排水课程的基本概念讲授清楚,再做一些传统实际工程的案例练习已经不错了,教学授课过程难以将课堂内容与最新的实际工程问题有机结合起来,这造成学生在校所掌握的知识点与实践存在一定的差别,学生在做课程设计和毕业设计过程中必须要花大量的时间和精力研究新规范、新标准、新案例,才有可能比较好的完成。

表 1　建筑给排水课程设计成绩统计分析

成绩	2014—2015 学年		2015—2016 学年		2016—2017 学年	
	人数	百分比	人数	百分比	人数	百分比
优秀	0	0.00 %	4	6.06%	2	3.39%
良好	20	32.26%	17	25.76%	12	20.34 %
中等	18	29.03%	25	37.88%	27	45.76 %
及格	24	38.71%	19	28.79 %	13	22.03 %
不及格	0	0.00%	1	1.52 %	3	5.08 %
合计	62 人		66 人		57 人	

表 2 建筑给排水毕业设计成绩统计分析

成绩	2014—2015 学年		2015—2016 学年		2016—2017 学年	
	人数	百分比	人数	百分比	人数	百分比
优秀	1	3.85%	2	7.69%	1	4.76%
良好	9	34.62%	8	30.77%	7	33.33%
中等	13	50.00%	13	50.00%	5	23.81%
及格	3	11.54%	3	11.54%	8	38.10%
不及格	0	0.00%	0	0.00%	0	0.00%
合计	26		26		21	

(2)实习学时及质量不能保证。在毕业实习期间,有些学生忙于考研究生、考公务员,经常请假,使实习时间大打折扣。大部分学生实习不能给单位带来经济效益,或者由于实习相关单位(如建筑设计院,房地产开发公司,建筑工程安装公司等)可能由于办公场地紧张、前几届学生来实习留下不好的影响等原因,许多单位对学生来实习不乐意安排。有的学生找的实习单位可能专业不对口,不能从事与本课程相关的实践工作,有的学生的实习单位可能由于本身人员不足,没有指定师傅指导,学生在实习单位的学习完全靠本人的自觉,一些主动性差的学生,完全就学不到什么东西。这导致学生在做毕业设计过程中因为实践基础薄弱,设计不得章法。

(3)学生的基础技能薄弱和学习主动性较差。从前几届学生呈交上来的课程设计和毕业设计来看,学生的计算书一般都还较规范,但是图纸的质量就惨不忍睹了,有的图纸上就一种粗细的线型,也不知道把重要的管线等加深加粗,有的不会打印设置,比如根本就搞不清楚 AutoCAD 里的比例因子,不会设置合理的字高,不会按比例打印,打印出来的图纸根本就看不清楚。有的连剖切符号、图名都不会标。这些都说明学生缺少制图等基本训练。现在是网络时代,网络上参考资料丰富,在建筑给水排水工程课程设计、毕业设计等实践环节,一些学生对自己要求不严,经常是从网络上下载类似的图纸和计算书,然后稍加修改就作为自己的设计成果。因为学校教室紧张,课程设计和毕业设计都没有固定教室,对于学生的作业过程难以监管,导致达不到理想的实践教学效果。

3 基于网络的建筑给水排水工程课程实践教学改革措施

针对以上建筑给排水课程实践教学存在的问题,为提高毕业实习、建筑给排水课程设计、毕业设计相关课题质量和学生培养效果,学生实现所学知识的深化与升华,完成学生由学校走向社会角色转变的准备,非常有必要提出一些改进措施。

传统的教学方式是教师对学生面对面的讲授和指导,这种教学方式只能在规定的时间和地点完成。在网络时代下,利用一些社交软件可以让教师对学生的指导更加方便,受时间和地点的限制大大的减少,比如 QQ,可以让相关的学生建立一个群,在群里可以一起讨论问题,在群文件里可以上传相关的 PPT 课件、规范、图集等,供学生自学时选用,新版的 QQ 群还有布置作业的功能,教师在平台上布置作业马上就可以知道哪些同学查看了作业,对没有查看的同学可以及时的提醒催促。在做课程设计和毕业设计时,可以阶段性地布置一些作业,我们可以把设计过程分成方案设计、设备初步选型、管道平面布置、泵房等设备平面布置、各系统计算草图绘制、各系统水力计算、图纸标注、说明书计算书整理、出图打印文件设置等阶段,让学生通过 QQ 的作业平台提交阶段性的作业,这样对那些学习主动性不强的学生加强了过程监管,防止他们抄袭,也能及时发现问题并进行及时反馈指导。

引导一些主动性强的学生利用一些慕课平台资源自主学习,在慕课平台上的学习时间、参与的练习和考试作为实践成绩的一部分,或者给予加分。慕课模式下学生能利用碎片化时间随时随地从网络上获取一些有针对性和科学性的教学信息,[3]当学生在实践过程中碰到疑问时,在不能及时获得老师面授指导的情况下,可以获得一些有效的指导。

像慕课这些线上学习资源虽然有利于将知识碎片化,将复杂庞大的知识体系"化整为零",便于学生逐条逐点的学习,但是学生缺乏对课程知识的整体性和系统性的把握,容易出现对知识点掌握不全面的情况。[4]在做课程设计或者毕业设计过程中我们还是必须要定期对学生进行面授,对学生在慕课平台学到的知识进行梳理,重新整合线上学习中碎片化的知识点,重新构建知识网络,"化零为整"。

但是目前利用慕课平台教育还存在一个问题,现有的一些中文慕课平台比如清华大学创建的学堂在线,交通大学创建的好大学在线,以及网易推出的中国大学 MOOC[5],并没有完全契合建筑给排水实践教学内容的课程,想要实现慕课教学,我们必须自己建设建筑给排水实践教学慕课课程,如果有优秀学科教师团队、信息技术人员以及相关部门通力合作,有一定的财力投入,我们是可以建设和管理好建筑给排水实践教学慕课课程的。在过渡阶段我们可以自己录一些 5~10 分钟的教学短视频放置在学校的网络教学平台上,一个视频解决 1~2 个小问题,这是基于人的认知活动在 10 分钟内是最高效的原理[6],使学生的学习效果达到最佳。也可以采用一些企业制作的产品视频,比如理正给排水、天正给排水绘图软件的教学视频,各种设备如水泵、阀门的工作原理视频等,直接放置在学校的网络教学平台上供学生们学习,这样既节省了人力物力的投入,又能让学生快速地获得一些实践性的学习。

4　结　语

只要有网络,我们利用社交软件、慕课等资源就能够方便地对学生进行指导,监管学生的实践学习过程,能够更客观地评价学生的成绩,能够促使学生在实践过程中更好更快地掌握相关知识。但要使建筑给排水课程实践教学效果令人十分满意,我们还应该多方位的改进,比如建设建筑给水排水课程设计、毕业设计题库,建立完善的选题制度,更好地防止学生抄袭;深化实践环节教学的指导教师队伍建设,强化教师的实践教学经验等[1]。

参考文献

[1] 魏永,张凤娥,董良飞,等.建筑给水排水工程课程教学实践环节建设[J].科技信息,2010(3):5-7.

[2] 李伟英,高乃云,李树,等.《建筑给水排水工程》课程教学改革与研究[J].给水排水,2007,33(11):87-89.

[3] 周苗苗,黄梅,文继月.慕课对高校教师的能力挑战与对策[J].淮南职业技术学院

学报,2017,17(74):82-83.

[4] 聂晓波,张莹,吴红枚,等.基于反慕课的翻转课堂教学模式研究[J].教育观察, 2017,6(13):82-83.

[5] 吴玮.我国慕课的内容特征及反思基于国内慕课三大平台的内容分析[J].高教学 刊,2017(9):15-18.

[6] 胡志洪.浅谈信息技术环境下的移动学习[J].软件导刊(教育技术),2014(7): 45-46.

水工艺设备基础课程教学思考

汪 华

摘要：水工艺设备基础是给排水科学与工程专业的一门专业基础课程。针对教学实践过程中发现的问题，如教材内容多，涉及面广；实践教学不足；学生学习兴趣不高等。从教学内容、教学手段、实践教学和考核方式四个方面入手，进行教学改革，以进一步提高教学质量和教学效果。

关键词：水工艺设备基础；课程教学；教学改革

当前，随着水工业的不断发展，给排水工程学科也得到迅速发展，一个比较明显的特点就是，从以传统土木工程构筑物为核心实现工程目标的学科，向以工艺技术和装备设备为重点的学科转变[1]。具体体现在水处理的新技术及其配套装备不断涌现，技术设备和器材所占的投资比例明显上升，水工艺工程不断向设备化、产业化和市场化发展的趋势[2]。《水工艺设备基础》课程就是在此背景下应运而生的。

水工艺设备基础是给排水科学与工程专业根据学科发展需要新设置的一门专业基础课程。在由全国高校给水排水工程学科专业指导委员会于 2003 年 4 月制定的专业培养方案中，将该门课程列为本专业的主干课[3]。其主要目的是介绍与水工艺设备的制造、设计、工艺特点、适用条件等有关的基本知识。主要内容包括水工艺设备常用材料及性能、水工艺设备理论基础和典型水工艺设备。在整个专业的教学中，起到了承前启后的作用，对前期的力学、数学、化学知识进行了有效的巩固，对后期的专业课程的学习和设计计算具有巨大的指导意义。

当前，《水工艺设备基础》课程的开设，对学生的专业水平、工程实践能力的培养，都起到了一定的促进作用，但在教学过程中，也发现一些问题，需要进一步梳理，并采取一定的措施进行针对性的改进。

2 教学过程中存在的问题

2.1 教材内容多，涉及面广

水工艺设备基础是建立在几门不同的基础课与专业课基础之上的，涉及的相关专业知识面比较广，不仅涉及如材料学、工程力学、材料腐蚀与防护、机械传动、机械加工与制造和传热学等多学科内容，还包括了水工艺过程中，涉及的通用设备和专用设备，设备种类数量庞大，对教师的教学要求高。同时，从目前选用的《水工艺设备基础》(第三版)教材[4]来看，虽然将相关内容进行一定的编排，有一定的系统性，但就教材内容而言，现有的教学内容会使初学者感到较为单一独立,没有用给排水设备将其有机结合起来[2]。学生普遍感觉课程内容较杂,刚开始对一章的内容有所了解,又切换到了另一个学科内容。

2.2 实践环节不足

水工艺设备基础课程是迅速发展的课程,同时,也是一门实践性较强的课程。但是,当前的教学主要是课堂讲授,与水工艺设备相关的实验和实践环节缺失严重。此外受限于课程学时,课堂讨论教学过程也开展的偏少,因而不利于学生实践能力的培养。

2.3 学生学习兴趣不高

本课程基础理论部分,涉及许多相关基础学科,如材料学、工程力学以及传热学等,相对来说此部分教学内容相对比较枯燥,导致学生学习兴趣不高。而且本校该课程的开课学期为第4学期,学生尚未对水处理的工艺原理和流程进行系统的学习,加之学生在工程力学、流体力学以及机械电子等方面的基础知识相对比较薄弱,因而对课程的理解也有一定的困难,进一步导致学生学习兴趣不高。

2.4 学生自主学习意识有待进一步加强

本课程教学内容涉及面广,教学内容多,而且随着水工艺设备不断的发展,新的设备层出不穷,因而,在有限的教学课时内,无法做到在课堂上面面俱到,需要学生课后查阅相关资料,进行自主学习,以提高教学效果,扩展知识水平,开拓学科视野。但是在教学过程中,发现学生对自主学习过程重视不够,因而对教学过程的教学效果有所削弱。

3 教学改革思考

3.1 梳理课程教学内容

水工艺设备基础课程的教学内容主要由三大块组成,包括水工艺设备理论基础、通用设备和专业设备。以参考教材《水工艺设备基础》为例,水工艺设备理论基础部分,约占全书内容的60%[5],从教学实践看,大部分篇幅只是基本概念的介绍,导致学生感觉此部分内容比较枯燥。在设备部分,可能与专业的相关度比较高,学生普遍表现出浓厚的兴趣,但从教材内容分布上看,需要进一步的进行补充,以适应课程的发展。因而,是否可以考虑在保证教学要求的前提下,在介绍基础部分时,对相关的推导过程稍微弱化,比如在介绍容器应力理论时,由于该部分的内容与工程力学有所重复,对相关的理论推导过程应适当删减;在设备部分,对通用设备和专用设备适当加强,并结合《给水排水设计手册》中的设备分册的内容进行教学,并推荐相关的设备手册、设备资料等,作为学生课外阅读材料,让学生对给水排水常用设备有一个相对全面的了解,并掌握如何查询相关技术手册,应用于后续课程学习过程及今后的工作中[6]。此外,在介绍设备内容时,重视基础理论知识在水工艺设备材料的选择、设备的工作原理、设计制造、维护管理等方面的应用[7],进一步强化学生对基础部分内容的理解,让学生学以致用。

3.2　充分利用各种教学手段

水工艺设备基础是一门综合课程,在教学过程中,应当利用现代化的教学手段,以课堂互动为纽带,更新教学方法。因而,一方面,不断更新多媒体课件,多媒体课件是多媒体教学的核心之一,但是,课程配套课件以文字居多,而相应的设备图片较少,设备结构、原理与运行相关的动画和视频几乎没有涉及,因而,在备课过程中,需要补充大量的设备图片,以及相应的设备原理和结构的动画与实际工程案例视频,提高学生对教学内容的直观感受,激发学生学习兴趣,促使学生由被动学习向主动学习转变,使教学内容的真实感增强,进而提高教学效果。另一方面,加强课堂讨论教学,通过对学生分组,各组根据学习内容,选择感兴趣的主题,引导学生课后查阅资料,进行自主学习,然后做PPT,讲述课后所学习的相关内容,并进行课堂讨论,这种方式不仅能加强学生课堂的学习效果,同时,也能拓宽学生的知识面,丰富学生视野。此外,尝试采用项目教学法,实现"教"与"学"、理论与实践、课内与课外教学相结合,促进教学效果[8]。

3.3　加强课程实践教学

本课程是一门实践性较强的课程,通过对各高校该课程设置情况调查显示,绝大部分开设该课程的院校均未开设该课程实验,只有极少数院校设置了课程实验[9]。但在当前实验条件不足的前提下,如何提高学生在该课程的实践能力,是教学过程中需要解决的一个问题。因此,需要学生积极参与相关的实践环节与科研活动。可将此课程与给排水认知实习结合在一起,在参观污水厂、给水厂以及建筑给排水过程中,结合课程所学内容,对现场的设备、设施进行观察,并在实习报告中,给予一定的体现,增加学生的实践能力。同时,引导学生参与专业教师的科研活动,在科研活动中,进一步实践所学内容,进而将理论联系实际。

3.4　改革考核方式

当前,本课程的考核方式主要由两部分构成,一是平时成绩,主要考察作业和课堂考勤;二是期末考核,主要采用开卷考试的形式,约占总成绩的70%。从教学实践过程来看,调整考核方式,引导学生对整个教学内容总体把握,注重考察学生的综合应用所学知识的能力[2],加强平时考核过程。如在相关理论基础部分,可以增加专题论述或专题论文形式,考核基本理论掌握情况[10];在设备部分,可以采用课堂PPT报告、课堂讨论以及答辩的形式,结合学生认知实习报告进行综合期末考核,改变以期末开卷为主的考核形式。

4　结　语

水工艺设备基础是一门综合课程,内容多,涉及面广,实践性较强;同时,也是一门不断发展的课程,作为给排水专业基础课,具有十分重要的地位。通过对水工艺设备基础课程教学实践情况分析发现,存在教材内容多,学生学习兴趣不高,实践环节不足等问题,需要从教学内容、教学手段、实践教学和考核方式等方面进行改进,以进一步提高教学质量和教学效果。

参考文献

[1] 夏圣骧,徐斌,隋铭皓,等.浅谈水工艺设备基础课堂教学改革与探索[J].教育教学论坛,2013(20):47-48.

[2] 唐玉霖,高乃云,于水利.水工艺设备基础教学模式探讨[J].高等建筑教育,2012,21(1):59-61.

[3] 高等学校给水排水工程专业指导委员会.高等学校给水排水工程专业本科教育培养目标和培养方案及教学大纲[M].北京:中国建筑工业出版社,2003.

[4] 黄廷林.水工艺设备基础[M].北京:中国建筑工业出版社,2015.

[5] 付英,于衍真,邱立平,等.基于应用型人才的水工艺设备基础教学模式的整体理论构建[J].理工高教研究,2010,29(3):102-104.

[6] 张翔凌,姜应和,金建华.高等院校工科专业基础课教学方法与改革研究——以水工艺设备基础为例[J].大学教育,2013(17):100-102.

[7] 赵星明."水工艺设备基础"课程教学研究与实践[J].科技信息,2010(8):116.

[8] 王红宇,陈红英,马晓雁,等.基于项目式教学的专业课程教学方法改革[J].教育教学论坛,2012(27):75-76.

[9] 甄树聪,董晓慧,周友新.水工艺设备基础课程教学现状与改革[J].考试周刊,2010(24):24-26.

[10] 周真明,苑宝玲,沈春花.水工艺设备基础课程的教学和训练方法探讨[J].人力资源管理,2014(5):240-241.

水力学实验教学改革的探讨

项 硕

摘要：针对给水排水科学与工程专业水力学实验教学中出现的与理论教学脱节的问题，本文主要从教学手段、教学方法和实验设备等方面进行探究改革，培养学生的学习兴趣，动手能力，分析解决问题的能力，以及一定的科研能力，同时也提高实验教学教师的素质。

关键词：水力学；实验教学；教学改革

水力学实验教学由实验室动手操作和 CAI 课件辅助教学配合完成，通过实验教学，使学生理解常见水流运动特点，具备初步的实验量测技能，并为学习后续课程和专业技术工作打下基础。通过对诸多水力现象的实验观测和分析，加强学生对基本概念、基本定律的理解，培养学生解决水力学实际问题的能力，要求学生能独立操作完成实验，具备必要的量测技能与整理实验数据的能力。

水力学实验教学的实践性很强，对学生实践能力的培养是教学改革的重要内容之一。以往的验证式教学方式、教学方法以及教学手段相对落后，已不适应新形势的发展需要。为此，我们从教学手段、教学方法、实验设备等方面对水力学实验教学进行改革尝试，使其成为理论教学的重要组成部分。

1 水力学实验教学存在的问题

（1）设备技术含量低、落后陈旧、配套数量少，学生能亲自操作的机会少，对学生实践能力的培养不利。

（2）常规验证性实验偏多，设计性实验相对较少或者没有，学生的实验兴趣不大，不利于培养学生创新能力。

（3）实验方法落后，以教师讲授、指导为主，学生按照实验报告原理和步骤进行实验操作，完成实验数据整理和实验报告，对调动学生主观能动性不利。

（4）实验教材内容以介绍实验设备组成、实验原理、实验步骤为主，实验结果及实验中出现问题的比较、讨论分析欠缺。

（5）教学手段落后，不利于学生素质和能力的培养。

（6）实验报告形式单一，缺乏规范性，学生只是机械式地记录实验数据，缺少利用实验数据归纳总结，分析实验现象和实验结果方面的训练。

2　水力学实验教学改革措施

2.1　增加实验室设备的投入

水力学实验设备不仅给排水专业的实验教学需要,土木工程也需要,但耗损率太高。大部分实验设备老旧,有些已经用了十多年了,根本无法运行,严重影响实验教学。为此,我们专门进行了市场调研和比较,建议使用实验室配套经费购置由浙江大学水力学实验研发团队开发的系类水力学实验教学仪器,从而满足水力学实验教学需要。实验仪器的配备要确保满足 2~3 人一组的实验要求,从而满足学生亲自动手的要求,为学生实践动手能力提供必需的物质保障。

2.2　改革教学方法

一是多收集一些其他院校的教学视频、教学资料等,为我所用,丰富教学。准备一些水力学实验 PPT 或者视频的教学内容展示给学生看,让学生对水力学实验有更直观的认识[1]。

二是课前和课后根据知识点有针对性地让学生去学校西密湖、河、图书馆、教学楼、实验楼等建筑物里面参观常用的水力学现象,与书本知识相呼应。

三是在完成验证性实验的基础上,安排学生自行设计水力学实验,激发学生的学习热情,灵活运用知识能力,更加积极主动地参与到实验中去,并能利用实验数据分析和解决水力学问题,扩宽学习思路。

四是实验教学环节中应多增加师生互动环节,对水力学实验过程中出现的问题进行及时讨论和研究,并能解决。

2.3　改革教学手段

一是合理结合 CAI 课件,做好实验前的预习工作。水力学实验室开发和引进了水力学实验 CAI 课件,该实验教学方法很好地将计算机技术引入水力学实验教学过程中,可通过适当的人机对话,指导学生进行实验操作。利用互联网技术,使学生随时随地可以进行水力学实验课前预习。学生可以结合自身情况,并根据实验教师的相关要求对所做的实验进行选择,对不同水力学实验条件进行设定和模拟,从而可以更直观地看到水流内部的水力学现象,激发学生对水力学实验的兴趣,有利于实验教学效果的提高[2]。

二是建立实验教学的多媒体环境。集图形、图像、动画、文本、声音为一体的多媒体 CAI 课件,教学直观性好,教学便捷,效果好,可以利用计算机仿真实验教学和指导,在较大场合对学生进行集中教学,有利于教学效率的提高,提升实验教师的指导工作量。

三是通过先进的多功能自循环仪器设备的引进和研制,每个学生都有实际动手实验的机会,掌握相对先进的实验设备操作技能,提高实验效率。与此同时,实验教师可以吸收一部分学生参与到实验教学设备的开发中来,培养他们的创新能力。

2.4　编写实验指导书

鉴于过去实验教材内容过于单一,我们参考相关院校的水力学实验教材,重新编写了实验指导书,增加了对水力学现象分析、结果讨论与比较等内容,并增设了一定量的思考题,学生可自行进行实验设计。学生可根据实验目的,进行独立思考,自己设计实验内容和步骤,对培养学生思维能力和创造能力是有利的,也是教学改革的需要。

3　水力学实验教学改革预期效果

3.1　学生学习兴趣大幅度提高

水力学实验教学的改革,对学生实验态度的改变有一定的推动作用,学生可以积极主动地去学习知识。学生根据实验指导书的要求,可自行设计实验,有利于激发他们的创新热情。此外利用 CAI 教学辅助软件可以极大地改善学生的实验条件和环境。学生可以通过计算机模拟输入实验数据,验证计算机导出的实验现象与自己所做的实际实验是否一致,还可以将实际设备达不到的一些实验条件输入来观察实验现象,极大地增加了学生对实验的兴趣[3]。

3.2　培养学生的动手能力

实验教学过程中增加了预习报告制度,要求学生在实验前必须清楚地掌握实验原理、实验目的,熟悉实验设备,设计好实验步骤和过程。在具体实验教学过程中,实验教师可简略讲解实验相关内容,并对学生提出实验相关的若干问题,如果学生回答准确,则可以进入实际操作阶段。该手段可以使学生在实验课前充分了解实验内容和目的,培养学生自己分析问题和解决问题的能力,以及实际动手能力。

3.3　分析、解决问题的能力有所提高

水力学实验仅仅依靠一个或几个数据是不能说明问题的,而是需要对所获得的大量数据进行整理,才能发现规律。以前由于实验条件有限,无法对大量数据进行现场处理,因此,实验过程中学生和实验教师都无法掌握实验结果是否合理,实验过程是否存在问题,只有课后整理实验报告才会发现结果。现在学生做完实验以后,可以将原始数据当场录入计算机,利用计算机软件对数据进行处理,实验结果会很快显示在屏幕上,同时可绘出实验曲线。实验教师可以当场引导学生分析实验结果,总结规律,学生也可提出自己不同的意见,学生在实验课上就可以知道结果是否合理。因此,现在学生对自己的实验结果更加关心,做实验更仔细认真,对出现的问题积极主动找原因想办法,从而提高了学生独立分析问题、解决问题的能力。

3.4　有利于学生严谨科学态度的培养

实验报告需要完整记录实验结果,并由学生和教师签字确认存档批阅,不得相互抄袭实验报告、更改拼凑实验数据和实验结果,这一手段有利于学生严谨科学态度的培养。要让学生养成把每一个实验都当作一个科研课题的习惯,从开始准备实验,到实验原理的学习、实验步骤的设计、实验方法的选择、实验数据的记录、处理和分析,实验结果的归纳、总结和分析,实验现象的讨论,到最后形成严谨、规范的实验报告,都需要学生独立思考和动手,掌握

实验的目的和意义,真正理解和掌握知识点,从而有利于学生科研能力的培养。

3.5　知识链更趋完整

水力学实验过程中,对实验数据进行采集,并利用计算机软件进行数据处理,以及对不合理现象及出现的问题进行比较分析,需要利用水力学综合知识进行解决,有利于培养学生灵活综合运用水力学理论知识,解决实验问题的能力,从而使学生的水力学知识链更趋于完整。并且,能理论联系实际地解决相关水力学问题,更加巩固对知识点的理解和掌握。

3.6　有利于实验教师教学素质的培养

实验教师在制作实验设备、开发辅助教学软件过程中,严格按照国家标准和规范进行,可以使教师对国内外的先进设备、技术、现代科技的发展有更多的了解,有利于开拓思路,放大眼界,提高实验教学水平。在设计性实验教学过程中,教师需要掌握更多的知识面,才可以对学生进行指导,从而有利于拓宽教师的专业知识面和理论水平。

4　结　语

经过水力学实验教学改革的实践,充分激发了学生对水力学实验的兴趣,提高了学生实践动手能力,培养了学生独立分析、解决问题的能力,有利于水力学实验教学的不断改进。

参考文献

[1] 刘宏升,朱泓,张博.卓越计划背景下的流体力学课程教学改革与实践[J].实验技术与管理,2014(1):194-196.

[2] 李学美,肖化政."大土木"水力学课程教学改革创新研究[J].当代教育理论与实践,2014,6(10):35-36.

[3] 高迅,陈春光.流体力学综合性设计性实验教学改革实践[J].实验科学与技术,2005(1):55-57.

工程流体力学教学体会

薛向东

摘要：工程流体力学是理论与实践相结合的重要基础课程，通过理论课程模块化讲解、相关知识点的串联式讲解、引入生活案例与工程实例等方法，进行了教学改革。这对于提高教学效果和学生的应用能力起到了很好的促进作用。

关键词：工程流体力学；模块化；串联讲解；工程实例

工程流体力学是土木工程专业的基础理论课，主要目的是培养学生理解和掌握流体力学的基本理论和研究方法，具备应用相关理论知识解决工程应用问题的能力。本质上，工程流体力学是理论力学在流体领域的延伸与拓展，即研究对象从传统的固体转化为液体与气体，二者的数学、物理原理相同，即均通过作用力的研究揭示物体机械运动规律及其能量转化问题[1]。工程流体力学涉及较多的工科专业，如在土木工程、机械工程、市政与环境工程、水利工程等专业均开设此课程，其工程应用属性决定了课程教学应紧密结合工程实践。

我校土木工程专业开设工程流体力学课程迄今已有十余年历史，通过持续不断的教学改革与课程体系建设，目前已逐步形成具有实践型特色的教学模式。根据专业培养目标，现行工程流体力学课程设定两个课程目标，即（1）掌握流体力学的基本原理和计算方法，具备应用流体力学专业知识对工程流体力学问题进行推理分析、建立合理的力学模型并获得有效解答的能力；（2）掌握流体力学的研究方法、研究内容，具备应用流体力学相关理论与模型方法识别并合理表达工程流体力学相关问题的能力。课程培养目标的核心内容是掌握基本理论与方法，进而识别并解决工程流体力学实际问题。可以看出，课程目标的主要特点在于强化基础理论和方法，突出应用能力的培养，这与我校当前形势下建设应用型高校的目标相一致。

学生实际应用能力的培养始终是应用型工科专业教学的落脚点和出发点[2]，如何在教学过程中实现并持续改进是教师面对的重要课题。在有限的教学时数内，如何优化理论教学环节，增强实践教学环节，实现理论与实际结合的教学方式，这是实现课程培养目标的根本途径。

1 理论教学内容的模块分解

工程流体力学的教学内容包括静力学、动力学、流动阻力和水头损失、有压管流、明渠流、堰流及渗流。其中，静力学与动力学是课程核心理论内容，其余内容则为前两者的拓展与推导。课堂教学课因此可划分为三个相互联系而又独立的教学模块，见图1。

教学模块的划分，使得教学过程条理化、清晰化[3]，教师在教学中易于实现对章节重复内容的精简，合理安排教学时数，进而集中有限时间和精力围绕核心内容进行重点讲解。对

图 1　教学模块划分

于学生而言,模块化教学有助于在相对更高的认识角度把握课本整体内容,即实现不同章节的统一性的贯通与理解,这使得相对分散独立的章节内容有机组合,增强了学生的整体性认识。我校 2010 级～2014 级土木工程专业学生的教学反馈信息表明,模块化教学显著增强了学生对课本知识的整体性理解,相对独立的章节内容因此变得统一,理论与工程问题的求解在更多情况下不再依赖各自独立的对应公式,而借助于统一模型公式加以解决。没有烦琐的记忆约束,学生对知识的掌握因此而变得更加容易。

2　抽象数学模型的串联式讲解

　　流体力学模型的建立植根于数学原理,特别是基于微积分原理,微分方程及偏微分方程贯穿于流体力学课本,其相对抽象的逻辑推导对于学生而言,极大程度上增加了理解的难度[4]。历年的教学体会是,学生每每遇到此类内容,多难以掌握。如何在教学过程中深入浅出的讲解进而使得学生心理上接受并能真正理解,这是教师需要重点解决的教学难题。以欧拉平衡方程为例,见(1)～(3)式。

$$\begin{cases} X - \dfrac{2}{\rho}\dfrac{\delta p}{\delta x} = 0 \\ Y - \dfrac{2}{\rho}\dfrac{\delta p}{\delta y} = 0 \\ Z - \dfrac{2}{\rho}\dfrac{\delta p}{\delta z} = 0 \end{cases} \tag{1}$$

$$\begin{cases} X - \dfrac{2}{\rho}\dfrac{\delta \rho}{\delta x} = \dfrac{\delta u_x}{\delta t} + u_x\dfrac{\delta u_x}{\delta_x} + u_y\dfrac{\delta u_x}{\delta_y} + u_z\dfrac{\delta u_x}{\delta_z} \\ Y - \dfrac{2}{\rho}\dfrac{\delta \rho}{\delta y} = \dfrac{\delta u_y}{\delta t} + u_x\dfrac{\delta u_y}{\delta_x} + u_z\dfrac{\delta u_y}{\delta_y} + u_z\dfrac{\delta u_y}{\delta_z} \\ X - \dfrac{2}{\rho}\dfrac{\delta \rho}{\delta z} = \dfrac{\delta u_z}{\delta t} + u_x\dfrac{\delta u_z}{\delta_x} + u_y\dfrac{\delta u_z}{\delta_y} + u_z\dfrac{\delta u_z}{\delta_z} \end{cases} \tag{2}$$

$$\begin{cases} X - \dfrac{2}{\rho}\dfrac{\delta \rho}{\delta x} + \upsilon\nabla^2 u_x = \dfrac{\delta u_x}{\delta t} + u_x\dfrac{\delta u_x}{\delta_x} + u_y\dfrac{\delta u_x}{\delta_y} + u_z\dfrac{\delta u_x}{\delta_z} \\ Y - \dfrac{2}{\rho}\dfrac{\delta \rho}{\delta y} + \upsilon\nabla^2 u_y = \dfrac{\delta u_y}{\delta t} + u_x\dfrac{\delta u_y}{\delta_x} + u_y\dfrac{\delta u_y}{\delta_y} + u_z\dfrac{\delta u_y}{\delta_z} \\ Z - \dfrac{2}{\rho}\dfrac{\delta \rho}{\delta z} + \upsilon\nabla^2 u_z = \dfrac{\delta u_z}{\delta t} + u_x\dfrac{\delta u_z}{\delta_x} + u_y\dfrac{\delta u_z}{\delta_y} + u_z\dfrac{\delta u_z}{\delta_z} \end{cases} \tag{3}$$

　　上述偏微分方程分别出现在课本不同章节,其中(1)式表示理想流体平衡微分方程,(2)式表示理想流体运动微分方程(3)式表示黏性流体运动微分方程。可以看出,尽管三个方程组形式不同,但其相同点在于均描述了力与运动的关系,即单位质量力、压力、表面力三者与欧拉加速度的关系。在教学过程中,若按章节顺序前后讲解,则相关内容间隔时间过长且关联性中断,这使得原本抽象的偏微分概念更难以被学生接受和理解。在教学中,可有机组合相关章节内容,对此三个微分方程进行串联式讲解;同时,对三组方程采取力-加速度关系的统一模式加以阐述。

通过前后不同的学生的反馈,串联式讲解显著降低了理解难度,学生对不同条件下流体运动要素与作用力的关系有了更加清晰的认识,教学效果的提高是明显的。

3　借助生活案例讲解基本原理

流体力学属于力学分支课程,其主要特点是力学原理讲解需借助于数学推导,授课内容需学生通过逻辑思维加以理解,烦琐的推导过程常常使得学生产生倦怠感而降低教学效果。在教学过程中若紧密结合生活案例讲解相关原理,不仅可使得学生充满兴趣,且易于理解现象背后的原理[5]。

以理想流体伯努利能量方程为例,其表达式如下:

$$Z+\frac{p}{\rho g}=\frac{v^2}{2g}=c \tag{4}$$

在不考虑黏性时,单位质量理想流体的机械能为常数,位能 Z、压强能 $\frac{p}{\rho g}$、动能 $\frac{v^2}{2g}$,为便于学生理解方程物理意义。以火车驶入车站为例进行讲解,见图 2。

图 2　生活案例——火车进站

站台地面高度即为 Z,空气压强能为 $\frac{q}{\rho g}$,空气动能为 $\frac{v^2}{2g}$,当火车以速度 v 驶过站台时,Z 不变,而贴近车厢处空气速度由 0 增大为 v,空气总机械能不变,则压强能必然降低,即一部分压强能转化为空气动能。而在实际工作中,为保证候车人员安全,站台设置了安全距离,其原因在于距离火车两侧越远,空气压强相对越大,而近火车处,压强最小,候车人员因压强差的存在而倾向于向火车移动,过近的距离使得这种推动力越大,这是安全距离设置的流体力学原理。类似授课方式可使得学生产生浓厚兴趣并易于理解相关原理知识。

4　工程案例的引入

　　对于土木工程专业学生而言,掌握工程流体力学知识的目的在于应用相关理论与模型方法来识别、表达并有效解答工程实际问题。现有教科书由于篇幅的原因,更多强调理论知识,对于工程应用则较少涉及[6]。在教学中,由于实际工程案例的引入欠缺,学生易产生课程内容与未来工作无关的片面认识,这对于课程培养目标的实现显然是不利的。鉴于此,在各主要章节讲解时,均要引入实际工程案例,以增强学生专业化利用相关知识的心理认识。如讲解渗流章节时,引入基坑排水案例,见图3。

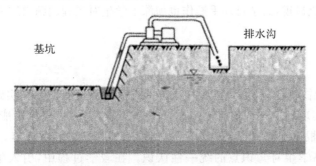

图 3　基坑排水工程实例

　　渗流即在多孔介质中的流动,工程中以土壤中渗流较为多见,特别是在地基处理时排除地下渗水。由于地下水位线高于基坑标高,施工时必须降低地下水位,这就需要运用渗流章节中的管井相关知识加以解决,见图4。

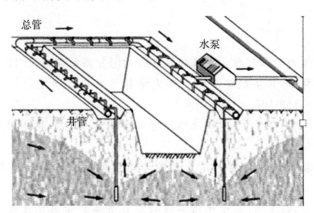

图 4　管井排水技术

　　首先,引入管井的排水量公式,如下式:

$$Q = \frac{(H^2 - h_0^2)k\pi}{\ln\dfrac{R}{r_0}} = 1.36\,\frac{k(H^2 - h_0^2)}{\ln\dfrac{R}{r_0}} \tag{5}$$

　　其次,确定公式中各参数对应工程图中的相应数据,进而求得相应设计参数。

　　在教学过程中的引入类似工程案例,极大程度上增强了学生"学有所用"的心理预期,进而学习兴趣被激发，教学效果因此而提高。

5　实验教学的开展

实验教学是培养学生发现问题、分析问题、解决问题的重要途径，学生通过实际操作可更加直观地对知识点理解与掌握[7-8]。原有土木工程专业教学计划中未开设实验课程，这使得学生缺乏相应的训练，从而不利于教学效果的提高。在2013版教学大纲修订时，工程流体力学课程增设了相关实验教学，该实验教学主要涉及静力学、动力学及实际应用。对比实验课程开设前后学生的表现，可发现学生对相关知识点的掌握能力显著增强，其原因主要在于相对抽象的原理可直观化显现，而亲自动手操作也加深了学生对工程问题求解方法的认识。

6　结　语

工程流体力学作为土木工程专业的一门重要基础课，其理论性与实践性均较强。在有限的学时内，如何实现理论知识的有效传递，同时培养学生的工程应用能力，这是教师长期面对的重要问题。根据课程知识点的前后关联度，有机组合各相关内容，继而采取模块化教学方式，可有效提高学生对知识点的统一性认识。在教学过程中，引入生活案例及工程实例，对于增强学生"学有所用"的专业认识、培养学生学习兴趣具有较好的促进作用。在条件允许时，可考虑增设教学实验以提高学生发现问题、分析问题、解决问题的能力。

随着工程流体力学的知识更新及土木工程领域的技术进步，课程培养目标亦会随之革新，而教学内容、教学方法的持续跟进则成为必然。

参考文献

[1] 张洪生.流体力学课程教学方法的几点探讨[J].高教学刊,2017,14:91-94.

[2] 王烨,孙三祥.凸显实践环节的流体力学教学新模式研究[J].兰州交通大学学报 2014,33(4):162-166.

[3] 倪玲英,谢翠丽,李爱华.工程流体力学教学内容新体系构建[J].石油教育,2013, 5:12-14.

[4] 王卫星.从抽象到具体谈流体力学教学几点体会[J].科技创新导报,2016(36): 199-200.

[5] 许栋,及春宁,白玉川.基于生活实践的工程流体力学启发性教学初探[J].力学与 实践,2016,38(2):195-200.

[6] 高亚萍.基于消防的流体力学教学改革模式探讨[J].武警学院学报,2013,29(9): 56-60.

[7] 曹勇,孟静,陈旭.流体力学自主设计实验教学模式探讨[J].实验室科学,2017,20 (2):144-148.

[8] 束秀梅,李华南,罗媛媛.流体力学实验教学改革与实践[J].实验室研究与探索, 2011,30(7):310-316.

给水排水科学与工程专业水的特种处理教学改革初探

宋亚丽

摘要:水的特种处理是给水排水科学与工程专业重要的专业课程之一。本文对水的特种处理的教学过程中面临的问题和不足进行了系统的分析,在此基础上,针对性地提出了课程改革思路,具体从教学文件、教学过程、教学方法等几个环节展开讨论,从而为水的特种处理课程的不断完善和发展提供一定的借鉴。

关键词:给水排水;水的特种处理;教学;改革

1 前 言

随着我国水环境保护标准的不断提高和给水排水领域所承担的任务不断增加,给水排水科学与工程专业面临着新的挑战。2010 年,教育部实施的"卓越工程师教育培养计划"(即"卓越计划"),其主要目标是面向工业界、面向世界、面向未来,培养造就一大批创新能力强、适应经济社会发展需要的高质量各类型工程技术人才[1]。国务院于 2015 年发布了《水污染防治行动计划》(简称"水十条")[2],对水环境的改善和治理提出了新的目标,也对给水排水科学与工程专业的人才培养提出了新的要求。

给水排水科学与工程的专业课程是该专业的主要支撑,其中,关于水质处理涉及了几门不同课程,而水的特种处理即是其中之一。水的特种处理是给水排水科学与工程专业的主干课程之一,在专业课程教学中占有一定的地位。其主要是在饮用水常规处理工艺的基础上,重点针对微污染水源水和水的深度处理等内容进行系统的阐述。当前,随着水处理新工艺的不断发展及社会对水处理领域专业人员需求的变化,水的特种处理课程也面临着一些问题。本文将结合笔者在水的特种处理课程授课过程中出现的一些问题,以及卓越工程师教育培养计划的培养目标,提出水的特种处理课程改革的一些思路,从而为给水排水科学与工程专业的专业课程的完善和发展提供一定的借鉴。

2 教学任务

水的特种处理课程的主要任务是使学生全面系统地了解微污染水源水的特征、处理方法、特种水质的处理方法等基本概念及理论,掌握相关水处理的基本概念、原理、工艺方法及国内外的发展现状等,基本掌握水处理工艺的工程设计计算等,从而培养学生具有一定的水处理方案选择、设计计算及工艺系统设计等能力,为解决实际水质工程问题打下一定的基础。

3　培养目标

本课程是培养学生掌握常规处理工艺之外的给水处理技术,从而为不同的水处理工艺提供了理论支持和基本工作方法。通过水的特种处理课程的学习,使学生掌握水的特种处理的基本理论和处理方法。在掌握基本理论的基础上,学生等能够提出水质处理方案,并能将所学知识应用于解决工程的实际问题。

4　课程改革思路的探索

4.1　教学文件环节

当前,水的特种处理课程存在的一个问题是课程教材问题。一方面由于水的特种处理为水质工程学的一部分,近些年来,一些学校把这部分内容与水质工程学课程合并在一起,另一些学校依旧是分开设置的,这造成了该课程的界限较模糊,内容划定并不清晰。另一方面,课程所对应的教材都较陈旧,既不能适应水处理新工艺新技术的更新,又因教材所涵盖的内容也较窄,限制了该课程的教学内容。此外,由于该课程的不同设置,学校的教学内容也存在一定的差异,有些学校侧重微污染水源水的处理、水的深度处理等,而有些学校则侧重特种水的处理,这造成了教材难以统一,从而造成该课程在设置过程中较为混乱。

水的特种处理目前所用教材都较陈旧,因而,在选取课程授课教材时应注重课程内容的完整性。可以围绕课程不同主题进行授课,同时采用为学生布置学习资料以及学生自己查资料的方式,对每个主题展开学习和讨论,注重课程教学材料和手段的多样性。

4.2　教学过程环节

目前,本校的水的特种处理的教学仅为理论课时,缺少实践课时。一方面,理论课时的总学时也偏少,水的特种处理所涉及的内容是除饮用水常规处理工艺之外的包括微污染水源水生物处理技术、活性炭吸附技术、臭氧氧化技术、地下水除铁锰等方面的内容,这么多的内容在24学时内讲解完,导致很多学生并不能对应掌握的内容展开有效的讨论,也削弱了该课程在本专业中应有的影响和地位。另一方面,该课程的设置缺乏实践环节。水的特种处理课程主要涉及的内容为水处理相关工艺和技术,要求学生对相关构筑物和设备构造及工作流程有深入的了解,同时,掌握水质处理方法,具有一定的操作能力,而课程实验过程是必不可少的。

在本课程的教学环节过程中,应根据专业认证和给水排水科学与工程专业指导委员会的要求[3],增加课程的理论授课课时以及实验过程环节。通过增加授课课时,进一步丰富课程主体内容,同时,补充新的水处理工艺和设备,使学生在现有的工艺基础上,了解水处理工艺前沿知识,拓展学生的专业知识面,也对水处理的最新动态有一定的了解和掌握。水处理的实验课程环节也是本课程必不可少的部分,因而,应增加课程的实验环节,如臭氧氧化处理实验、活性炭吸附实验等,使学生在掌握水处理理论技术基础上,进一步加深对水处理工艺及技术的了解和掌握,以及加强对学生实验操作能力的培养。同时,也加强了课堂教学与实习、创新实验等实践教学环节的有机结合。

4.3　教学方法环节

随着信息技术的发展,传统的教学手段与方法也应不断完善和发展。在教学过程中,应加强传统教学与现代教学手段的融合。水的特种处理中的基本原理和基本理论部分宜采用传统教学与多媒体教学方法相结合。而对于水处理构筑物和设备等部分内容,应加强多媒体的教学如图片、动画等的应用,使学生能直观地感受各构筑物及设备的外形、构造等,通过图片、视频及多媒体等手段,激发学生学习专业课的兴趣。同时,引导学生利用多媒体教学手段和网络数据库等资源,通过查找资料,了解国内外水处理工艺的现状和发展,使学生进一步巩固所学知识,培养学生对专业课程的学习兴趣以及自我学习能力,进而强化和巩固课堂学习效果,也为工作之后的专业提升打下一定的基础。

5　结　语

水的特种处理是给水排水科学与工程专业的专业主干课程之一,对该课程的教学探讨和改革是专业发展的需要,也是卓越工程师培养的需要。通过对课程不同教学环节的思考和探讨,水的特种处理课程得以不断完善和发展。通过对教学过程中遇到的问题和存在的不足的讨论,进一步探讨课程改革思路,逐步建立科学合理的课程教学体系,学生的学习积极性得到充分调动,做到理论与实践有机的结合,进而培养具有专业理论和工程实践能力的"卓越工程师"。

参考文献

[1] 国务院.国家中长期教育改革和发展规划纲要(2010—2020 年)[M].北京:人民出版社,2010.

[2] 国务院政府网.2015-04-16.http://www.gov.cn/zhengce/content/2015/04/16/content_9613.htm.

[3] 高等学校土建学科教学指导委员会给水排水工程专业指导委员会.全国高等学校土建类专业本科教育培养目标和培养方案及主干课程教学基本要求——给水排水工程专业[M].北京:中国建筑工业出版社,2004.

我国高校土木工程专业环境保护课程体系的建设

谢作甫

摘要：当前人、建筑和环境的和谐发展已越来越受到关注，建筑行业对具备环境保护知识和能力的土木工程专业人才的需求也愈加旺盛。本文剖析了当前高校土木工程专业环境保护教育的不足，阐明了木工程专业设置环境保护课程的重要意义，并提出了环境保护教育与土木工程专业有机结合的课程体系的建设思路。

关键词：土木工程专业；环境保护课程；设置；优化

由于我国经济的快速发展，城市人口不断涌入，城市数量持续增多，规模不断扩大，城市化进程得以加速推进。在这个过程中，规模浩大、旷日持久的土木工程起到了最基础同时也是最核心的作用。首先，它为我们创造了宜居的人工环境，但同时，不可避免地，它也消耗了大量资源，并造成了一定程度的生态破坏和环境污染，引发了资源和生态环境问题。在当前深化改革的大趋势下，以往粗放式的大干快干的土木工程建设必然将无法延续，资源和生态环境将成为土木工程行业未来发展的重要影响因素。

1 当前高校土木工程专业环境保护教育的不足

随着人口素质和认识水平的提高，人们对人、建筑、环境三者之间关系的理解和认识也不断深化。绿色建筑，生态城市，海绵城市……建筑领域一系列引人注目的创举都无不表明：创建天人合一的人居环境的建筑理念已逐渐深入人心。在建筑的生命周期中，从建筑的规划、设计到选址落地，从建筑材料的筛选到施工过程的污染防控，从建设过程到交付使用后的室内环境控制，从建筑物的运营维护到使用寿命终结后的拆解处置，无不需要具备较强的生态环境保护和污染防控知识、技能的土木工程专业人才。但纵观各大高校的课程设置，土木工程专业学生受到的生态环境保护和污染防控方面的教育和培训明显不足。

1998年，教育部对普通高校专业目录进行了调整，在此之后，很多高校意识到了大土木专业的内容过于宽泛。在绿色建筑、环境保护、可持续发展等理念已经受到全世界认同并不断付诸实践的今天，为了适应市场需求，将环境保护与土木工程进行有机融合，在土木工程专业教育中显得日益重要[1]。但是，目前高等教育改革对于市场需求的反应还是不够及时和准确，比如各级教育部门的专业建设指导文件对于这一方面的内容还是不够深入和细致，因此，各高校在土木工程专业的教育中或多或少存在着忽视环境保护教育的问题，如有些高校的土木工程专业完全不开设环境保护课程，有些仅将环境保护课程列为全校性选修课或者专业拓展选修课，在缺乏引导的情况下，学生学习环境保护知识的积极性普遍不高；另外，有些高校土木工程专业虽然开设了环境保护必修课程，但是，由于环境保护课程师资力量不足，教育效果也不甚理想。土木工程专业环境保护教育的不足，必然对土木工程行业的可持续发展造成不利影响。由于建筑从业人员在建筑规划、设计、施工、使用，甚至拆解过程中缺乏专业的环境保护知识和能力，我国出现了一大批"不环保"的建筑工程，比如都市高层建筑能耗极高，大型商业建筑视觉污染、炫光污染、空气污染严重，施工场所废水、废气、噪音污染严重，病态建筑严重影响居民健康等[1]。

2 土木工程专业设置环境保护课程的重要意义

2.1 有利于培养大学生环境公共意识

根据"环境保护教育二元功能论"，环境保护教育具备两大功能：一是"培养专门人才的职业训练"，二是"培养环境问题的公共意识，实现自然资源的保护和鼓励，并最终享受环境的回报[2]"。与以上两大功能相对应，环境保护教育需要完成两大任务：一是通过教育，培养具有生态环境保护专业知识和能力、致力于解决环境问题、维护高质量环境所需要的环境保护专业人员，为社会训练和储备一批具备环境保护、环境治理、环境管理等理论知识及实践应用能力的专业人才和专家，为社会经济与环境和谐发展提供理论指导和技术支撑；二是使整个社会对人类和环境的相互关系有共同的、全新的、敏锐的认识和理解。除了培养环境保护专业人才之外，为了培养非环境专业学生的环保意识，部分中小学和高校已开展了一些环境保护相关教育，如在小学的自然、中学的地理等相关课程中纳入了资源、生态、环境和可持续发展内容[3]；在部分高等院校，也开设了发展与环境、环境保护概论和环境生态学等课程作为选修课程，另外有一些高校甚至针对非环境专业开设了类似课程作为专业拓展课。高校是培养各行各业专业人才的摇篮，高校环境保护课程的开设对环境保护教育的普及和深入开展具有重要的现实意义。

2.2 有利于环境知识对本专业的渗透

尽管部分中小学和高校已进行了一些环境保护教育，但这些教育内容或课程普遍存在环境保护知识教授不系统、知识点过少、内容较为老化、与实践脱离等问题。

《中国21世纪议程》提出要，"加强对受教育者的可持续发展思想的灌输[4]"。无疑，采取渗透式教学模式有利于高效地向学生传授可持续发展思想，但对于当前高校教育来说，进行渗透式教学具有一定的挑战性。由于当前高校教育学科门类繁多，要顺利将环境保护教育渗透到每一个专业和学科的教育当中，无疑是极为困难的。其原因有二：一是现有环境保护教材中大多缺乏各门类专业与环境保护知识的衔接和结合，二是渗透式教学对环境保护课程任课教师的知识面和施教能力提出了极大的挑战，要求其既要懂该专业，又能将专业知识与环境保护知识有机融合。尽管如此，作为未来各行业的建设主力和中流砥柱，大学生的环境意识、环境知识和环境保护能力必须有所提高，因此需要在高校教育过程中选取环境科学中的专门内容整合成一些独立课程，比如环境工程导论、环境伦理观念、室内环境污染控制技术等，在学生必修课课程中增加环境保护课程，并根据各专业的自身特点和需求，有针对性地进行环境保护课程的授课。这种授课方式，可以克服传统环境教育课程的不足，使其更具系统性、丰富性、实时性和可操作性，也更利于全面评价学生课程学习的成效。

3　环境保护教育与土木工程专业有机结合的课程体系建设

专业教学计划要突出科学、求实、创新的宗旨,需紧跟现代科技发展前沿和土木工程专业发展趋势,针对现代建筑业中应用的新型建筑材料、新的施工技术和生态环境保护理念,在传统土木工程专业教学内容设置的基础上,以实用为原则,突出为专业课服务的宗旨,将环境保护课程内容有机结合至建筑物生命周期相关的各个课程中去(如:建筑物规划设计、土木工程结构设计、施工与工程管理、房地产经营与开发和工程检测等专业模块),形成新的专业交叉课程(如:绿色建筑设计策略与方法、室内环境污染控制等课程),并将人、建筑和环境和谐发展的观念以及学科前沿知识和技术贯穿于专业教学中[1]。除了上述独立开设的课程外,还需在一些传统的土木工程专业课程中增加环境保护的相关内容。比如在学科基础必修课——土木工程概论课程中增加"绿色建筑""海绵城市""生态城市"等内容,让学生在接触土木工程专业伊始就树立人、建筑和环境和谐发展的理念[5]。

教学计划中要体现对学生环境污染防控能力的培养。需要通过对建筑污染控制技术基础、流体力学、建筑节能技术和土木工程安全管理等几门课程进行改进,着重培养学生环境保护与建筑节能减排方面的能力。建筑污染控制技术基础和流体力学两门课程可设为专业基础选修课程,主要为学生掌握建筑节能与污染防控方面的知识奠定理论基础。建筑节能技术和土木工程安全管理可设为专业限选课程,可使学生在学习传统土木工程专业课程的同时,进一步掌握建筑节能、工程安全与环境管理等知识,做到既懂土木工程的专业理论和技术,又懂建筑节能和环境保护的基本知识[1]。

4　结　语

当前我国城市化进程快速推进,建筑业发展十分迅猛,人、建筑和环境之间的和谐发展成为了人们关注的焦点。根据我国目前建筑行业对土木工程人才知识和能力的需求,高校将环境保护课程有机地融入土木工程专业教育中已是大势所趋。通过改革建立融合了环境保护内容的土木工程课程体系,高校可以有效促进学生从建筑全生命周期环境保护的角度出发,学习生态城市规划、绿色建筑设计、绿色建筑材料应用、建筑污染防控与安全管理、高品质室内环境营造和维护、建筑废物处置等方面的知识并强化培养学生相应能力,再辅以强有力的师资力量和灵活的教学方式,进一步激发学生的专业学习兴趣,培养学生的创新思维,以取得满意的教学成效。

参考文献

[1] 王宏燕,孙立.土木工程专业人才综合素质培养模式探索[J].高等工程教育研究,2008(1):107-109.

[2] 李久生,谢志仁.论环境教育三维体系[J].教育科学,2004,20(5):38-42.

［3］李虹.非环境专业大学生环境教育探究[J].沈阳大学学报(社会科学版),2002,4
(3):97-99.

［4］冯建军.全球公民社会与全球公民教育[J].高等教育研究,2014(3):6-14.

［5］王筱虹.建筑类高校公共环境教育实践探索[J].高等建筑教育,2001(3):48-50.

给排水专业英语教学模式浅析

朱文芳

摘要：本文从给排水专业英语在教学过程中存在的问题出发，通过多次教学实践过程，对目前给排水专业英语的教学方法进行了探讨和研究，主要从教材内容的选择、课堂教学方法、考核制度等方面进行了探讨并在这三个方面提出了相关的举措，以期改变目前专业英语教与学的状态。

关键词：专业英语；课堂教学；考核制度；主观能动性

前　言

互联网发达的今天，科技和经济的全球化趋势使得学术的国际交流已越来越普遍，在浙江科技学院国际化背景条件下培养具有一定专业素养又具有较强的专业英语交流能力的复合素质型人才正成为高校教育的流行趋势[1]。本科教育专业英语课程通常安排在大学第三学年上学期，此时学生已有一定的英语基础与给排水专业知识的积累，尤其是同时期开展的水质工程学课程，可以有效地辅助学生学习专业英语。专业英语课程不仅可以让学生掌握给排水专业英语的基础词汇和最新词汇，同时也可以翻译本专业英文资料与撰写科技论文，而且能够利用专业英语这个工具了解本专业发展的最新进展，进行国际性的学术交流。

因此，有必要加强对高校专业英语教学方法的理论研究，促进专业英语教学改革，并利用现代化的教学设备，切实提高学生的专业英语能力，提高高校人才培养的质量。威廉姆斯提出了利用情感交流来提升学生学习的主动性[2]，在教学中可以尝试加入这种交流方式，期望在教学中得到可喜的成果。

1　目前专业英语的教学现状

浙江科技学院大部分理工科专业英语教学还是采用"以教师为中心"的传统教学模式[3]，以教师讲为主，学生练为辅，导致学生学习积极性不高，英语水平提高不多，尤其是现在多种英语软件的应用，使得学生学习的积极性进一步降低。

目前，专业英语的学习是按班级进行的，一般两个自然班合班上课，班级人数有 50～60 人，教师很难兼顾不同水平学生对英语学习的需求，一旦展开个人学习和辅导，会严重滞后教学进度。而且，教学内容相对枯燥乏味，教师上课以讲解单词及扩充科技英语语句翻译为主，尽管加强了学生和教师之间的互动，例如需要学生进行简单句子的翻译和理解，但是学生的学习积极性仍然得不到大幅度的提高。如何进一步有效调动学生学习专业英语的积极性及培养学生自主学习的能力呢？那就要改变这种忽略学生个体差异的教学模式。

专业英语全称"专门用途英语（English for Special Purpose，ESP）"，又称专业科技英语，是一门语言应用与专业知识紧密结合的课程[4]。它是基础英语向专业应用的过渡，其目的是让学生学会在专业领域中运用英语进行交流。因此，专业英语不仅仅是一门语言课，又有与专业知识联系紧密的特点，体现出很强的实用性，要求学生通过对专业英语的学习提高"运用"英语词汇和专业术语的能力[5]。每个专业都有一定数量的专业词汇或术语，通常有根据需要造出来的只有一种专业含义的专业词汇，在给排水专业里面涉及的词汇如 activated sludge（活性污泥）、不同专业领域不同含义的半专业词汇，如 load（荷载、加载、装入、输入等），还有一些专业基础词汇如 head loss（水头损失）。由于专业英语课程既具有语言类课程的特点，又有专业课程需要掌握的专业术语的特点，不能单纯地直接翻译，需要掌握一定的专业知识才能理解文章的真正含义。

2 给排水专业英语在学习中存在的问题

专业英语在国际化背景下的重要性不言而喻，但是高校专业英语的教学一直没有良好的发展。尤其是工科应用型人才培养的专业英语教学，与现在社会发展和需要的工程技术人才要求有很大的差距[6]。很多过了四级、六级英语考试的本科学生，在涉及专业英语领域的基本交流时依然非常薄弱，比如阅读设备的英文使用说明书、设备功能介绍等也感到力不从心，有时会利用手机软件阅读，结果文不对题，相差甚远。主要原因表现在以下 3 个方面：(1)学校、教师和学生个人都不重视专业英语的学习，认为该课程可有可无，用处不大；(2)所选教材比较老旧，知识点缺乏，不能紧紧跟随给排水专业发展的新知识、新技术；(3)教学手段过于单一，缺乏有效互动，无法有效激发学生学习兴趣。目前这些都是整个教学需要突破的瓶颈。

3 给排水专业英语教学方法的浅析与探索

自 2004 年走上教师岗位以来，本人作为教师承担了多届给排水专业的专业英语教学工作，在教学过程中，经常与学生对专业英语课程的教与学进行交流，发现学生学习的难点和掌握知识的薄弱环节主要集中在三个方面：(1)专业词汇。对专业词汇理解不到位，容易出现偏差。比如"basin"这个词，在水处理中通常理解为池子，但有的同学直接用英文软件翻译成"盆地"，还不觉得自己有错。(2)教学手段现代化。除了使用教学多媒体之外，也希望每个学生有时间好好预习文章。(3)课后作业。目前有部分学生有抄袭作业的现象。现代本科教学理念是"以建构主义理论为指导，以学生为主体、教师为主导，以多媒体辅助教学为支撑"，替代了"以教师为中心，以课程为中心，以教材为中心"的传统教学模式，认为学习是学生主动积极地构建知识的过程，并将之形成自身知识体系，而不是被动接受老师讲授的课堂知识、应付期末考试，获得学分。因此，在教学中需要有一些方法和举措，提高学生的主观能动性，强化师生交流，促进专业英语的学习。

3.1 教材的选择和补充

对于给排水专业来说，教材的选择需要包含给排水专业的基础知识，也要包括这一学科领域所涉及的专业性、前沿性文章,通过宽泛性介绍,让学生容易理解和接受基本知识。在学习的程度上,选择的材料要由浅入深,循序渐进。教学材料要既能够充分与学生的给排水专业课程很好的衔接,又能广泛涉及和涵盖给排水专业可能出现的关键专业词汇,帮助学生扩大词汇量和加深英语科技语言特点,区分基础英语和科技英语在应用中的差别。应及时更新扩展教学内容,采用一些新的文献或论文作为教学材料,跟上给排水专业发展的步伐。

3.2　传统的课堂教学方式的改进

传统的工科大学专业英语教学采用的是专业英语阅读的模式,由教师逐字逐句地讲解课文,把专业英语课变成专业知识的阅读课和翻译课,脱离了语言课程的本质忽视了语言知识和技能的培养和应用,这种授课方式使学生处于学习的被动地位。课堂上没有给学生提供参与实践的英语氛围,学生与教师之间缺少有效的交流,教学效果肯定不理想。课堂教学要以教师为主导,学生为主体,创造实践应用的语言环境和热烈的课堂气氛,以培养学生学习英语的兴趣,但实际操作会有很多困难,因为学生对于外语的学习兴趣不浓厚。因此给排水专业英语教学可以由老师通过听说、翻译等多种教学形式对专业术语进行讲解,学生听完后复述讲解或回答有关问题,同时请学生独立完成段落或语句的专业英语翻译,提高师生的互动效率,在相互交流的过程中,发现学生在概念上的理解偏差,提醒每个学生注意,进一步提高对给排水专业术语的理解和应用。在专业英语阅读过程中,可以组织学生对相关专业问题或课文的有关语言点进行讨论,课堂灵活多样的交际活动,不仅能提高学生的学习兴趣,而且能开拓学生的思维。

3.3　规范给排水专业英语考核方法

大学英语经过多次改革,形成了一套严格的规范的考试方式,作为基础公共教育,教师和学生对大学英语考试非常重视。而专业英语的考试方式比较随意,有的考词汇,有的考文献翻译,有的考写作,种类繁多。为了使专业英语教学能达到预期的目的,须制定一套规范的、合理的考核制度[7],才能使学生的语言应用能力和目前的教育水平发展相一致。总之,专业英语教学要取得良好的效果,除了学生的学习动机和学习态度外,还要依靠教师。目前在不断的改革过程中,给排水专业英语的考试已经有所改善,涉及的考试内容包括对专业词汇的理解和使用,对段落的整体把握,对语句的凝练和理解,同时还要增加课外外文文献的考核内容,有效评价不同水平学生对专业知识的理解能力,刺激学生更好的学习。

4　结　语

为满足本科院校培养应用型复合人才的需要,高校专业英语的教学方法亟须改革。将威廉姆斯的情感交流的方法简单照搬到专业英语的教学中会出现一些问题,在时间应用上会出现漏洞,也不能完全促进学生的学习。本人根据自己的多年教学实践与探索,在综合考虑了给排水专业英语教学中学生的主观能动性与专业英语内容与专业的结合以及内容的前沿性的基础上提出了相应的改进措施。这些措施将在以后的教学过程中逐步体现出来,也在实践中不断改进。

参考文献

[1] 陆海.新编给水排水工程专业英语[M].北京:化学工业出版社,2011.

[2] M. Williams, R. Burden. Psychology for Language Teachers[M]. 北京:外语教学与研究出版社,2000.

[3] 吴启迪."非指导性"教学思想下的课堂教学模式研究[D].哈尔滨:哈尔滨师范大学,2012:11-15.

[4] 余薇薇,陈士凌,陈吉,等.给排水科学与工程双语教学思考与探索[J].高等建筑教育,2015(1):102-105.

[5] 罗睿,郭建军.对中国大学双语教学中教材建设的思考[J].教育文化论坛,2012(5):70-75.

[6] 张娅.环境科学与工程专业英语教改实践探讨[J].教育教学论坛,2014(6):62-63.

[7] 宋虹苇,刘宇红,张学军,等.专业英语课程教学模式改革探索[J].内蒙古工业大学学报,2016(1):92-93.

土木工程专业

浅谈工程测量课程教学改革

徐华君

摘要：工程测量课程是土木类专业的必修课程，相关的测绘知识在学生今后的学习工作中发挥着巨大的作用，如何使课程教学更能调动学生的学习积极性，使课程内容更好地跟上科技发展的脚步，更贴合实际工作的要求，需要任课老师在教学过程中注重课程内容的更新、合理组织教学过程、重视实践环节的教学，总结和改进教学方法，从而有效提升教学效果。

关键词：教学内容；课堂教学方法改革；实践教学的改革

引　言

工程测量是我校土木类专业一门重要的专业基础课，主要目标是解决工程中包括规划、勘察、设计、施工、运营管理等过程中的测绘问题[1]，在专业培养的课程体系中具有重要的地位。该门课程主要由理论知识和实践指导两部分组成，两部分并重。对于土木工程专业的学生来说，实践教学显得尤为重要。本文结合近几年关于工程测量课程的理论教学和实践教学环节的教学经验，提出一些有益的建议。

1　工程测量教学中存在的问题

1.1　课时数量与教学内容不符

工程测量课程具有很强的实践性，加强实践性教学是培养学生非常关键的环节。但由于课时数固定，增加实验环节必然要牺牲理论课的课时，而理论是指导实践的重要环节，因此教师不得不对教学内容有所取舍，影响教学的系统性；也容易导致讲授不清，影响教学效果。

1.2　仪器设备陈旧落后，跟不上现代测绘技术的发展

随着科学技术的发展，测量仪器已向电子化、数字化、自动化、智能化、实时化和信息化的方向发展，新型测绘仪器不断出现，自动化程度越来越高，功能越来越全，但由于学校实验室建设经费的限制使其无法跟随生产实际发展的脚步，学校大部分设备还停留在光学仪器上，近年来虽然全站仪的台数有所增加，但依然没有配备 GPS 设备。而且仪器的使用频率非常高，折旧很快，损耗率也很高，而由于经费原因不能及时补充，对授课产生一定的影响。

1.3　学生数量与仪器数量不匹配

每年选修本课程的学生达数百人,而仪器的数量偏少,任课老师尽量分批上课,大部分时候能实现 4 个人一组,增加每个学生动手的机会。但由于时间所限,有时候不得不面对多个学生共用一台仪器的局面。

2　教学内容与教学方法的改革

2.1　教学内容的调整

本课程经过多年的发展,已经形成了较为完整的内容体系,但随着学科的发展,部分内容已经逐渐过时或被生产过程淘汰,应从教学内容中删除,或者在课堂上弱化这部分内容,只作简单介绍。新的内容应逐步引入教学内容中。在充分对比中德双方教学大纲的基础上,结合培养目标,任课教师重新制定了更为合理的教学内容,调整的部分内容见表 1。

表 1　教学内容调整

需要调整的教学内容	调整类型	调整原因
距离测量	弱化	随着全站仪的使用越来越广泛,传统的钢尺量距应用得越来越少
施工测量	增加	与土木专业息息相关,应该让学生学习这方面的内容
GPS 基础知识	增加	GPS,特别是差分 GPS 测量手段已经得到广泛应用

2.2　教学方法的改革

本课程的基本特点是"概念多、理论多、实践多"。既要注重培养学生的理论素质,又要培养学生的实践素质。

2.2.1　课堂教学方法上的改革

在课堂教学中采用"课前预习、课内讲授、课后讨论思考"三者相结合的方法,提高每堂课的效率。课堂教学中更注重案例教学、提问引导式教学等教学方法的应用。比如,导线测量的内外业,从让学生测量学校的地形图为例展开讲授,从选点—埋石—观测—计算全过程进行介绍,使案例教学更加生动,让学生能更好地理解导线测量的任务、作用和全过程,更能激发学生的兴趣。在水准测量的教学中,设置以下几个问题:如何测量自己的高程?如果两个同学距离 200~300 米,如何测量两者之间的高差?引导学生思考以什么为起算点,可以采用什么工具等问题,从而讲解水准原点、高程、高差,水准测量的原理和仪器等内容。在水平角观测中,可以设置测钎为什么要竖直?为什么要尽量找准测钎底部?没找准底部会引起什么误差?实际工程测量中要是无法瞄准测钎底部应该怎么办?从而加深学生对水平角的概念和测量方法的理解。通过各种教学方法的采用,形成一种"你想做什么?应该怎么做?这样做会得到什么?"的引导式教学模式,着重培养学生的创新思维和能力。

2.2.2　实践课教学方法的改革

出于时间、经费、安全等问题的考虑,实验课在校园里选择合适的场地进行,每讲授完一章,都会安排本章的实习,让学生在实践中消化基本理论和掌握基本技能。实践课以任务教学法为主,设置一个与所学内容相关的任务,让学生去完成,实践课前要求学生结合课堂教学内容和实验指导书先预习。通过实践课前的预习,学生能及时发现问题,对于实践过程中出现的问题,教师一般不会直接给出解决方法,而是指导学生找出出现问题可能的原因,从而使学生对理论知识的理解更加透彻。

3 结语与设想

3.1 结语

课堂教学与实践教学均表明,先进的教学手段只有同科学的教学方法相结合,才能真正发挥现代教育手段的威力;而先进的教学手段、教学方法还必须与教学内容改革有机结合起来,才能真正地体现优质的教学效果。因为教学手段、教学方法的唯一目的是表现教学内容,教学目标则是教学内容、教学手段和教学方法的总导向,它们之间的有机联系与组织,就构成了课堂教学结构的统一体。由此可见,只有应用系统方法才能深入分析课堂教学各要素及其组合连接关系;只有实现教学目标、教学内容、教学方法、教学手段的综合配套与整体优化,才能形成课堂教学系统的最佳结构,从而实现真正意义上的课堂教学改革。

3.2 对课程未来的设想

目前的实践内容设置较为关注学生对各种仪器使用的掌握程度和数据采集方法的熟练程度,而忽视了学生对获得数据后处理能力的培养,学生在对采集的数据进行处理时还会采用手工计算方法。学生接触不到数据处理软件和测量数据处理程序的编写方面的内容。比如土木专业要求学生学习 AutoCAD 软件,并且学生在大一的时候均开设过这门课程,而在 AutoCAD 基础上二次开发的南方 CASS 软件是目前测绘界中应用范围最广的成图工具之一,如果条件允许,通过全站仪外业测绘、CASS 软件的内业成图,让学生熟练掌握测量数据的输入、处理、成图、分析和报告整理整个流程,从而将实践课上相对独立的各个任务联系起来,将大大提升学生对本课程的整体理解和把握。

其次,让学生自己动手编写一些数据处理的应用程序也可以帮助学生对理论知识进行梳理,加深对基础理论的理解,还可提高学生的动手能力。因此,在今后的实验课程设置时,应尽量增加数据内业处理环节的实验课时。

参考文献

[1] 梁月华,汪杰."工程测量"实践教学探索[J].四川建材,2016,42(2):312-313.
[2] 夏慧琼,刘海.非测绘类专业"工程测量学"课程教学改革的探索[J].科技信息,2014(13):240,251.
[3] 张绍全,宁东卫.我国工程测量发展现状与趋势分析[J].计量技术,2016(2):30-32.
[4] 王立伟,刘美芳,李红梅.工程测量教学改革初探[J].城市建设理论研究,2014(18).

[5] 李沛鸿,刘陶胜,徐昌荣.浅谈"建筑工程测量"课程的教学改革[J].创新教育研究,2015,3(2):28-32.

[6] 李培根,许晓东,陈国松.我国本科工程教育实践教学问题与原因探析[J].高等工程教育研究,2012(3):1-6.

留学生全英文工程制图与计算机绘图教学探讨

张菁莉

摘要：越来越多的外国留学生进入中国大学校园学习。这些留学生的教育背景及文化程度差异较大。如何对不同特征的留学生进行能力培养，是高等教育国际化进程值得探索的问题。工程制图与计算机绘图作为土木工程专业的一门专业基础课，是土木工程专业留学生接触较早的专业相关课程。本文以该课程为例，就留学生的现状、课程的教学模式进行了探讨。

关键词：工程图学；工程制图与计算机绘图；留学生教学

随着我院国际化教育的发展，越来越多的留学生进入土木工程专业进行本科学习，这对于任课教师的外语水平和驾驭课堂的能力要求也越来越高。土木工程基础课程的"工程制图和计算机绘图"是留学生的必修课程，通过该课程的学习，留学生应具备一定的读图能力、绘图能力、空间想象能力和思维能力。由于留学生教育背景、文化基础、语言水平等各个方面差异较大，教师若采用对待中国学生的教学方法对待外国留学生是完全行不通的。本文针对留学生的特色、工程制图教学现状和教学方法进行反思，提出适合留学生的工程制图与计算机绘图课程的教学方法。

1 我院留学生特点

土木工程专业留学生绝大多数来自亚洲和非洲，他们主要具有以下特点：

1.1 普遍英语水平较高

来自亚洲国家的学生在本国接受全英文或双语的中小学教育，英文的听说读写能力较强。来自坦桑尼亚、刚果、索马里等非洲国家的留学生学习过英文，能熟练听说，但写作水平一般，语法问题较为严重。此外，留学生们的英语口音多样且口音较重。

1.2 知识水平、受教育背景差异大

以中国学生的文化水平为标准，有的留学生只有初中文化水平，很少一部分有高中文化程度。大部分学生没有接受过平面与立体几何的课程，点、线、面的基本概念没有建立。空间想象能力不强。因此，不能直接采用针对中国学生的教学方法和教学内容进行"工程制图与计算机绘图"课的教学。此外，由于成长背景不同，留学生与国内学生相比，组织、纪律性较差，迟到缺课现象较为严重，因此需要任课教师在排课和授课过程中注重课堂调整及管理。

1.3　入学时间与语言障碍

由于留学生来自不同的国家,办理签证等手续所需时间不同,导致其入学时间会从第一周持续到第四周左右,这也是导致课程进度缓慢的原因之一。语言方面,虽然留学生都能用英语或汉语与教师进行简单沟通,但毕竟师生的母语不都是英语,在沟通上会有很大障碍,这是影响教学效果的一个重要原因。

2　留学生"工程制图与计算机绘图"教学方法

2.1　编制适用于留学生的"工程制图与计算机绘图"教学大纲

由于留学生复杂的受教育背景以及参差不齐的知识水平,笔者在教学过程中发现,若按照全日制大学生的"工程制图"的教学大纲来对留学生进行教学是非常困难的,笔者经过三四年的教学实践,针对留学生的特点,专门制定了适用于留学生的全英文"工程制图与计算机绘图"课程教学大纲。大纲将课程内容针对留学生的知识层次进行了调整,例如对于较为复杂的换面法、曲面投影、截交线与相贯线等内容,由于其在土木工程中应用甚少,因此略去不讲,把点、线、面的构成及投影知识融入绘图讲解中,从而使学生更容易理解它们的概念。

此外,考虑到在土木工程专业中,留学生完成学业后基本上会回到自己国家从事相关专业工作。所以,在涉及国家标准的章节中,除了介绍我国的相关国标之外,也对欧美等地的国标做了简要说明。

2.2　编制适用于留学生的"工程制图与计算机绘图"自编讲义

由于原版英文工程制图教材的内容繁多,且缺少关于 AutoCAD 绘图软件的详细介绍,故笔者选择以自编讲义为主,并选择由窦忠强改编,Cecil Jensen 等人编著的 *Fundamentals of Engineering Drawing* (Fifth Edition)[1]为教学参考书,选择了由胡琳、程蓉主编的《工程制图》习题集(英汉双语对照)[2]为参考习题册。自编讲义主要节选、编排来自国外的原版英文教材。针对教学大纲的教学内容以及教学日历的进度,截取相关的知识章节,使学生可根据讲义更清晰地进一步了解和掌握授课内容。

2.3　课堂教学

对于普通全日制本科生,"工程制图"课主要以多媒体课件教学为主,辅助以黑板教学。但对于留学生,以多媒体课件为主的教学效果并不理想。其原因是多媒体教学进度较快,而且信息量较大,留学生不能及时消化所讲授的知识。所以,笔者针对留学生学习速度慢、理解能力弱的特点,采用以空间模型结合黑板教学为主的教学方式,力求能给出相关几何体的三维模型,培养学生的空间想象能力。

例如在形体的投影章节中,可以将形体的三面投影看成分别沿三个投影方向将三维形体压成平面图形,反之构建其三维模型的过程则是将平面图形拉伸复原的过程。经过这样的分析与建模,学生可以更加容易地理解形体的三视图的表达,同时也提高了空间想象能力。

多媒体课件将作为教辅材料留给学生课后复习使用,让学生充分掌握教学内容。

2.4 课程实践

工程制图中的许多知识点,如"求点到直线的距离""补绘三视图"等都比较适合应用于课程实践。具体实施步骤是:将留学生分成几组,给出一个工程实际问题,该问题难度不宜过高,让学生感觉可以从已学知识入手,但需要补充新的知识理论才能完成任务。在新知识的补充过程中,老师可以引入将要学习的知识点,使学生将其应用到自己要解决的问题中。最后,老师对教学内容进行讲解并总结,然后对每一组的方案进行评价,将每次完成任务情况量化到平时成绩中。

2.5 加强课堂管理,平时成绩设定细化

留学生普遍比较注重自己的成绩,因此需要将平时成绩细化到平时表现的点滴中,每次迟到缺课、每次随堂测试以及课程实践都会扣除或得到相应的分数,构成一个完善的平时成绩评定系统,这样可以督促留学生积极参与课堂学习并按时完成课堂作业,从而改善课堂教学效果。

2.6 提高自身英语水平

教师本身要为人师表,不断提高自身的业务水平。同时为了更好地了解留学生,让学生乐于与老师交流,就要多与学生交流,除了交流课程的内容之外,也要交流中国文化,交流留学生所在国度的文化和思想,成为留学生的朋友,帮助他们适应留学生活。此外,还要多参加留学生的各种活动,了解留学生的动态和性格特点,从而更能把握课堂教学,激发留学生的学习兴趣。

3 结 语

留学生的全英文"工程制图与计算机辅助设计"课程的教学工作在我院还处于起步阶段,作为教师有责任和义务采取各种措施,调动各方面的积极性,努力提高留学生全英文"工程制图与计算机辅助设计"课程的教学质量。随着英语授课水平的提高和经验的增长,笔者也在授课过程中逐渐探索出一些适应留学生"工程制图与计算机辅助设计"课程的教学方法和技巧,达到了教学相长的目的。但由于留学生全英文"工程制图与计算机辅助设计"课程教学的复杂性,需要进一步继续探讨的问题还很多。因此,笔者仍需不断分析留学生的教学反馈意见,提高教学水平。随着我国高等教育与国际的接轨,留学生教育会成为更多高等院校的教学内容之一。这就要求教师在教学过程中不断总结经验,提高教学质量,探讨适合留学生的教学模式和方法。

参考文献

[1] 窦忠强改编.Cecil Jensen,Jay D. Helsel,Dennis R. Short. Fundamentals of Engineering Drawing:Fifth Edition[M].北京:清华大学出版社,2009.
[2] 胡琳,程蓉.工程制图习题集(英汉双语对照)[M].北京:机械工业出版社,2015.

基于项目法的隧道开挖数值模拟课程教学改革研究

金炜枫

摘要：《地下工程设计原理》是本校土木工程专业的一门主要专业选修课程，其中隧道开挖对周围环境的影响是工程界关心的问题，本文提出以隧道开挖的工程项目为依托，采用课堂上学生进行隧道开挖的数值模拟实践并结合监测数据来深刻理解隧道开挖对周围环境影响的教学模式。

关键词：隧道开挖；项目法；数值模拟

引　言

地下工程设计原理是本校土木工程专业的一门主要专业选修课程，通过该课程的学习，使学生了解地下空间工程的特性，掌握明挖法修建的隧道和盾构法修建的地下工程的设计计算方法，能够针对复杂土木工程问题建立定量模型并进行模拟，能够通过理论研究对地下工程问题的体系、结构、构件、节点进行分析。其中隧道开挖对周围环境的影响是工程界关心的问题，本文提出的教学模式是以隧道开挖的工程项目为依托，通过课堂上进行隧道开挖的数值模拟实践并结合监测数据的方式来让学生深刻理解隧道开挖对周围环境影响。

1　项目教学法

对于课程教学改革已有一些研究成果[1-5]。项目教学法依托实际隧道开挖的工程项目开展教学，学生通过学习掌握土层中隧道的数值建模方法，并对实际工程中的土层和隧道进行数值建模，然后通过数值模拟分析隧道开挖对周围环境的影响，并且为工程提供有益的参考。学生在数值模拟分析中深刻理解土和结构的相互作用以及隧道开挖对周围环境的影响，并为将来实际工作中遇到的隧道开挖问题提供有效的研究分析手段。在项目教学过程中，重点在于教师让学生具备将复杂的隧道开挖问题简化为三维数值模型的能力，对隧道开挖的环境影响有明确的工程概念，并具备对三维模拟结果的可靠性分析的能力。因此，项目教学法中需要教师和学生的互动并培养学生分析工程问题并解决工程问题的能力，同时在模拟研究的过程中激起学生研究的兴趣并提高课程的教学质量。

2　项目教学法实施过程

以盾构隧道下穿已有明挖浅埋隧道的实际工程为例，如图 1 所示，首先建立三维的数值模型,结合勘察报告,将土体由下至上分层。数值计算时需要的基本假定包括:地表面及各土层均呈均质水平层状分布;是否考虑土体固结、次固结及流变引起的长期沉降;土体采用哪一种本构模型。

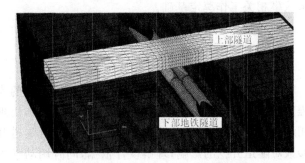

(a) 上部隧道和旋喷加固土体模型图　　(b) 上部和下部隧道结构及土体模型图

图 1　隧道开挖工程实例

三维模拟计算后,分析地表沉降的最大值及其出现的位置,可以发现下穿地铁隧道开挖时,地表最大沉降出现在两地铁隧道圆心连线中点的正上方地表,并且越接近上下重叠隧道区域,下部地铁隧道正上方的地表沉降越小。地铁隧道下穿上部隧道时,地铁隧道长轴线上方的地表沉降显示出与 Peck 公式相反的形式,即曲线中心的沉降要小于两侧的沉降,表现出上部隧道对下穿地铁隧道开挖引起地表沉降的抑制作用;而远离下部隧道后,在垂直上部隧道长轴线截面上,其地表沉降曲线表现出与 Peck 公式一样的趋势,但由于上部隧道埋深较浅,上部隧道正上方的地表沉降较为均匀。

提取上部隧道弯矩的最大值及其位置,以及压力和拉力的最大值及其位置,例如上述最大值都位于上下隧道重叠区段,上部隧道压力最大值出现在其上表面,拉力最大值出现在其下表面;压力最大值出现在上部隧道中间竖向壁面,拉力最大值位于上下隧道重叠区段的侧壁底部,考察拉力和压力最大值是否超过材料强度。提取上部隧道 x 方向(上部隧道长轴方向)位移最大值、y 方向(下部地铁隧道长轴线方向)位移最大值、沉降最大值,可以发现沉降较大值位于上下隧道重叠区段。提取旋喷桩加固区的压应力最大值看其是否小于加固区强度。

然后将模拟计算的结果同现场监测得到的位移等数据进行比较,调节土层参数直至计算结果与监测数据吻合。学生在数值模拟过程中加深理解地下工程设计原理的基本理论,通过数值模拟可以得到许多常规课堂中难以得到的信息,激发学生的学习兴趣,培养学生的科研能力。例如在建立地铁盾构隧道下穿已建隧道的三维数值模型中,通过改变下穿隧道与上部隧道的距离,考察上下隧道间距对上部隧道沉降及周围环境的影响;或者通过改变上部隧道加固层的材料参数和加固层厚度,分析材料参数和加固层厚度对下穿隧道开挖后应力场和位移场变化的影响。

在数值模拟的教学过程中需要充分激发学生的主动性,就设计和施工中关心的问题进行专题讨论,例如地标沉降预报、上部隧道裂缝计算等。同时让学生主动阅读科技论文,了解隧道开挖设计、施工、监测和数值模拟的最新进展,结合数值模拟开展讨论和专题汇报,培养学生的科学思维能力。

地下工程设计原理课程的学习应注意理论和工程实际的结合,让学生了解设计、施工和监测的现状是教学中不可缺少的一部分。在数值模拟过程中结合现场工程的监测数据,让学生了解隧道开挖的基本施工过程和设计的理论依据,进一步巩固课堂上学习的知识,为接下来从事相关工作奠定基础。

3　结　语

在《地下工程设计原理》课程中对隧道开挖数值的模拟,如果仅通过现场图片和简单的流程图难以让学生理解隧道开挖对周围环境影响的机理,如果在教学中需要理论和工程实际相结合,可以结合具体的工程项目,让学生进行隧道开挖的三维数值建模和分析,了解土层参数对隧道开挖的影响,理解设计依据,同时调动学生学习和科研的兴趣,让学生结合数值模拟查阅相关资料作专题讨论,了解前沿的理论和技术方法,培养更多优秀的专业人才,更好地为地下工程建设服务。

参考文献

[1] 贾蓬.隧道与地下工程课程教学改革探索[J].高等建筑教育,2012,21(4):70-73.

[2] 杨春景,刘冉冉.关于隧道工程教学改革的探讨[J].教育改革,2012(1):32.

[3] 薛延河.隧道工程技术课程教学改革的几点浅见[J].浙江交通职业技术学院学报,2012,13(3):55-58.

[4] 蒋海飞.深基坑支护结构设计与施工课程教学改革探讨[J].科技经济导刊,2017,11:155.

[5] 胡卫东,李斌,曾律弦.基于项目法与案例法相结合的深基坑支护技术课程教学改革研究[J].牡丹江教育学院学报,2012(6):143-144.

基于应用型土木工程专业基础工程(英语)教学探究

吴李泉

摘要:根据浙江科技学院土木工程专业基础工程(英语)课程的教学大纲的要求,在基础工程课程教学原有特征的基础之上,融合实践教学和教学现状综合分析,提出国际化应用型土木工程专业基础工程课程的教学改革和创新思路;在教学实践中不断调整教学内容、教学思路和教学方法以适应国际化和应用型的多方位综合要求,促进教学的协调发展和教学革新需求,增强师生之间教学沟通,激励学生学习的自主能动性,引导学生的自我完善与学习能力的提高;这些教学研究与探索在最近6届土木工程专业(国际班)的教学实践中取得了良好的教学效果。

关键词:土木工程专业(国际班);应用型;基础工程课程教学改进

前 言

基础工程(英语)是土木工程专业(国际班)的重要专业技术课程;在工程地质和土力学等课程的学习基础之上,通过该课程教学,它能使学生熟悉与掌握基础工程设计的基本原理和方法,学习与掌握工程地质勘、浅基础设计、深基础设计、基坑工程设计等主要内容。为了使应用型土木工程专业(国际班)的学生更好地学会和掌握基础工程的基本理论和实践技能,必须在现有教学现状基础之上,不断进行基础工程(英语)教学的改革、探索、研究、持续创新,以适应国际化土木工程专业中应用型教学的深化、革新和提升。

基础工程(英语)属于"土力学与基础工程"教学环节,该课程是土木工程专业中的重要专业基础课之一,在校、院、系领导的大力支持下,从教学内容、课程体系、教学方法、教学手段、教学条件等方面继续创新,不断改革,经过多轮教学班的教学与实践,证明了教改思路和方向正确,课程的教改效果显著。

1 基础工程(英语)教学现状与存在问题

浙江科技学院自2009年开始招收全日制土木工程专业国际班,教学过程中使用全英文授课,其中基础工程(英语)是三年级第二学期开设的课程。课程设置和教学大纲是参照国内外土木工程专业制定的,教学模式则主要是偏向于实践应用型;由于每年的招生生源质量参差不齐,学生基础差异也比较大,更由于留学生来自世界各国,其文化背景和思维习惯差异巨大,在教学实践中产生了一系列问题,需要不断改进提高。

1.1　留学生生源差异

浙江科技学院招收的全日制土木工程专业（国际班）学生，每年两个班合计 60 人以上，生源主要来自非洲和亚洲国家，其国籍分布比较广；由于大多数学生之间在成长经历、文化背景、学习方法、思维方式、基础知识等各个方面，都存在比较大的差别，直接影响到教学环节与教学效果；学生之间、师生之间都存在各个方面的教学理念与学习理念的差异，从而导致教学的困难和教学问题的产生。

1.2　教学内容、教学要求、教学方式之间的不协调

根据浙江科技学院的教学要求，基础工程（英语）课程教材主要是以英文原版 *Foundation Analysis and Design*（[美]Joseph E. Bowles 原著，郭映忠缩编）、*Principles of Foundation Engineering*（Braja. M. Das 原著）为主要理论依据与基础原理分析；实践教学中结合国内教材《基础工程》（周景星等著）和《建筑地基基础设计规范》（GB 50007—2011）等参考资料，以场地勘察—浅基础设计—深基础设计—基坑工程等内容为主线组织教学。由于教学内容相对较多，并且需要大量实践资料作为教学辅助；而教学课时安排只有 32 学时，所以教学内容的数量与教学学时的限制存在一定程度的矛盾。

在基础工程课程教学要求方面，按照国内传统教学方式，一般都采取统一的课程教学大纲、教学内容、教学日历等教学规划，教学的灵活机动特性难以得到实现，与国际班的实际情况也存在很多矛盾问题。在基础工程教学方式上，通常采用课堂教师讲解、多媒体演绎、学生认真听讲记录、课后辅导答疑等方式；课程考核则采用常规的考勤、平时作业、期末考试等典型国内特色模式；在这些相对固定的偏向填鸭式教学模式下，缺乏教学的灵活机动、互动沟通、交流促进等新时代教学潮流趋向要求。这些教学矛盾都需要在教学革新过程中调整解决。

1.3　留学生学习态度

浙江科技学院土木工程专业国际班教学以应用型为主导，在所招收的国内外学生中，基础层次存在较大差异，学生本身的工程地质、土力学、数学、力学等基础也有较大差别，再加上有近四分之一的学生缺乏学习主动性，对于一些公式推导和计算分析有畏难情绪，也造成教学效果的不良影响，对学生全面提高有一定阻碍。

2　基础工程（英语）教学革新与探索

首先，明确教学改革方向思路。教学改革中始终坚持全国本科专业大纲目录和全国土木工程专业指导委员会对基础工程课程教学内容提出的基本要求，同时，积极汲取国内外不同版本教学材料信息、建筑地基基础设计规范、各类工具指导书的精华，并结合浙江科技学院的实际情况，在如何培养应用型人才，突出"三基本"方面，对教学内容的组织进行调整、组合、创新、研究。

其次，在教学革新过程中，始终坚持贯彻以学生为本的现代教育理念；无论是教学内容的组织安排还是课堂教学手段方式的改革，最后的结果都要面向学生，让学生实实在在的受益。教学大纲纲目明细，按教学内容的内在规律编写，纲目逻辑严密、条理清晰，符合教学规

律,便于学生掌握土力学和基础工程的基本理论和各章内容的内在联系。精心组织绪论课的教学内容。讲好绪论课非常重要,讲好了就能极大激发学生学习的兴趣和学习动力。教学内容紧密贯彻理论联系实际的原则;大纲的教学内容注意引导学生把学习的问题和工程的实际问题挂钩联系。每学习一个问题和基本概念均要指出它的工程实际意义的来源出处。

第三,深入浅出地解决课堂教学中的重点和难点问题。基础工程课程教学大纲对内容的安排力求编排的科学合理,分析问题的思路能使学生感到思路明晰,教师在注意讲课内容内在逻辑严密的同时,充分发挥多媒体教学优势,图文并茂,动静结合,并注意与学生互动沟通交流,及时解答学生疑问。

第四,有的放矢进行学科交叉,多角度开发学生思维。与基础工程相联系的土木工程专业的相关专业课程,包括力学课程、工程地质、土力学、基础工程,以及后续的毕业实习与毕业设计(论文)等教学环节,还有具体教学内容包括场地勘察、浅基础设计、深基础设计、基坑工程等,它们既有各自特点,又有内在关联。在教学内容改革中,注意有的放矢地进行学科交叉联络,并在多角度上开发学生思维空间,进行学科交叉联系,就很容易使学生掌握教学大纲的基本原理与技能要求。

第五,专业教师亲自制作多媒体教学课件,课堂教学充分发挥多媒体教学的优势和效果;上述问题的解决均离不开多媒体教学;在课程的教学改革中,充分发挥多媒体教学优势,将信息技术与传统教学方式有机结合;专业教师亲自制作多媒体教学课件就能在课堂教学中有效地解决下述问题:(1)能及时将网络上提供的土木工程科学中的新闻新进展和土木工程新闻中的科学技术,如土木工程重大建设成就、土木工程灾害等,结合到教学内容中并介绍给学生;(2)良好的课堂教学效果,把 PPT 与传统的黑板相结合,教师站在讲台,以学生为本,与学生互动沟通交流,每堂课课件的设计内容要符合课堂教学规律,符合学生的认知规律。

3 《基础工程》(英语)教学革新效果讨论

自 2011 年以来在进行的 6 届土木工程专业国际班教学过程中,《基础工程》的教学革新探索一直在持续不断的进行。在教学内容调整组合、教学组织安排协调、多样化教学改革发展、学生之间与师升之间的沟通交流、教学次序调整、学生学习自主积极性提高、学期考试与及格率等方面都取得了很大提高;这些教学改革创新成果在学生的毕业设计(论文)和学生毕业后就业等方面都得到很好的体现,教学改革创新也在持续进行和提高中,形成了良好的教学改进循环系统。

参考文献

[1] Joseph E. Bowles. Foundation Analysis and Design. 重庆:重庆大学出版社,2006.

[2] Braja M. Das. Foundation Analysis and Design[M]. 7th revised. USA:Wadsworth Publishing Co Inc,2011.

[3] 周景星,李广信,张建红,等.基础工程[M].北京:清华大学出版社,2015.

[4] 中国建筑科学研究院.GB50007—2011 建筑地基基础设计规范[S].北京:中国建筑工业出版社,2011.

基于专业认证的基础工程课程大纲修订方法研究[*]

曹宇春，薛　文

摘要：以土木工程专业基础工程课程大纲修订为例，探讨如何基于专业认证标准从毕业要求、课程目标及达成度评价等方面对教学大纲进行全方位的改革，提出课程目标和毕业要求指标点达成度的评价方法。通过算例分析，得出课程目标和课程对应毕业要求指标点的达成度评价结果。研究结果可为工程教育专业认证相关大纲的修订及达成度评价提供参考。

关键词：专业认证；基础工程；课程大纲；课程目标；毕业要求；达成度

伴随着经济全球化和 21 世纪对工程技术人才知识体系与能力的要求，工程教育专业认证（评估）（Program/Professional Accreditation or Assessment）已越来越受到世界上众多国家的认可。中国土木工程专业的评估始于 20 世纪 90 年代中期，是国内工程学士学位专业中按照与国际通行的专门职业性专业认证接轨的制度进行认证的首例[1]，由此积累了丰富的专业认证（评估）工作经验。2016 年 6 月，中国成为《华盛顿协议》（*Washington Accord*）[2]第 18 个正式成员，标志着中国工程教育专业认证工作进入一个新的发展阶段。基于《华盛顿协议》，中国工程教育专业认证协会和住建部高等教育土木工程专业评估委员会先后出台了工程教育专业认证的通用标准和土木工程专业认证的补充标准及其他的认证文件，颁布了中国土木工程专业认证的指导文件，建立了相关标准[3-5]。土木工程专业认证既是中国高等工程教育走向世界的要求，也是高校土木工程专业发展的内在需求，对提高土木工程专业的人才培养质量具有重要的意义。

要满足土木工程专业认证标准，必须坚持学生中心（Student Centeredness，SC）、成果导向（Outcome Based Education，OBE）和持续改进（Continuous Quality Improvement，CQI）这 3 个核心理念[6]，从培养目标、毕业要求及其指标点的划分、课程考核方式、课程目标及毕业要求指标点的达成度评价等多方面进行全方位的改革。

从符合土木工程专业认证的角度出发，一些研究者在培养目标、毕业要求、课程体系设置[7-13]、课程大纲修订[14-15]、达成度评价[10-13]等方面进行了分析和探索。从已有研究成果看，基于 OBE 理念，从培养方案、课程教学大纲的连续设计流程出发，系统地设计并评价课程目标的教学改革研究方面还不够深入，尚缺乏通用的达成度评价公式和方法。对此，笔者以浙江科技学院土木工程专业的专业基础必修课——基础工程为例，重点介绍按照专业认证标准要求而发生显著变化的修订内容，探讨如何基于专业认证标准进行相关的课程大纲修订，提出适用于考虑各种考核方式的通用课程目标达成度评价公式，并举例说明课程目标

---

* 基金项目：浙江省"十二五"普通本科高校新兴特色专业建设项目（浙教高教〔2014〕110 号）

和毕业要求指标点达成度的评价方法。

1 培养方案的修订

要符合土木工程专业认证相关标准,需要对传统的培养方案做出较大的修订。由于教学大纲是基于培养方案而制订的,本文先讨论按照专业认证标准对培养方案所做的主要修订工作。浙江科技学院土木工程专业目前有两个版本的培养方案在执行,即 2013 修订版培养方案和 2017 版培养方案。本专业 2013~2016 级执行的是 2013 修订版培养方案,2017 级执行的是 2017 版培养方案。依据本专业培养方案中的培养目标、地方经济社会发展的需求、中国工程教育认证标准的相关要求,基于 OBE 的理念,并参考美国土木工程师学会(American Society of Civil Engineers,ASCE)21 世纪知识体系[16],制定了本专业的 12 条毕业要求。每条毕业要求细分为 2~4 个指标点,由相关的课程和教学活动予以支撑,这些课程对指标点达成度的贡献分别赋以不同的权重,也即其相应的达成目标值 W_m(m 对应于第 m 个毕业要求指标点),以计算毕业要求达成度。基础工程课程对应第 1、4 两个毕业要求,相应的毕业要求指标点及课程权重(达成目标值)如表 1 所示。

表 1 基础工程课程对应的毕业要求指标点及达成目标值

毕业要求	毕业要求指标点	课程权重(达成目标值)W_m
1 工程知识:能够将数学、自然科学、工程基础和专业知识用于解决土木工程专业的复杂工程问题	1.3 能够运用专业知识对土木工程专业的复杂工程问题的模型进行推理分析,并获得有效的解	0.20
4 研究:能够基于科学原理、采用科学方法对土木工程专业的复杂工程问题进行研究,包括设计实验、收集、处理、分析与解释数据,通过信息综合得到合理有效的结论并应用于工程实践	4.2 能够通过理论与实验研究,对土木工程问题的体系、结构、构件、节点进行分析	0.15

2 教学大纲的修订

2.1 教学大纲中毕业要求指标点和课程目标的关系

土木工程专业认证标准强调以学生为中心,需要按照《华盛顿协议》和其他相关的认证标准明确学生在知识、能力和素养方面的毕业要求。基础工程课程的能力要求是:通过该课程的学习,使学生掌握常见的地基基础的设计原理和计算方法,包括地基基础设计原则、浅基础、连续基础、桩基础等方面的内容,具备进行地基基础设计、分析、方案比选及评价等方面的能力。该课程对应的毕业要求指标点、课程目标及能力要求如表 2 所示。

表 2　基础工程毕业要求指标点与课程目标的对应关系

毕业要求指标点	课程目标
1.3	课程目标 1:掌握地基基础设计的基本原理和方法,具备应用基础工程专业知识对土木工程专业的复杂工程问题的相关地基基础模型进行推理分析,并获得有效的解
4.2	课程目标 2:能够通过对理论、实验与现场测试结果的研究,对浅基础和桩基础工程问题中的地基(基桩)承载力、地基(桩基)沉降量、基础(承台、桩)截面、结构强度、配筋和检测结果等进行分析

2.2　课程目标达成度自评方式

2.2.1　课程目标达成度评价通用计算公式

参照文献[17]毕业要求指标点达成度的计算思路,课程目标达成度评价值:

$$A_{Ci} = \frac{\sum_{j=1}^{k} \dfrac{p_j A_{ij}}{n_j}}{\sum_{j=1}^{k} \dfrac{p_j M_{ij}}{n_j} \times E_i} \tag{1}$$

式(1)中:A_{Ci} 为第 i 个课程目标的达成度评价值;k 为与课程目标有关的考核方式种类数;p_j 为第 j 种考核方式在总评成绩中的占比;A_{ij} 为第 j 种考核方式支持第 i 个课程目标的学生平均得分值;n_j 为第 j 种考核方式的累计评价次数;M_{ij} 为第 j 种考核方式支持第 i 个课程目标的累计设定分数值;E_i 为第 i 个课程目标达成度评价值的期望值。

如果第 j 种考核方式的成绩已经考虑了在总评成绩中的占比并按比例进行了设定,则 p_j 为 1.0。如某一考核方式在总评成绩中占比为 0.2,当其成绩总分以 20 分计时,那么式 (1)中对应的 p_j 为 1.0。课程目标达成度的期望值 E_i,当与课程重要性、各环节考核的综合难易程度有关,则 E_i 取值为 0.80~1.00。课程目标的达成标准是:当期望值 E_i 设置为 0.80~1.00某一数值时,课程目标的达成度评价值 A_{Ci} 大于或等于期望值 E_i,且 $A_{Ci} \leqslant 1.00$。对于团队合作、沟通、工程职业道德等非技术性指标对应的课程目标,可采用文献[17]中推荐的评分表分析法进行评价。

2.2.2　基础工程课程目标达成度评价方式

基础工程课程为考试课,总评采用百分制。考核成绩由平时成绩、期末考试成绩组合而成。各部分所占比例为:平时成绩占 50%,其中出勤占 5%,两次作业占 20%,两次平时测验占 25%,作业和平时测验成绩每次均采用百分制;期末考试成绩占 50%,采用百分制。

若平时作业次数为 n_1,平时测验次数为 n_2,期末考试次数为 $n_3 (n_3 = 1)$。在总评成绩中,平时作业占比 $p_1 = 0.2$,平时测验占比 $p_2 = 0.25$,期末考试占比 $p_3 = 0.5$。对于某一课程目标,对应的平时作业累计设定分数值 M_{i1},学生平时作业累计平均得分值为 A_{i1};对应的平时测验累计设定分数值 M_{i2},学生平时测验累计平均得分值为 A_{i2};对应的期末考试累计设定分数值 M_{i3},学生期末考试累计平均得分值为 A_{i3}。根据式(1),基础工程各课程目标达成度评价方式如表 3 所示。

表 3　基础工程课程目标达成度评价方式

课程目标点	M_{i1}	A_{i1}	M_{i2}	A_{i2}	M_{i3}	A_{i3}	E_i	课程目标达成度 A_{Ci}
课程目标 1	M_{11}	A_{11}	M_{12}	A_{12}	M_{13}	A_{13}	E_1	$A_{C1}=\left(\dfrac{p_1 A_{11}}{n_1}+\dfrac{p_2 A_{12}}{n_2}+\dfrac{p_3 A_{13}}{n_3}\right)/\left[\left(\dfrac{p_1 M_{11}}{n_1}+\dfrac{p_2 M_{12}}{n_2}+\dfrac{p_3 M_{13}}{n_3}\right)\times E_1\right]$
课程目标 2	M_{21}	A_{21}	M_{22}	A_{22}	M_{23}	A_{23}	E_2	$A_{C2}=\left(\dfrac{p_1 A_{21}}{n_1}+\dfrac{p_2 A_{22}}{n_2}+\dfrac{p_3 A_{23}}{n_3}\right)/\left[\left(\dfrac{p_1 M_{21}}{n_1}+\dfrac{p_2 M_{22}}{n_2}+\dfrac{p_3 M_{23}}{n_3}\right)\times E_2\right]$

3　课程目标和毕业要求指标点达成度评价算例

3.1　课程目标达成度算例

以某班基础工程课程考核情况为例,2 次作业、2 次测验、1 次期末考试对应于各课程目标的分数如表 4～表 6 所示。

表 4　2 次平时作业对应于各课程目标的分数数据

课程目标点	$(M_{i1})_1$	$(A_{i1})_1$	$(M_{i1})_2$	$(A_{i1})_2$	M_{i1}	A_{i1}
课程目标 1	0	0	30	19	30	19
课程目标 2	40	33	70	51	110	84

表 5　2 次平时测验对应于各课程目标的分数数据

课程目标点	$(M_{i2})_1$	$(A_{i2})_1$	$(M_{i2})_2$	$(A_{i2})_2$	M_{i2}	A_{i2}
课程目标 1	60	36	50	41	110	77
课程目标 2	100	85	100	82	200	167

表 6　1 次期末考试对应于各课程目标的分数数据

课程目标点	M_{i3}	A_{i3}
课程目标 1	30	22
课程目标 2	40	30

根据该课程在土木工程专业整个课程体系中的重要性,并综合各环节考核的难易程度,确定课程目标达成度评价值的期望值为:$E_1=0.80$,$E_2=0.85$。

基于上述分数统计数据及表 3 的课程目标达成度考核方式,利用 excel 电子表格软件计算该班级基础工程各课程目标的达成度评价值,结果如表 7 所示。

表 7　基础工程课程目标达成度算例结果

课程目标点	M_{i1}	A_{i1}	n_1	p_1	M_{i2}	A_{i2}	n_2	p_2	M_{i3}	A_{i3}	n_3	p_3	E_i	课程目标达成度 A_{Ci}
课程目标 1	30	19	2	0.20	110	77	2	0.25	30	22	1	0.50	0.80	0.89
课程目标 2	110	84	2	0.20	200	167	2	0.25	40	30	1	0.50	0.85	0.93

由表 7 可知,各课程目标达成度评价值均大于相应的期望值,即上述班级基础工程各课程目标均已达成。

3.2 毕业要求指标点达成度评价值计算

某课程对应的毕业要求指标点达成度评价值

$$A_{Im} = W_m \times (A_{C\min})_m \tag{2}$$

式(2)中：A_{Im} 为某课程对应的第 m 个毕业要求指标点的达成度评价值；$(A_{C\min})_m$ 为第 m 个毕业要求指标点对应各课程目标达成度的最小值。

根据基础工程课程毕业要求指标点与课程目标的对应关系(表2)，以及该课程对毕业要求指标点的课程权重或达成目标值(表1)，由式(2)可得上述班级对两个毕业要求指标点的达成度评价值，如表8所示。

表 8 基础工程对毕业要求指标点的达成度评价值

毕业要求指标点	W_m	$(A_{C\min})_m$	A_{Im}
1.3	0.20	0.89	0.178
4.2	0.15	0.93	0.140

4 结 语

本文以土木工程专业基础工程课程为例，探讨了如何基于专业认证标准进行相关的课程大纲修订，并举例说明了课程目标和毕业要求指标点达成度的评价方法。主要研究结果与结论如下：

(1)基于专业认证要求，提出了课程目标达成度和毕业要求指标点达成度评价的通用计算公式；

(2)以某班基础工程课程考核情况为例，计算和分析了课程目标达成度和毕业要求指标点达成度评价值，通过计算发现：该班基础工程对应的4个课程目标均已达成；

(3)将基础工程课程对应的毕业要求指标点达成度计算结果(表8)与各指标点下所有对应课程的结果进行叠加，则可得出整条毕业要求指标点的达成度评价值，以用于毕业要求达成度的评价。

本文的研究结果可为工程教育专业认证相关大纲的修订及相应的课程目标和毕业要求指标点达成度的计算提供参考。

参考文献

[1] 毕家驹.中国工程专业认证进入稳步发展阶段[J].高教发展与评估，2009,25(1):1.

[2] International Engineering Alliance. Graduate attributes and professional competencies[EB/OL]. [2017-09-06]. http://www.ieagreements.org/assets/Uploads/Documents/Policy/Graduate-Attributes-and-Professional-Competencies.pdf.

[3] 中国工程教育专业认证协会.通用标准[EB/OL].[2017-09-06]. http://www.ceeaa.org.cn/main! newsView4 Simple.action? menuID=01010702&ID=100000607.

[4] 中国工程教育专业认证协会.专业补充标准:土木类专业[EB/OL]. [2017-09-06]. http://www. ceeaa. org. cn/main! newsView4Simple. action? menuID = 01010702&ID=100000621.

[5] 住房和城乡建设部高等教育土木工程专业评估委员会.全国高等学校土木工程专业评估(认证)文件(2017版·总第6版)[Z].北京:住房和城乡建设部高等教育土木工程专业评估委员会,2017.

[6] 陈以一.用评估(认证)的核心理念指导专业建设、改革和评估准备[Z].北京:住房和城乡建设部高等教育土木工程专业评估委员会,2017.

[7] Felder R M, Brent R. Designing and teaching courses to satisfy the ABET engineering criteria[J]. Journal of Engineering Education, 2003, 92(1): 7.

[8] Khan M I, Mourad S M, Zahid W M. Developing and qualifying civil engineering programs for ABET accreditation[J]. Journal of King Saud University - Engineering Sciences, 2016, 28(1): 1.

[9] Passow H J, Passow C H. What competencies should undergraduate engineering programs emphasize? A systematic review[J]. Journal of Engineering Education, 2017, 106(3): 475.

[10] 欧红香,葛秀坤,邢志祥.毕业要求达成度评价体系探究:以安全工程专业认证为例[J].黑龙江教育(高教研究与评估),2015(10):4.

[11] 江学良,胡习兵,陈伯望,等.专业认证背景下土木工程专业人才培养体系探索与实践[J].高等建筑教育,2015,24(1):29.

[12] 聂仁仕,陈雄.论工程教育专业认证课程达成度评价体系之缺陷:以西南石油大学为例.[J].西南石油大学学报(社会科学版),2017,19(1):74.

[13] 孙晶,张伟,任宗金,等.工程教育专业认证毕业要求达成度的成果导向评价[J].清华大学教育研究,2017,38(4):117.

[14] 穆浩志,薛立军,牛兴华.工程教育专业认证背景下工程制图课程大纲的改革与实践[J].图学学报,2016,37(5):711.

[15] 王芳,吕明,王瑞金,等.面向工程教育专业认证的《热工基础(乙)》教学大纲改革[J].教育现代化,2017(28):49.

[16] American Society of Civil Engineers. Civil engineering body of knowledge for the 21st century: preparing the civil engineer for the future[M]. Reston, Virginia: American Society of Civil Engineers, 2008.

[17] 住建部高等教育土木工程专业评估委员会秘书处.工程教育评估(认证)工作指南(2016版)[Z].北京:中国工程教育专业认证协会,2016.

混凝土课程教学相关的数值专业模型规划研究*

曲 晨

摘要：为达到利用虚拟数值模型将一般力学概念和实际混凝土结构的具体承载机理建立链接的课堂教学目标，本文在简单介绍了工程数值模拟的主要方法和特点之后，针对部分授课难点，规划了一部分混凝土有限元数值模型，提出了规划模型的具体形式及用途，阐明了该部分模型与混凝土课程相关理论之间的辅助关系，为专业数值模型在混凝土结构课程教学中的进一步实施提供参考。

关键词：结构工程；数值模型；混凝土基本理论；课堂教学

在土木工程专业中，混凝土结构课程为必修的主干专业课，在该课程中，学生需要掌握混凝土结构的材料特点、基本受力形式下的结构承载与破坏机理、节点构造方法及连接方式等。由于混凝土结构的非均质特点，上述这些知识成为该课程的难点和重点，现阶段的情况是学生普遍缺少感性认识，仅根据教材图例和图片信息，学生难以将已学过的力学知识应用到工程承载上面，教师授课难度较大，从而导致教学效率低、质量差。建立混凝土课程的专业数值模型后，学生可以通过观察模型将已有的力学概念和混凝土结构的具体承载机理建立链接，增强感性认识，较好地掌握这些知识，建立起理论知识和工程原型之间的联系，有利于学生树立工程概念，符合高校培养高层次工程应用型人才的教育模式。

目前可供选择的工程教学模型多用塑料板等实体材料制作而成，并多用于体现结构类型，对于构件受力过程的应力应变变化等细部的力学概念和工程构件尺度的链接这一关键点无法体现，缺乏针对混凝土结构的统一数值模型规划，无法系统地使用于混凝土结构的教学中。且鉴于这些思考，同时考虑到数值模型相对于传统实物模型的诸多优点，认为有针对性地规划一些土木专业数值模型，可以体现构件在受力过程中的细观应力应变的变化特点，并将其与构件宏观尺度上的承载特点相联系，将有助于学生对混凝土结构承载机理的理解和认识，因此，在混凝土结构课程的教学中开展数值模型建设是十分必要的。

1 数值模拟方法简述

正如大家所熟知的，一般情况下，多数的工程技术中所涉及的客观规律可用满足一定边界条件的偏微分方程表示，但是由于实际工程中方程本身的边界条件多数比较复杂，应用解析解求解偏微分方程非常困难，可以获得闭合解的情况极少，因此在绝大多数情况下必须进行近似数值模拟。

---

* 基金项目：浙江科技学院课堂教学改革项目

现在工程中的一般数值解法可主要分为区域型解法和边界型解法两种[1]。其中,常用的区域型解法包括有限元法、差分法和传递矩阵法,而边界型解法包括边界元法或称为边界积分方程法、无网格法等。

其中,差分法通过差分将偏微分转化为差分方程,但对于区域形状有一定的限制。传递矩阵法将单元内的解析法与整体分析的近似法相结合,所以比较适用于一些变截面结构分析。

而边界元是一种基于边界单元和节点的数值方法,借助待求解问题的基本解和加权残数法,通过积分定理将偏微分方程转化为边界积分方程,并对求解域的边界进行离散而形成的数值方法,基于格林公式的应用,边界元法仅在边界上进行剖分,因此与其他方法比较,具有输入数据工作量小、节省计算时间、降维、域内应力连续、无插值误差等优点。该方法广泛应用于位势问题、流体力学、地下流变、热应力、散射问题等[2]。

20世纪90年代,无网格法[2]有了很大的发展,这是一种仅仅基于节点信息的处理而无需对求解域进行单元网格划分的数值方法。目前发展的无网格法有很多种,其主要区别是使用了不同的形函数或微分方程的等效形式[2],如光滑粒子法、扩展单元法、无单元法等。由于该方法在一系列离散的节点上构造其试函数,因此,场点与节点之间的联系不再通过单元实现,从而在求解过程中不会产生畸变网格,也不再需要网格重构,一般适用于分析具有高梯度、超大变形和奇异性的问题。特别是对梯度材料性能分析、高速碰撞和爆破及金属冲压成型等问题具有较好的精度[2]。但由于多数无网格法构造的试函数是非线性的逼近或拟合,不具有插值特性,因此其边界条件的施加相对困难,需要通过直接配点法等其他方法来引入边界条件。

相比以上的各种数值方法,有限元法作为出现较早,技术相对成熟的一种常用数值模拟方法,目前已成为应用最为广泛的数值方法,在工程分析及科学研究等方面发挥了重要的作用,取得了显著的社会经济效益。

有限元法将待求问题的所在区域离散为有限个单元,将无限自由度问题转变为离散的有限自由度问题,针对具体问题以变分原理或加权残数法建立对应的控制方程,通过数值积分得到与节点未知量有关的代数方程组,求解次代数方程组得到离散模型的节点变量的数值解,然后利用单元插值函数得到求解域内任一点的变量的数值解。

对于混凝土教学中常见形状的边界,有限元法可以灵活处理,将工程中的偏微分方程转化为代数方程求解,具有理论成熟、物理概念明确、简单直观、计算效率较高的特点,较为适合用于对混凝土基本构件的常规承载进行模拟的数值模型的建立和计算中。

2　拟模拟的混凝土重点概念及难点

钢筋混凝土结构由于其材料特性的离散型,加之实际工程中的情况多变,使其构件和结构性能及工作机理非常复杂,而钢筋混凝土课程在短短的2学期授课过程中需要让学生比较准确深刻地了解和掌握此结构的受力或材料的本质特性,对教师和学生都提出了不小的挑战。这里首先结合授课过程中的一点体会,介绍拟进行数值模拟的一些混凝土理解上的难点和重点概念及其重要性。

2.1　混凝土符合应力下的强度特性

现行混凝土结构规范[3]中给出的混凝土的强度指标大致包括以下几种：混凝土轴心抗拉强度、混凝土立方体抗压强度、混凝土轴心抗压强度，这几种强度指标都是混凝土特定尺寸构件在标准试验方法下得出的单轴强度指标，以作为结构设计使用的基本依据。

但由于实际混凝土结构受力的复杂性，实际混凝土结构中的每一单元均可能处于不同的复杂应力受力状态，例如混凝土简支梁纯弯段下侧表面纤维单元近似为单向受拉的应力状态，而弯剪段纤维可能出于正应力和剪应力的复合应力状态，这样使即使是同样强度标号的混凝土材料也有可能体现不同的强度表现，此概念仅仅通过课本的关系曲线[4]不能很直观地表现出其复合受力的强度特点。

2.2　混凝土横截面平截面假定

平截面假定是学生在混凝土先修课程材料力学中讲述的一个基本的概念，在混凝土课程中这个概念同样被当作一个极为重要的基本假定，以推导后续的承载力公式[4]。但在教学过程中发现，多数学生对其概念的掌握并不准确，无法与结构实物的纵向纤维的拉压变形联系起来，这里可以通过数值模拟直观地体现混凝土基本受力构件（比如梁结构）的平截面是否是近似满足的，从而对后续直接应用平截面假定进行参数的推导建立直观感念。

2.3　混凝土开裂前后钢筋应力变化

混凝土的抗拉强度地其抗压强度低很多，在现行混凝土规范建议的极限承载力计算公式中，多数情况是忽略其抗拉强度的贡献座位安全储备的。因此，在学习中，不少同学对于混凝土的抗拉强度重视程度不够。但抗拉强度在混凝土开裂前后的变化以及和钢筋的相互作用的分析，对于钢筋混凝土结构的开裂机理的分析是非常重要的。可以通过数值模拟直观地体现钢筋混凝土结构在混凝土开裂前后的应变应力的变化和相互关系，作为现行课本[4]中对该部分内容的描述的有力补充。

2.4　梁斜截面剪力传递及受剪机理

钢筋混凝土结构的抗剪承载机理历来是学界研究的重点和难点，诸多研究成果呈现的桁架结构比拟方式和参数也不尽相同，而剪跨比又是一个影响混凝土结构抗剪性能的重要参数，对于这部分内容部分学生一知半解，掌握程度比较差，主要原因是由于抗剪机理分析的理论模型相对复杂，以及学生对不同剪跨比下的钢筋混凝土结构的剪切破坏现象不是很了解而造成的。如果通过数值模拟可以呈现不同剪跨比下的梁随外荷载增大的受力全过程，以及不同截面的剪力的传递情况，将会有助于增强学生对桁架比拟[4]的直观概念和对计算方法的理解程度。

2.5　混凝土极限压应变随截面应变梯度的变化

混凝土实际受力时是否被压碎破坏而达到受压极限，很大程度上是由混凝土的极限压应变来控制的，课本中[4]多数情况给出单轴受压实验中的极限压应变值的大小，但如前述，实际受力时多数出于复合应力状态，诸多实验表明，此时混凝土材料的极限压应变是会随着截面的应变增长梯度而发生变化的,这个概念在分析偏心受压和轴心受压混凝土构件的极限承载机理时是必须考虑的因素,因此,对存在截面应变梯度变化的受力过程进行数值模拟,可以直观地体现两种不同受力状态的区别。

2.6 混凝土现浇板的受力特点

钢筋混凝土现浇整体结构在实际使用中非常普遍,由于多数混凝土现浇梁板结构的板结构和梁结构是整体浇筑在一起的,因此,如何将实际的现浇结构和课本上[5]讲解的单块的构件的受力联系起来就显得比较重要,一般把根据单跨板结构的弹性分析得出的两个方向的板跨比作为单向板和双向板的区分,并未建立单跨板和多跨板受力的实质联系,而是直接给出结论,这会使刚接触工程的同学对实际的现浇结构和课本的单跨构件之间无法建立联系,以至于无法学以致用,有必要利用数值模型呈现多跨现浇整体结构和其中的构件单元间的受力联系,更好地与书本及规范的设计表达建立联系。

3 混凝土专业数值模型规划

以上仅为混凝土教学中部分难于理解的概念和机理,针对这些难点可规划建立如下的专业数值模型来帮助学生对相应知识进行理解。

3.1 混凝土多轴受压试块模型

为体现混凝土在复合应力状况下的强度特性,可以建立针对规范的特定单轴强度的混凝土试块三维有限元模型,采用混凝土5参数W-W强度准则,考虑混凝土在静水压力和偏应力下的结构特性,进行不同围压的多轴受压数值模拟,可以混凝土随不同围压变化的轴向抗压强度的变化全过程,体现多轴强度关系并与课本的结果曲线[4]进行对比说明。

3.2 钢筋混凝土简支梁模型

针对横截面的平截面假定、混凝土开裂前后的应力变化以及混凝土梁的剪切承载这几部分的内容,可以建立三维的钢筋混凝土简支梁的分离式模型,将模型中的钢筋采用实体单元模拟,以得到其受力过程的应力变化,混凝土材料仍然可以采用5参数W-W强度准则或损伤本构关系,以考虑混凝土的非线性特性。拾取荷载逐渐增加过程中的横截面上不同高度出单元的水平应变,得出不同荷载下的横截面单元的位置以验证平截面假定;当荷载加载至混凝土开裂荷载前后,拾取此时开裂截面处的混凝土和钢筋的应变和应力,总结出规律并与书本规律进行对比;在钢筋混凝土梁的不同位置施加荷载,形成不同剪跨比的构件,记录加载过程中的剪应力、应变的变化,结合书本的空间桁架模型,说明简化的原理,最终体现混凝土梁的剪力承载特点。

3.3 钢筋混凝土柱模型

为体现不同应变梯度对混凝土极限压应变的影响,可以建立钢筋混凝土或混凝土的轴压和偏压柱的三维有限元模型,以轴压下截面混凝土应变变化为比照对象,施加不同的偏心荷载,使相同的混凝土柱横截面处于不同的应变梯度条件,观察各自的混凝土极限压应变的变化规律,以利于概念的直观认识。

3.4　钢筋混凝土多跨整体梁板模型

对于整体现浇结构和其中单元构件的受力关系,可以建立三维整体梁板混凝土模型,和单跨的单向板和双向板模型,在相同的荷载类型作用下进行对比,重点考虑单跨板结构和整体板结构在两个垂直方向上的荷载传递规律和比例,以及各自在不同荷载(集中荷载、均布荷载)的变形特点,以加深承载特点的直观感受,加强对实际整体结构的模型的分解能力。

4　结　语

针对混凝土结构的复杂性以及工程的多变性,本文提出在钢筋混凝土课程教授中的一些难于理解的概念及其对混凝土课程的重要性,相应地提出针对这些概念的混凝土专业数值模拟模型的初步规划,为后期具体实施混凝土课程概念的数值模型的建立提供方向,同时为相关课程的数值模拟辅助教学提供参考思路。

参考文献

[1] 郑建军,刘兴业,周欣竹.边界元法及其在结构分析中的应用[M].合肥:安徽科学技术出版社,2006.

[2] 程玉民.无网格法(上册)[M].北京:科学出版社,2015:1-3.

[3] 中国建筑科学研究院.GB 50010-2010 混凝土结构设计规范[S].北京:中国建筑工业出版社,2010.

[4] 东南大学,天津大学,同济大学.混凝土结构(上册)混凝土结构设计原理(第六版)[M].北京:中国建筑工业出版社,2016.

[5] 东南大学,天津大学,同济大学.混凝土结构(中册)混凝土结构与砌体结构设计(第六版)[M].北京:中国建筑工业出版社,2016.

土木工程专业毕业实践环节培养模式的思考

冯庆兴

摘要：目前浙江科技学院土木工程专业执行的是卓越工程师计划中的"3＋1"培养模式。该模式在具备优势的同时也暴露出一些问题，诸如学生的真实实习状况难以被指导教师掌握；部分学生由于得不到有效监督而不自律，白白浪费宝贵时间；一些培养专业技能的课程因为缺少时间无法开展或无法深入开展，导致出现学生就业后难以适应较高难度的工作等现象。学校针对这种种不利现象应该积极探讨对策，争取妥善解决集中暴露的问题。

关键词：浙江科技学院；土木工程；大四；培养计划；毕业实习

引　言

2010 年 6 月，教育部启动了"卓越工程师教育培养计划"[1]（简称"卓越计划"），旨在培养造就一大批创新能力强、适应经济社会发展需要的高质量各类型工程技术人才，为国家走新型工业化发展道路、建设创新型国家和人才强国战略服务。

浙江科技学院 2010 年入选卓越工程师教育培养计划[2]，本校土木工程专业正是执行卓越工程师培养的"3＋1"模式，即前三年以理论学习为主，最后一年以实践教学环节为主，主要依靠指导教师和企业技术人员联合指导和培养，使学生紧密联系实际，深入到土木工程建设的前期准备、设计、施工等各个阶段，以培养毕业后即具备工程能力和创新能力的应用型人才。

在这样的培养计划中，部分学生由于在大四上学期得到了充分的锻炼，加上自己的勤学好问，较好地掌握了专业技能，所以下学期很多学生就直接进入原单位一边继续实习一边做毕业设计，毕业后绝大多数留在了实习单位就业，并且得到实习单位的好评。但是，也有相当一部分学生由于本身基本功不扎实，实习时缺乏主动性，甚至迟迟未落实实习单位，白白浪费了大好时光。本文接下来将对这种培养模式的优缺点以及相应的可以采取的应对措施进行一一剖析。

1　大四学生培养计划需求多样性分析

临近毕业，大四学生的毕业去向有很多种，以浙江科技学院土木专业学生近五年平均数据为例，具体来说主要有如下几种：

（1）考研，这部分同学大概占总数 30％，考取的大约为其中的一半，未考取的另一半转

为其他毕业去向,极个别选择继续复习备考下一年研究生录取考试;

　　(2)去设计院工作,这部分同学大概占总数的 15%;

　　(3)去施工单位工作,这部分同学大概占总数的 40%;

　　(4)去咨询、造价单位和加固改造设计单位工作,这部分同学大概占总数的 15%;

　　(5)去机关事业单位、出国、转行等。

　　对应于不同的毕业去向,学生的需求也出现了多样化特征,对大四的课程安排,培养计划也就有自己的倾向。如考研或者考公务员以及准备出国的同学非常赞同本校目前的安排,即大四上学期仅安排前一个月的几门课程设计,然后进入毕业实习环节,这样,他们实际上是把实习放在了考研后的寒假,而利用大半学期的时间积极备战研究生入学考试。在对小范围的 68 名土木专业相关从业人员和部分学生的调查回访中发现,在回答是否赞同大四上学期开课,而把毕业实习和毕业设计归并在大四下学期时,其中 5 人回答了不赞同,5 人中 4 人就是考取研究生的学生。

　　对于在设计院或施工单位实习的学生来讲,似乎他们也非常需要这种安排,可以通过实战实练巩固专业知识,提高专业技能。然而,根据反馈回来的信息,几乎所有的学生都希望大四上学期继续开课。有希望能够深度学习一些软件使用和原理解析的,有希望能够再深入掌握一些基本原理的,所谓知识堆积成山后,实践时才能爬得更高。有 4 个受访者提出可以考虑实习一个月后回来上一段时间课,然后再出去实习,发现、积累一定问题后再回来上课,有点类似于美国东北大学的做法[3]。还有的学生希望在大三时加大专业课程的强度和密度,大四上学期开一些课程设计和所谓高端的选修课,这样学生即使考研也可以有选择地学一些课程。

2　当前培养模式的优缺点分析

　　当前培养模式的优点不言而喻,学生可以有大把的时间复习考研,与仍旧要上课相比节省了很多时间。然而由于课程被压缩,加上部分学生因为寒假难以找到合适的实习单位尤其是施工单位,更有甚者大四下学期部分学生也用了大半时间准备考研复试,导致其既没能好好学到专业知识又没得到实践锻炼,即使考取了研究生,由于缺乏专业技能,也限制了其进一步的科研活动,研究生阶段也就只能勉强毕业。而且,这样的培养计划也是为了让学生更好地掌握实践技能,而不是为了满足考研同学的需要。

　　该模式另一个最被看重的优点就是能够增加学生的实践时间,依靠指导教师和企业技术人员联合指导和培养,使学生紧密联系实际,毕业后即具备工程能力,这是由“卓越计划”具有的特点决定的。“卓越计划”具有的三个特点分别是:行业企业深度参与培养过程;学校按通用标准和行业标准培养工程人才;强化培养学生的工程能力和创新能力。在这三点中,第一点“行业企业深度参与培养过程”是贯彻“卓越计划”的前提。

　　然而,这第一点只不过是教育部美好的愿望而已,使本来的优点逆转为缺点。根据反馈的情况来看,不管是国企还是私企,也不管是设计单位还是施工单位,都很难说做到深度参与学生的培养过程。这体现在:校方包括指导老师和企业缺乏联系或根本没有联系;企业没有指导人员,即使配了“师父”也是偶尔解答一下问题而已,对学生不闻不问的也大有人在,这使得很多学生感慨“还是学校的老师对我们尽心尽责”。我们这时不应该指望企业对学生负责,企业本身也面临生存压力,而且没有对学生负责的义务,能够提供实习岗位已经非常不错了。另一方面,由于学生人数众多,学校实践基地资源有限,所以很多学生是自己找的实习单位,有些单位在学生家乡,这就导致指导老师很难控制学生的实习行为和质量。有学生反馈说,有一部分学生前期没有找到实习单位或者随便签了一个实习单位,然后成天待在寝室。

综上,现行培养模式的缺点就是课程压缩导致学生普遍反映专业知识深度广度都欠缺,另外,如果学生不自律加上指导老师无力监管,如果再配以工作量很低的毕业设计,学生几乎是荒废了一整个大四,这是一件多么可惜的事情。

3 几点建议

根据以上分析,在此提出如下建议:

(1)将大四的实践环节毕业实习和毕业设计合并在大四下学期,国内大多数高校就是这样执行的,包括浙江大学和同济大学,同济大学在大四下学期都开设如组合结构(双语教学)、大跨度结构、混凝土特种结构、建筑幕墙结构等课程。

(2)大学三年级加大专业课程的强度和密度,大四上学期开一些课程设计和所谓实践性很强的选修课,这样学生可以有更深厚的专业知识积累,而且由于大四时是选修课居多,一心考研的学生可以少选也不至于学分不够。另一方面,本专业一半以上的老师具备实际过程经验,完全可以指导学生辅修一些实践性强的课程,而且可以做到深入学习,其效果不会亚于放任学生在企业实习。

(3)如果仍旧按现行模式培养学生,对于考研的学生应要求其必须在寒假以及大四下学期参加毕业实习。对于直接进入企业实习的,校方和指导老师要加强和企业的联系,确保学生的实习能保质保量。指导老师的监督指导应该制度化且严格执行。

(4)大四下学期进入毕业设计环节时,应成立学科领导组对指导老师所申报的题目进行审核筛选,避免可能导致工作量过低的题目出现,确保学生得到充分有效的实践锻炼。

4 结 语

大四实践环节的学习和锻炼非常重要,目前暴露的一些情况非常值得我们关注。在保持良好初心的前提下,我们应该积极探讨对策并做主动调整,满足绝大多数学生的学习需求,帮助、指导学生更好地完成学业,从而培养高素质的应用型人才。

参考文献

[1] 中华人民共和国教育部.教育部关于实施卓越工程师教育培养计划的若干意见.2011-01-08.

[2] 中华人民共和国教育部.教育部关于批准第一批"卓越工程师教育培养计划"高校的通知.2010-06-13.

[3] 沈蒲生,赵明华,宋杰.美国高校土木工程本科教育概况[J].高等建筑教育,1999,8

　　　　(4):76-78.

[4] 刘西拉.从土木工程领域看 21 世纪的工程教育[J].高等工程教育研究,2006(3):
　　　8-14.

[5] 袁剑波,郑健龙.普通本科院校应用型人才创新能力培养研究[J].高等工程教育研
　　　究,2008(2):137-140.

土木工程专业毕业设计(论文)选题的改革与实践

黄竹也,肖志荣,马晓董,倪　玲

摘要:毕业设计(论文)是实现人才培养目标的重要教学环节,本文在调查研究的基础上从几个方面阐述了选题的改革和实践,并结合近三年浙江科技学院土木工程专业毕业设计(论文)的实际情况,从出题内容、检验标准和导师制度等方面提出了建议。

关键词:本科毕业设计(论文);土木工程;教育改革

毕业设计(论文)是本科教育的最后环节,是对整个大学阶段的一次全方位的检阅和评价,也是高校实现人才培养目标的重要教学环节。根据《浙江省普通本科高校分类指引》[1],浙江科技学院是以成为应用型为特色的教学研究型(综合性)大学为目标的,其毕业生的方向为工程实践型和研究型并重。

毕业生在解决土木工程专业的复杂工程问题时,能够就土木工程专业的复杂工程问题与业界同行及社会公众进行有效沟通和交流,包括撰写报告和设计文稿、陈述发言、表达或回应指令。毕业生要具备一定的国际视野,能够在跨文化背景下进行沟通和交流。浙江科技学院培养的目标为学生能够基于土木工程相关的背景知识和标准,使其不仅能够在团队中承担个体、团队成员或负责人的角色解决较复杂的工程问题,而且能够兼顾对社会、健康、安全、法律以及文化的影响和思考,成为一名具有专业素养和社会责任感的土木工程师。

1　选题的意义

毕业设计(论文)的目的是培养学生综合运用所学的理论和实践知识,锻炼逻辑分析能力、计算能力和文字表达能力。所以选题是确定方向、关联就业、培养实战能力的第一步。毕业设计题目要能够体现对工程项目有精确的分析能力和解决问题的能力,提高知识集成能力和利用基本技能进行工程设计的能力;毕业论文题目要求学生具有严谨的思维结构,文字撰写能力、实验能力和具备适当的科研能力[2]。

好的题目不仅能够集成知识而且能够与社会接轨,有益于就业,适应学生未来走向,给学生带来成熟的见解和新的体验,培养其自主学习、终生学习的意识和创新能力。

2　选题的类型

浙江科技学院土木工程专业在毕业阶段遵循学生和导师双向选择的原则,贯彻教育部办公厅《关于加强普通高等学校毕业设计(论文)的通知》[3]的精神实行一人一题的导师制。毕业设计(论文)根据学生意愿和学生的就业方向结合导师的专业特长分科研论文和结构设计两大类,其中科研论文主要来自指导教师的纵向和横向科研,一般适用于对科研有兴趣、报考了研究生的毕业生人群。结构设计题目来自工程实践,有混凝土结构设计、钢结构设计、施工管理设计、施工组织计划等,适用于毕业以后工程实践方向的学生人群。

据统计,2014届,土木工程专业毕业设计(论文)共 151 篇,其中工程设计类 142 篇,科研论文类 9 篇;2015届,土木工程专业毕业设计(论文)共 131 篇,其中工程设计类 144 篇,科研论文类 17 篇;2016届,土木工程专业毕业设计(论文)共 165 篇,其中工程设计类 136 篇,科研论文类 29 篇。如图 1 所示。

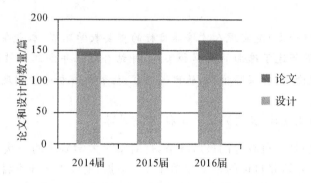

图 1　近三年毕业设计与毕业论文分类结构图

从图 1 可见,科研论文类的比重在逐年增加,近三年科研论文占毕业设计(论文)总数的 6.0%、10.7% 和 17.6%。一方面,这是由于学院近年来积极引进人才,师资结构发生变化,年轻的博士带来了更多的科研论文题目;另一方面,选择考研深造的学生比例在增加;再者,学校实验室建设与发展也起到了相当的作用。由此可见,学科建设的发展促进了毕业生设计(论文)选题的改革,也促使毕业生得以向着更全面的方向发展。

3　导师制的实行

浙江科技学院土木工程专业历来实行毕业环节导师责任制,即自第七学期的技术实习开始至第八学期的毕业设计(论文)为止,学生们都是在导师的带领下,以小组的方式共同学习和实践的。这有利于过程的管理,杜绝抄袭,也有利于一人一题模式的开展。

导师的责任不仅仅是授业与解惑,更多的是提供宽阔的视野和平台,为学生的自主学习、终生学习创造条件,同时也为学生的就业提供方便和指导。

4　题目的内容

从笔者近几年参与国际化教学的经验来看,国外学生对于毕业实习和毕业设计(论文)有着空前的热情,这是由于国外公司在审查求职简历时,很看重这一环节的锻炼,有的单位指明要毕业环节内容与工作相关度很高的学生,他们认为这是学校为用人单位作了良好的准备和培养,认为只有这样的人才才能够尽快派上用场。

很多学生在毕业设计(论文)环节积极地展开了求职工作,有不少学生能够很快地找到心仪的单位并且提出要在单位完成毕业设计(论文),这是允许的,但是校内指导教师给出的设计(论文)题目与现实工作的相关度方面往往是有欠缺的。比如一些工作能力强的学生已经在工作单位实践高层结构的设计,而学校由于一贯以来的标准而无法让学生以一栋高层建筑的设计图纸来交差,因此每年都有不少学生重起炉灶,返回手算。

当然这有可能偏离现有的统一标准,让教务部门感到无从管理,这就需要指导教师有认真负责的态度、好的业务水平和投入足够的精力来保障。

5 题目的难度和考核标准

仅从题目上是很难考核难度的,只有通过指导教师将题目的要求细化才能降低考核难度,但科研类题目往往还需要较长时间的尝试和论证,统一的标准在大问题上往往只能一刀切,这对于采用一人一题模式的毕业设计和论文来说未免过于粗糙,教务处需要有统一的标准来评判工作量是否饱满,但是工作的质量却需要更细致入微的监督和贯穿整个阶段的指导和检查。

学校考核的是毕业指导教师的师德和业务水平,指导教师考核的是学生的专业水平和设计(论文)质量,以及工作的态度和能力,将难度的把握和考核的准则下放给指导教师本人,这会更加灵活和合理。

6 结论与建议

随着教学改革的深入,建筑业硬件与软件的迅速发展,本科生毕业设计(论文)也面临着新的挑战,对于设计和论文的选题,笔者有以下几点建议:

(1)放宽选题内容

毕业设计选题中最常用的多层混凝土框架结构或者单层钢结构厂房的数量在减少,这是不争的事实。毕业生在设计院就业的最初三年,遇到小高层、高层和大跨度结构的比例在逐年攀升。因此,如果在校的最后阶段纠结于框架的内力平面计算,一刀切要求学生将大量的时间用于手算是得不偿失的,应该允许有一定现实意义的新型建筑和结构题目的存在。

从行业需求和学生就业方向出发,允许学生参与出题,参与度高积极性也就高了。让学生有更多的机会接触和使用新技术,不仅有利于提高学生最后阶段学习与工作的相关度,也有利于创新,进而促进学科建设。

(2)严格的题目审查制度

题目与专业的相关度是毋庸置疑的,题目必须代表该专业学生本科毕业水平,体现本科教育成果,切实达到学院培养人才的目标,即能够就土木工程专业的复杂工程问题与业界同行及社会公众进行有效沟通和交流。

近几年毕业设计(论文)都是教师填写以后在网上提交,教研室讨论,学院学术委员审查的,对有异议的题目要提请指导老师做出解释。

(3)规范的任务书

任务书应该有着很高的权威性和一定的契约精神,有的任务书多年多人不变,这是不符合一人一题精神的。任务书中应该明确设计的目标和方向、题目的来源和难度、要求的过程和检验标准。

（4）考核标准下放给导师

信任指导教师，将权力下放给指导教师，教师的意图和指令要在任务书中完整的呈现，考核的标准应该是培养目标的达成度，是毕业若干年后的就业职位与能力反馈书，在行业发展和社会变迁中呈现动态的平衡。

（5）取消毕业设计的文献综述部分

从历年毕业设计题目统计来看，设计题大多集中在钢结构设计（单层厂房居多）、4～6层混凝土框架设计，施工组织管理设计等方面，设计与科研论文不同的是，它带有更多的共性，包括力学的方法、技术的手段和所用的程序，以及设计的规范。学生既要千篇一律地说明怎样做一栋楼房的设计，又害怕重复率审查，所以先千方百计的拷贝，再颠倒文字次序。与其这样搜肠刮肚又不得要领，不如写一篇设计说明来得实在而有用。

参考文献

[1] 浙江省教育厅办公室关于做好 2015—2016 学年普通本科高校分类评价工作的通知，浙教办高教〔2016〕116 号.

[2] 张静，姚继涛，武福全，等.关本科毕业设计（论文）问卷调查分析[J].西安建筑科技大学学报（社会科学版），2001,30(4):80-83.

[3] 教育部办公厅.关于加强普通高等学校毕业设计（论文）的通知,2004.

[4] 张辉，张继龙.关本科毕业设计（论文）问题分析与研究对策[J].山西农业大学学报（社会科学版），2008,7(6):648-650.

[5] 蒋彦可，高雪.提高理工科本科生毕业论文开题创新性的具体思路[J].教育教学论坛,2016(42):4-6.

[6] 黄智铭.项目导向的应用型本科毕业论文改革探析[J].改革与开放,2016:30-33.

专业课程双语教学改革初探
——以土木工程材料双语课程为例

童芸芸

摘要：专业课程双语教学是培养具有国际化背景的高素质应用型人才的有效途径。浙江科技学院自 2014 年起引进土木工程材料（双语）课程，通过三年的摸索与实践，积累了一定的经验与教训。本文以土木工程材料（双语）教学为例，总结与分析在专业课双语教学中出现的常见问题，并通过教学实践经验的总结与反思，初探专业课程双语教学改革措施。

关键词：专业课程；双语教学；国际化；应用型；改革措施

浙江科技学院土木工程专业的培养目标定位在培养应用型土木工程师。人才的培养与国家和浙江地区的科技、经济、教育发展应该是紧密结合的。"一带一路"涉及大量工程建设项目，这些对外项目迫切需要专业人才。浙江作为建筑大省，许多建筑企业参与这些对外项目的建筑，同样也迫切需要应用型、国际化高级工程技术人才。能够熟练运用英语进行技术沟通的人才将在未来"一带一路"项目中发挥举足轻重的作用。中国高校学生虽然多年学习英语，但是只限于书目考试能力，大部分学生的英语沟通能力非常有限。同时，因为一直以来英语的学习与实际专业知识相脱节，专业英语的应用能力更是非常缺乏。加强专业课程双语教学课程建设已成为高校教育改革的当务之急。

2001 年和 2005 年教育部分别颁发了《关于加强本科教学工作，提高教学质量的若干意见》（教高〔2001〕4 号）和《关于进一步加强高等学校本科教学工作的若干意见》（教高〔2005〕1 号）文件，要求"本科教育要创造条件使用英语等外语进行公共课和专业课教学。对高新技术领域的生物技术、信息技术等专业，以及为适应我国加入 WTO 后需要的金融、法律等专业，更要先行一步，力争三年内，外语教学课程达到所开课程的 5%～10%"[1]。双语教学的开展情况被纳入本科高校的评估指标之一，成为我国高校教育教学改革中的亮点[2]。我校为了推动双语教学课程建设，保证双语教学的实施效果，结合我校双语教学开展情况专门制定了《浙江科技学院双语教学管理办法》，保证双语教学稳步推进并有序建设。

1 双语教学的内容与要求

我校明确了专业课程的双语教学的目的在于培养学生获取专业知识以及提高学生运用外语进行专业知识交流的能力，并提出了一定的规范性要求，主要包括：

① 双语教学课程，是指采用了外文教材并且外语授课课时达到该课程课时 50% 及以上的课程（外语课除外）。

② 结合我校实际情况，目前双语教学分外文教材全外文授课、外文教材部分外文（50%

及以上)授课两种类型。应优先选用教育部推荐的优秀外文教材,或选择适宜的外文教材或外文讲义。

③ 适量布置外文作业,用外文命题考试,考核方式应灵活多样,着重考核学生应用外语的能力。

④ 应增加口试的比重,学生在课堂上的发言次数、质量和水平,均可作为成绩评定的依据。

2　土木工程材料双语教学的开展情况

针对土木工程专业的土木工程材料(双语)课程的双语教学开始于 2014 年,授课对象为土木工程专业普通班全体学生。这是一门重要的技术基础课,为后续专业课程提供土木工程材料的基础理论知识。理论和实践性均较强,并与建筑、结构、施工、环境等知识领域密切相关。通过理论和实践教学环节,学生应掌握土木工程主要材料的组成、性能特点、工程要求和主要用途,使学生在掌握材料性能、掌握工程设计要求的基础上,具有合理正确选用材料、科学管理材料的能力。考虑到学生的英语水平参差不齐,为了保证双语教学的顺利开展,学生既能学到专业知识又能提高专业英语水平,上课采用了英文和中文两本教材,上课以全英文教材为主,以中文教材为辅,教学课件全英文,部分授课用外文(50％及以上),以达到较好的教学质量。适量布置外文作业,用外文命题考试。这三年的双语教学实施以来,效果较好,学生通过专业课程双语学习,提高了专业英语水平,更好地了解了学科前沿,拓宽了国际化视野。但是,由于专业课程双语教学正处于尝试和摸索阶段,还存在一些问题。

①满足大纲要求的全英文专业课教材非常少,教材的合适性和时效性还有待商榷。目前专业课程的双语教学大多还只限于中文教材和中文知识的"翻译式"教学,并没有真正地"引进"国外的先进教学体系、技术知识和管理理念。这与教育部推进的双语教学的改革目标是大相径庭的。

②学生英语水平参差不齐,在目前的条件下很难实现全英文教学,特别是授课全英文,上课的进度也会因为希望大部分同学都能跟上而放缓。

③学生对英文专业单词的学习有极大的惰性,学生过多的依赖于中文教材,更加不愿意张口说英文,因此专业知识的英语应用能力受到极大的限制。如何通过教学的方法以及考核方式调动学生专业英语的学习积极性是个很大的问题。这在将来的教学中要进一步改进,非常值得思考。

④专业课程双语教学中国际背景项目案例教学内容较少,存在理论知识与工程实践相脱节的问题,学生课后查阅英文文献的主动性和能力也有较大的提高空间。

3　专业课程双语教学的改革措施

基于专业课程双语教学中存在的问题、双语教学的特殊性以及中国高校教育的特点,随着双语教学的不断深入,双语教学改革可以从以下几方面考虑。

3.1　教学观念的改革

专业课程双语教学不是简单的专业英语词汇的记忆与背诵,更重要的是要从教师层面改变教学理念,引进国外先进的专业课程体系和知识结构,重视英语与学科的双向渗透;学生重视英语听说读写的应用能力,能够全方位地应用英语。以英语为媒介,以英语交际为实质,教师是指导者和引路人,学生作为学习的主体,应积极主动地参与双语教学活动,营造良好互动的教学氛围。

3.2　教学方法的改革

授课教师是专业双语教学改革的主导者、引路人和实施人,因此双语教学改革对教师提出了较高的要求,而首先要摒弃的就是老旧的"翻译式"教学,也就是一切按照非双语教学的体系、思路和内容,只是换成了英语授课。同时要避免的还有传统的教师全堂讲授,学生全程听课的方式。授课不拘泥于某一种固定的教学方法,也不固定相应的学时安排。针对不同的授课对象、课堂氛围和科研热点,随时都可能推陈出新并不拘泥传统教学方式。激发学生学习专业英语的兴趣,引导学生主动应用专业英语参与教学活动。增加"提问式、对比式、讨论式"教学方法在双语教学中的运用,给学生留出更多的参与时间,让学生开口说英语,鼓励学生大胆地用英语交流[3]。如果在双语教学初始,学生不能快速适应英语授课的节奏,也可以采用双语对比教学法,课件为英文,授课配以中文,交叉对比教学,循序渐进式开展专业课程双语教学。最后,注重案例教学,针对工程现象和国际工程案例,举例分析,引导学生联想和比较,组织学生通过小组课题训练,真正做到学以致用。

3.3　教学对象范围的改革

鉴于学生英语水平参差不齐,有些学生的英语基础达不到双语教学的要求,学校和学院可以通过学生自愿报名与学院选拔相结合的方式择优录取一部分英语基础相对较好的学生,对他们采用双语教学,而其他学生就不采用双语教学,以保证双语教学的质量。

3.4　双语课程教材的改革

双语教学的教材应以引进、改编和自主编写多种模式进行[1]。尽量选择最近几年出版的原版英文教材,保证学生学习的教学内容是本专业国际上最新的知识和技术,实时更新专业词汇、专业内容的表达、西方的专业教学思路和工程实践案例。教师可以根据教学内容和学生的实际情况来决定是否同时采用中文教材。除了课堂教材之外,教师通过积极组织学生开展课外英文科技文献阅读的活动,收集国际前沿专业知识和科技的发展,并将其补充到实际双语教学中,这样才能保证学生所学到的知识无论从形式上还是内容上都与国际接轨。

3.5　双语教学课程考核与评价方法的改革

目前高校专业课程的考核方式主要是期末成绩测试,这种考核方式不能全面地了解学生专业英语的应用能力。因此,双语教学课程的考核方式应灵活多样,着重考核学生应用外语的能力。应增加口试的比重,学生在课堂上的发言次数、质量和水平,均可作为成绩评定的依据;增加小组课题研究的教学内容与考核;增加课外自主学习环节,并设定相应的考核方法和成绩计算比例,等等。同时,专业课程双语教学目前还处于摸索阶段,建立有效的信息反馈机制和信息沟通机制,授课教师和听课学生的信息反馈对于课程的改进和教学的改革极为重要[4-6]。

4　结　语

中国高校力推专业课程的双语教学,它对教师和学生都提出了更高的要求,需要双方在教与学的实践中不断探索,共同进步,"以学生为中心",注重理论与实践相结合,注重学生技能的培养,提高学生的专业英语应用能力,使他们真正成为具有国际化背景的应用型人才。

参考文献

[1] 刘江红,芦艳,蒋国林.浅析完善双语教学改革[J].石油教育,2010(3),84-86.

[2] 李长生.双语教学改革与实践[J].咸阳师范学院学报,1999(s1):27-28.

[3] 张淑会,康志强.工科专业外语双语教学改革与实践[J].中国电力教育,2010(6):224-226.

[4] 邹建华.专业课双语教学改革与实践[J].继续教育研究,2008(11):130-132.

[5] 王海云,刘胜利.专业课双语教学的探讨和研究[J].中国科教创新导刊,2013(32):58.

[6] 曾任森,钱艳平,络世明.本科专业课双语教学的问题与方法探讨[J].高等农业教育,2003(10):52-54.

企业工程师融入专业课程教学的实践探索

吴建华

摘要:课程教学是教学中的主要环节,是培养思维方式和能力的重要途径。应用型人才培养主要应解决强化实践应用问题,除了强化实践教学环节外,应从专业课课堂教学中强化实践。据此本文针对"建筑钢结构设计"专业课程作了一些教学探索,提出了专业课课程教学中强化实践应用的一种途径。

关键词:企业工程师;课程教学;应用型;探索

随着经济的快速发展和市场经济体制的不断完善,国家对高层次应用型人才的需求不断增加,以培养应用型人才为目标的应用型本科院校的发展顺应了高等教育的发展趋势。而要适应这一发展要求,必须转变教育思想观念:在人才培养与社会需求的关系上,树立人才培养要主动适应社会发展需要的思想;在知识传授与能力和素质培养的关系上,树立注重素质教育,融传授知识、培养能力与提高素质为一体的思想;在理论与实践的关系上,树立理论联系实际,强调理论指导下的实践,能够有效促使学生掌握工程原理,结合工程实际,避免简单的为实践而实践。

目前专业课课堂教学中可能存在的主要问题有:教学中理论和实践有一定脱节,学生很难理解,导致上课兴趣不大;教师本身的实践能力较弱,虽然教学中结合了工程案例,但由于没有直接参与具体的工程实践,介绍时就不可能很深入;专业课教学往往很枯燥,哪怕教师很投入,学生没有新鲜感,学生听课效果可想而知……这些问题引发了实际教学效果较差,学生应用创新能力相对薄弱的现象,也说明目前课堂教学模式离培养高水平应用型人才还有一定的差距。

目前,在我国高等教育教学改革中,有一种倾向,即过于重视实验室建设、实验课建设和教学基地建设,却忽视了最基本的课堂实践教学部分。这是教育改革中的严重误区。在实践教学体系中,课堂实践教学是其他实践教学的基础,没有课堂实践教学做基础,其他实践教学就无从谈起。另外,课堂实践教学是连接理论教学与其他实践教学的重要桥梁,因此在实践教学改革中,必须重视这个基础部分。

笔者在多年前提出要解决专业课强化实践应用问题,除了强化实践教学环节(技术实习、实验、毕业设计等),提高实践教学效果外,还应从专业课课堂教学过程中强化实践应用,而仅仅靠教师在课堂上讲授是不能达到很好的教学效果的。通过对专业课"建筑钢结构设计"课程教学引入企业工程师直接参与课程教学的教学探索,取得较好的效果。

1 教学方法和手段

为了在专业课课堂教学过程中强化实践,在教学过程中应以课堂讲授为主,现场教学为辅。课堂讲授中加大课堂教学改革,除采取常规的课堂讨论,进行研讨式、案例化教学,在课堂教学中通过图片、录像直观展示工程实例,采用多媒体教学、网络教学相结合的方式外,还增加了邀请企业工程师融入课堂进行几次工程案例教学,课程部分内容专门由企业工程师授课,另外安排部分课时带学生现场参观,由企业工程师进行现场教学。

2　教学组织

"建筑钢结构设计"是土木工程专业实践性很强的专业课程。在学过"钢结构基本原理"课程后,通过本课程的学习,把学生引入设计应用阶段,使之能了解钢结构建筑的主要结构形式,较全面掌握建筑钢结构工程的设计方法,课程内容很多而课时相对较少,总学时只有32学时,讲课时应以抓重点讲方法为主,针对每种钢结构建筑类型最好能结合工程实例进行教学。

为此,本课程安排时了20学时由教师课堂授课,按教学大纲目标要求,主要考虑课程的系统性、完整性及理论性,使学生对各种建筑类型、主要的知识点、基本设计方法有充分认识。其中两个部分的内容由企业工程师课堂授课及现场教学,考虑将总学时中的12学时左右由企业工程师承担,主要针对课程中两个重点内容的"门式刚架结构""多高层钢结构建筑"工程实例进行分析,并安排1次现场参观。通过有实践经验的工程师共同授课,并结合现场参观教学加强对钢结构建筑、钢结构构件制作的直观认识,取长补短,以取得教学的最佳效果,如表1。

表1　课程内容及课时分配表(总学时32,其中企业工程师授课12)

序号	课程内容	学时	注(企业授课)
1	构件与构件的连接	4	
2	轻型门式刚架结构	14	企业人员授课(4) 现场教学参观(4)
3	重型厂房钢结构	6	
4	多层及高层建筑结构	6	企业人员授课(4)
5	大跨度屋盖结构	2	
合计		32	(12)

3　考核方法

3.1　考核目的

考试也是检查教师教学水平与教学质量,促进教师改进教学手段和方法的有效方法之一,也是检查和督促学生学习的行之有效的手段之一。一定的教学内容、方法和手段必须有对应的考试和考核方法相匹配,改革后的教学内容、方法和手段也应该有对应的考核方法与之配套,否则教学方法改革所取得的成果也难以维持。

专业课考核应注重过程考核,主要了解学生对专业的基本理论和设计方法的掌握情况,考核学生运用基本理论、基本知识，去独立分析、解决工程项目设计的基本能力和设计方法，为毕业后从事工程设计和管理等工作奠定基础。

3.2 考核内容

加强平时的过程考核：平时除一般的出勤、作业、课堂练习外，要求学生做三个教学小论文（二个讲课报告、一个参观报告）。三个小论文占总成绩的50%。

期末考核：主要是以基本概念为主，检查学生的基本知识，对设计概念的理解，对设计方法的掌握，考核时注重概念的理解、方法的掌握、知识的综合分析应用能力，这一部分仅占总成绩的50%。

4　取得效果（学生反馈）

土木工程专业三届学生的教学实践，取得了较好的效果，受到学生的普遍好评，学生感到很受益。下面是部分学生的听课报告和参观报告摘录。

通过第一次企业工程师到课堂教学，学生写道：

"通过杨工的精彩讲述，我们把理论知识和工程实践相结合，弥补了学习中的一些不足，提高了自己的专业知识，并向实践更靠近了一步，很感谢老师给我们提供这样系统的学习机会。""这次的讲课增加了我许多课外的知识，许多在工程中比较广泛应用的知识……""杨工通过自己在工作中遇到的实际问题案例等给我们上了生动的一课，也让我深刻地意识到，理论与实践的差距。""第一次近距离接触的我在听完杨工丰富的设计经验分享后收获满满，对轻钢设计有了具象的了解，同时让有些恐惧烦冗钢结构计算的我对钢结构设计产生了浓厚的兴趣。非常感谢吴老师能请杨工来为我们传授实际工程经验，让从未接触过钢结构厂房设计的我对整个设计过程和设计注意事项有了明确的认识。"

通过到钢结构公司现场教学，学生写道：

"在参观学习中，我们听从指导人员的讲解，把问题和技术难题带到现场沟通，外出学习的机会难能可贵。""通过本次钢结构公司参观，我们更加了解了钢结构的结构特点以及相关的生产流程，扩充了我们的知识面，使我们课堂中所学的知识能更好地结合实践。""参观钢结构工厂是一次非常好的实地考察机会，是书本知识和实际认识结合的一个合适途径。在学习的过程中经常会遇到脱离现实的情况，而在学习了知识之后再去实地工厂参观之后认识会更加深刻。""这次参观，让我们对书本知识有了具体和直观的理解和掌握。很多构造只有在亲眼看见的时候才会明白它的原理、方法和效果。对于我们接触钢结构不久的学生而言，课堂中对于所学知识有些抽象，常常不得要领，这样一次与设备和构件近距离接触的机会是非常及时和可贵的，让我们能对知识有比较细致和详细的了解，并且印象深刻。感谢吴老师，给我们提供这样好的一次机会，也非常感谢钢结构公司和讲解的技术人员。"

5　结　语

把工程实践贯穿于人才培养的全过程，在专业课教学中强化工程实践应用，提供具有工程特色的教学环境，使学生始终能够在工程环境中学习工程科学理论知识，培养工程应用能力和创新精神是需要各方共同努力的。当然,在把握课堂教学中如何恰当切入企业工程师教学,如何与理论教学内容合理自然的连接与穿插及课堂调度等方面的问题,还需在课堂教学实践中作进一步的研究与探索。在教学实践过程中还存在一些困难和问题:如课程内容时间的安排、企业工程师的邀请、现场教学点的联系落实等,还有在批阅大量的学生小论文以加强过程管理中,任课教师还要付出很多精力。这些问题的解决,需要学校的大力支持、企业的支持、校企合作的进一步深入以及专业教师对教学的投入。

在专业课课程教学中应体现以应用能力培养为主线,教学中应从以教师为中心向以学生为中心、以教师为主导的方式转变;在教学方法上要从单向知识传授为主,向师生互动、引导激发学生自主学习和通过实践研究探索的方式转变,采用讲授型、实践型为主的教学方法。探索建立与应用型人才培养要求相适应的课堂教学模式。以学生为中心,切实提高学生分析、解决工程实际问题的能力,突出工程实践能力培养,在实践能力和思维能力的基础上培养创新能力,聚焦"解决复杂工程问题能力培养",为工科应用型本科人才培养教学改革提供新的思路。

参考文献

[1] 吴建华,徐琏,干惟.基于实践应用的土木工程专业课堂教学改革探索[A].土木建筑教育改革理论与实践(11卷)[C].武汉:武汉理工大学出版社,2009.

[2] 吴建华.基于"校企合作"的土木工程专业定向培养教学探讨[J].兰州理工大学学报,2009(35):175-177.

[3] 曹凤月.课堂实践教学:高校实践教学的基础环节[J].中国劳动关系学院学报,2009,23(4):106-109.

[4] 袁剑波,郑健龙.普通本科院校应用型人才创新能力培养研究[J].高等工程教育研究,2008(2):137-140.

[5] 蒋宗礼.本科工程教育:聚焦学生解决复杂工程问题能力的培养[J].中国大学教学,2016(11):27-30.

土木工程专业留学生静力学全英文教学的总结和建议

任倩

摘要：浙江科技学院国际化总体水平居浙江省高校第四位，而土木与建筑工程学院国际化办学走在了学校前列，通过开设"国际班"，吸引国际留学生。而如何提高留学生全英文课程的教学质量也成为学校教师在教学工作中的新课题。文章对土木工程专业重要的基础课程——静力学全英文教学模式进行了探讨。首先分析了留学生的特点以及中美静力学课程的不同，在此基础上提出了适合静力学全英文课程的几点建议，强调应该以留学生为中心，提升教学效果。

关键词：留学生；土木工程；静力学；全英文教学

随着我国综合国力的不断提升和高等教育改革的不断推进，越来越多的外国留学生选择来中国求学，留学生教育也成为我国高校国际化建设的重要组成部分。《国家中长期教育改革和发展规划纲要（2010—2020 年）》中指出，"我国将扩大教育开放，增加中国政府奖学金数量，重点资助发展中国家学生，优化来华留学人员结构。实施来华留学预备教育，增加高等学校外语授课的学科专业，不断提高来华留学教育质量"。同时将实施留学中国计划并扩大来华留学生规模。由此可见，目前国家对留学生的数量和教育质量都有着很高的期待和要求[1]。浙江科技学院始终把国际交流与合作作为学校发展的重要战略，形成了鲜明的国际化办学特色。而土木与建筑工程学院在构建多层次、有较大影响的国际合作平台基础上（从中外联合培养本科生项目、中外合作办学项目到中外合作办学机构），进行了不同国际合作平台下土木工程专业人才培养模式的尝试，例如开设本科层次全英文授课国际化专业 1 个（土木工程专业），硕士层次全英文授课国际化专业 1 个（土木工程专业），全英文授课国际化专业入选浙江省教育厅国际化专业建设项目。土木工程本科每年两个班的国际留学生，大部分学生来自东南亚和非洲地区，他们基本没有一点中文基础，英语水平也参差不齐。因此"国际班"课程全英文教学对学生和老师难度都很大[2]。

静力学这门基础力学课程是土木工程专业十分重要的必修课，是否能够掌握基础力学的基本知识与理论将直接影响到后续力学课程和其他专业课程的学习。笔者作为静力学全英文课程的主要任课教师，积累了一定的教学经验，结合国外访学经历以及与留学生交流的反馈信息，对土木工程专业留学生静力学的全英文教学工作进行了总结和建议。

1　土木工程专业留学生静力学全英语课程存在的主要问题

1.1　语言问题

学生英语水平参差不齐、教师英语水平不高,语言是教师与学生沟通的桥梁,因此,语言能力与水平在一定程度上直接影响留学生教学的效果和最终质量,甚至关系到这项工作能否继续开展[3]。一方面,土木工程专业留学生主要来自第三世界不发达国家,如印度尼西亚、哈萨克斯坦、尼日利亚、刚果等。这些国家母语大都为非英语,因此留学生的英语水平参差不齐,如印度尼西亚是以英语为官方语言,其留学生英语水平较高,但是他们的发音既非"英式英语"又非"美式英语",让人难以听懂。另一方面,教师的英语水平也普遍不高,他们大都在国内接受传统的教育,国外的学习工作经历匮乏,母语也非英语,英语的听说读写水平一般。

1.2　学生学术基础与课程难度匹配度问题

留学生们来自各个不同的国家,他们所接受的教育千差万别,入学之前也未有像高考一样比较严格的考核,入学相对比较容易,因此同学们的基础参差不齐。同学们留学的目的也不尽相同,有些同学确实渴望通过留学生活学到比较先进的科学文化知识,而部分同学则仅仅为了混个文凭,出于不同的目的,他们对课程的重视程度不完全一样,因此他们对知识的掌握、学习的主观能动性等等大不一样。而关于静力学课程,它是土木工程专业的基础课,难度大,要求学生具有较好的数学、物理等知识基础,理论性很强,同学们普遍存在理解困难的情况,即使是国内学生,具备良好的数理基础,他们在大学阶段学习静力学课程时也常感到吃力,而对于留学生,他们的数理基础相对较差,因此要学习掌握好这门课程就更为困难了。

1.3　教材问题

缺乏专门教材是静力学全英文课程教学要面对的重要问题。不少高校国际班使用的都是引进的静力学外文原版教材,这些教材内容新、印刷精美、价格高,多是"小课时、大教材"的模式,内容非常详尽和广泛,没有固定的教学大纲的严格限制。从学科知识的系统阐述来看,国外大学教材更强调如何将知识应用于实际,从实际出发倡导学以致用。但存在内容多且英文要求高的缺点,不适合留学生英文水平普遍不高、学习基础差、进度慢这一特殊情况。我院采用哈工大栾锡富老师编写的《理论力学》全英文教材,该教材是以简明理论力学版本为基础,言简意赅,价格便宜。由于国内大学教材是教师和学生共同使用的,其编写立足于教师的中心地位,是教师课堂宣讲的蓝本,一般不会将老师不讲授的内容过多地写入教材。从学科知识的系统阐述来看,国内教材更偏重于理论阐述[4]。但我院仅采用该书的静力学部分,不足百页,因此缺乏详细的阐述和生动的举例,导致留学生理解难,学习积极性不高。

1.4　考核方式问题

由于静力学属于基础理论课程,传统的考核方式通常都是以期末考为主,占总评成绩的

80%,平时成绩和考勤只占 20%。这种考核方式出发点主要是督促学生全面掌握整个学期所学的内容,抓住重点。从近几年留学生静力学全英文课程教学实践的实际效果来看,这种传统的考核方式除了能在短期内促使学生临时抱佛脚外,并未能督促学生贯穿整个课程坚持不懈的努力学习,考试过后不久学生们大都又将所学知识全部退还给了老师,回归到一片空白的原始状态。另外,更为严重的是,留学生学习的自律性相对较差,课堂上经常出现迟到甚至旷课的现象,采用以期末考试为主的考核形式使他们平时更不用心学习而只是在期末时候突击过关。

2 国内外静力学课程设计的不同

作者曾经在美国做过的访问学者,对美国土木工程专业的课程设置比较了解,此处仅以美国旧金山州立大学和浙江科技学院的静力学课程设计为例,总结国内外静力学课程设计的不同。

2.1 课时安排与教学内容不同

在美国,静力学是土木工程专业一门非常重要的基础课,不像国内一学年只设置在某一个学期,美国大学每个学期都有学习这门课程的机会。一周两次课,每次一小时十五分钟。总共 15 周,总课时和国内的课程设置量相当。但国外静力学在内容上很饱满,除国内讲授的常规内容如平面力系、空间力系及其应用外,还引入矢量力学、流体静力学和虚功的概念。

2.2 侧重点不同

美国的结构分析课程通常偏重于计算,与实际工程联系比较紧密,但是对一些基本概念和理论的讲解不够深入。我校的静力学教学的特点是理论和计算并重,不仅要求学生能够熟练掌握分析各种结构的计算方法,同时要对这些方法背后的基本概念的理论谙熟于心,但是与美国相比,与实际工程的联系稍显薄弱。

2.3 教学模式和教学手段不同

美国的课堂通常比较自由,强调以学生为中心,学生可以任意提问或者与教师交流,提出自己的意见。我国的传统教学模式是以教师为中心,教师进行知识讲授并且主导着课堂,鲜少有学生提问,师生之前缺少互动。在州立大学,力学相关课程教学主要以板书的方式进行,而在我校,教师通常利用课件进行多媒体教学。

2.4 考核方式不同

国内考核按照大纲要求,平时成绩占 20%,期末成绩占 80%。国外考核分成四个部分,作业和考勤占 20%;每次上课有小测试,测试成绩占 30%;期中考试占 20%;期末考试占 30%。绝不允许抄袭和作弊行为。

综上所述,国内外的课程设计各有优缺点,英文课程的任课教师,要充分利用两者的优点,结合学生的文化背景和学习水平,合理地安排教学内容、教学侧重点以及教学模式,争取达到最好的教学效果。

3　关于静力学全英文课程教学的几点建议

3.1　把好招生关,提高留学生质量

良好的生源对于高等教育教学质量的意义不言而喻,毕业生的质量直接影响到一所大学的声誉,如由于学生素质不高从而无法保证教学质量,学校的国际声誉和学术地位会受到很大影响。相反,具有良好的声誉的学校才能够提供给学生较好的发展机会,毕业生素质受到好评的学校必然吸引众多的外国学生前来求学。因此,需要学校在招生的过程中注重考查留学生的学习能力,如条件允许可以增加面试环节,尽量招收素质较高的留学生[5]。

3.2　根据学生水平合理使用教材

选择教材和教学内容是教学过程的重要一环。选用教材时既不能照搬英文原版教材,也不能照搬现有的汉语教材。宜采用国外优秀原版教材为主、国内教材为辅的形式作为授课的理论基石。结合国外教材的应用知识部分和国内教材中教学大纲的重中之重,确定教学内容,使其在符合学科要求且不低于中文教学标准的前提下,引导学生掌握解决实际问题的途径和方法。各方面条件成熟时编制适合国际班的英文版高等数学教材。

3.3　灵活多变的教学方法与手段

根据留学生基础知识薄弱的特点,任课教师应该更加注重基本概念和基本理论的讲解,努力将基本知识讲得清楚、透彻。应因材施教,对于一些拔尖性质的内容可以做适当的删减。

分层次教学,设置由研究生授课的带学分的静力学辅助选修课程,面向基础薄弱、学习有困难的学生,针对主课内容进行补充讲解和习题训练。

重视课堂环节的师生互动,通过老师提问、学生自主发问、学生讨论、学生主讲等各种方式迫使学生变被动学习为主动学习,关注其学习过程。

3.4　改革考核方式

静力学的先修课程是高等数学和大学物理,建议学院规定取得先修课程的学分后才能继续后续课程,这样才能对后续课程的教学质量有保障。

传统的教学一般采用期末闭卷考试,一次闭卷考试的分数就基本决定了学生的课程成绩,有的学生考前临时突击也能突击个较不错的分数,有的甚至通过作弊投机取巧的方式通过考试,这些行为不利于学生对力学知识的掌握和运用。除期末闭卷考试外,建议结合其他多种考核方式,每次上课前十分钟完成一道与上次授课内容相关的习题,作为一次测试成绩,举行开卷的期中考试,并要求学生自主出考题,鼓励学生以积极、主动的心态系统的复习,掌握重点难点。课程成绩则由作业和出勤情况、小测试、期中考试分数、期中自主出题、期末考试分数五部分共同组成。

4　结　语

　　静力学作为土木工程专业的一门重要基础课,其教学质量直接影响到学生今后的学习和工作。考虑到留学生群体的特殊性,静力学全英文教学应当采用合理的教学手段和教学方法,真正实现以学生为中心的教育模式,任课教师也该在教学和科研中不断提高自身素质,从而提高本课程的教学质量。

参考文献

[1] 李鸿昊.土木工程专业留学生结构力学课程全英文教学探讨[J].高教学刊,2017
　　(2):77-81.

[2] 宋玉霞,兰雪萍,张华.留学生来华学习意愿调查及对策研究——以西安交通大学
　　为例[J].教育教学论坛,2016(26):1-3.

[3] 李轶群.关于发展我国来华留学生教育的几点思考[J].高教研究,2012(9):27-29.

[4] 侯书会,范玉妹.高校国际班高等数学教学实践与探索[J].课程教材改革,2012
　　(255):45-46.

[5] 杜芳,王松岩.国际班外国留学生双语能力培养的研究与实践——以大连理工大学
　　为例[J].吉林省教育学院学报,2012,28(1):93-95.

对"砌体结构"课程教学的探讨

陈天虹

摘要：本文针对"砌体结构"课程教学中存在的一些问题：大纲要求内容多与计划教学课时少之间的矛盾、工程设计实践性强与学生整体结构概念差和工作经验少之间的矛盾、构造要求"刻板"与学生学习需要"灵活"之间的矛盾等。提出调整课程教学内容、教学方法、考核形式的参考建议：精选教学内容、重点解决局部问题，改进教学形式、开辟实践性教学第二课堂、提高课堂教学效果，调整考核形式、发挥考核的引导和激励功能等。

关键词："砌体结构"课程教学；存在问题；调整建议

"砌体结构"是土木工程专业学生必修的主要专业课程之一，做好本课程的教学工作，让学生掌握砌体结构的基本原理、计算方法、设计要求和构造措施，对学生进行毕业实习、毕业设计和毕业以后从事有关土木工程的工作，都具有十分重要的意义。

笔者作为该课程的主讲教师，在进行课程教学的过程中，主要遇到了以下几个方面的问题：教学大纲要求的内容多与教学计划安排的学时少之间的矛盾，工程设计的实践性强与学生整体结构概念差和工作经验少之间的矛盾，构造要求"刻板"与学生学习需要"灵活"之间的矛盾。为了解决这些问题，调动学生的学习积极性、增加学习效果、提高学生处理工程问题的能力，通过对本课程教学工作方法的不断探索，提出以下建议，意在"抛砖引玉"。

1 突出工程院校本科教学特色，解决课程内容多与计划学时少之间的矛盾

文献[1]明确，砌体结构是指用砖、石或砌块为块材，用砂浆砌筑的结构。因此，本课程的教学包含了砌体结构基本原理和砌体结构设计两部分主要内容，教学计划安排的课内教学为 16 学时，考查课程。内容多与课时少之间的矛盾十分突出[2]，所以有必要在教学内容的安排上，适当地缩减纯理论部分知识的讲解，以"必须、够用"为原则，给一些实际问题处理方法的介绍留下一定的时间。

1.1 根据专业需要，精选教学内容

本课程选用的教材是刘立新主编的《砌体结构》，教学过程中根据大纲的要求，有所侧重地选择教学内容。以砌体结构基本原理的讲解为主线索，结合房屋建筑砌体结构工程的设计、施工要求，进行基本理论的学习和计算方法的学习。

1.2 做好新旧知识之间的衔接，提高课堂效率

本课程是学生在学习了众多的专业基础课和专业课以后开设的，是与混凝土结构基本

原理及课程设计、钢结构基本原理及课程设计、基础工程基本原理及课程设计和高层建筑结构设计、建筑结构抗震设计等课程同时学习的,因此在学习过程中,会碰到不少重复的内容,给学生产生一种"炒冷饭"的感觉(如基本材料力学性能、以概率理论为基础的极限状态设计方法等),所以做好已有知识与新内容之间的区分和衔接、避免相似内容的简单重复就显得非常重要,注意在课堂讲解中重复地讲差别、烦琐地讲重点、常用地讲规律、抽象地讲实际、相似地讲典型,以增加学生对新知识学习的兴趣、对旧内容复习巩固的耐心。

1.3　把握系统理论,重点解决局部问题

为节约课时,适当地选配和组织教学内容的次序,但应注意课程内容的系统性,使学生感到课程的知识和内容是连贯的、完整的。

比如现代结构种类繁多,发展日新月异,但分解开来看,砌体结构在实际工程中的应用就两类:砌体承重和砌体填充,两类极限状态的设计思想在砌体结构设计中的具体体现则是强度、刚度和稳定性的要求,因此结合学生进行课程设计、毕业实习和毕业设计中可能碰到的一些问题,对强度问题做重点讲解,而刚度和稳定性问题作为构造要求加以学习分析。

1.4　改进课堂教学形式,加快课程进度

本课程开设在大三下学期,学生在经过两年多的大学生活后,已有相当的自学能力,本课程考虑课程内容多、上课时间少的特点,对通常的课堂教学形式做适当的调整很有必要。因此,可将课堂教学形式改为在每次课后把本次课堂的主要理论内容以思考题的形式布置给学生,由学生自主完成不上交,在期中和期末时通过综合练习的形式进行考核;而主要理论应用内容的实训则以计算题的形式布置给学生,学生完成后上交批改,作业的正确率和认真度直接计入学生的总评成绩。

课后思考题的自主完成,可以督促学生在课后主动去复习消化课堂学习内容,增加对理论知识的熟悉;课后计算题的上交批改,可以进一步加深学生对基本概念的理解和掌握。

2　分段抓住学习重点,解决工程设计实践性强与学生整体结构概念差、工作经验少之间的矛盾

2.1　开课之初,明确学习目的

土木工程维系着千家万户的人们生命财产的安全,"我签字、我负责"的终生质量负责制要求从事土木工程的技术人员必须具有严谨的工作态度、扎实的基础理论知识和实际应用能力。结合一些国家和城市的标志性建筑,让学生知道一个国家结构工程的设计、施工水平高低,从一个侧面反映了这个国家经济实力的强弱,由此激发学生的爱国热情、提高学生的敬业精神,变"要我学"的被动状态为"我要学"的主动心理。

2.2　课堂教学抓住重点内容,要求学生熟练掌握

第一:加强对重点内容的备课和讲授,力争讲清、讲透、讲出新意,让学生感兴趣。

第二:开课前花3～5分钟时间对前次课堂学习主要内容做一个简单的回顾,可以是书

写提纲形式,也可以是口头回顾形式,或者是采用是非题、选择题、填充题或简答题等课堂讨论形式,来消化、巩固已学知识点,帮助学生理解和掌握重点内容。

第三:加强对学生的自学辅导,可以通过微信、QQ、邮件、电话等多种形式,随时回答学生在学习过程中碰到的疑难问题,认真细致地批改学生的作业。

第四:及时把学生学习过程中所反映的问题归纳出来,通过课堂讨论的形式来解决,以培养学生分析问题的能力、逻辑思维的能力和口头表达的能力。

第五:征求学生对教学的意见,及时调整教学内容、改进教学方法。

2.3　开辟第二课堂,增加课程应用的实践性教学环节,开阔视野

第一:建立课程学习微信群或 QQ 群,把一些与砌体结构相关的工程实例,根据课程进度不定时地发送给学生,增加学生对课程应用实际情况的了解。如在基本材料学习阶段,可以介绍浙江海砂应用情况和海砂淡化处理方法等;在基本构件承载力计算学习阶段,可以介绍 PKPM 程序设计计算方法等;在圈梁构造柱学习阶段,可以介绍地震中砌体结构房屋的破坏情况等;在悬臂构件学习阶段,可以介绍央视播放的居民住宅阳台坍塌视频等。

第二:利用课前、课中或课后休息时间,采用视频或其他多媒体的形式,把已经学习过的内容结合到工程实际应用中,提高学生理论联系实际的应用能力,加深学生对基本概念的理解和掌握。如在基本材料学习阶段,可以介绍浙江最常用的烧结页岩多孔砖的工地检测验收要点,过火砖、欠火砖的外观等;在基本构件承载力计算学习阶段,可以介绍砌体结构住宅装修时尤其是二次装修时,承重墙与非承重墙的判别与敲凿加固方法等;在房屋变形学习阶段,可以介绍基坑开挖等地基不均匀沉降原因引起的砌体结构住宅墙体开裂情况分析等。

2.4　课程结束阶段,做好总结工作

本课程基本概念多,涉及内容范围广,学生常常会出现边学边忘的现象,因此抓好课程结束阶段的复习总结工作,是保证教学效果的重要一环。

2.5　调整考核形式,做好检查工作,发挥考核的引导和激励功能

结合社会上注册结构工程师的考试形式,采用期中与期末相结合的综合练习考核形式,相对客观地检查学生对课程内容学习的掌握情况,答题时学生可以查看教科书和相应的规程规范。

期中综合练习:一般是安排在教学第四周,以选择题、填充题和简答题为主,主要考核学生对基本理论的掌握程度,督促学生对课程学习的重视,占总评成绩的 10%。

期末综合练习:在期中综合练习形式的基础上,再增加计算部分内容,主要考核学生对所学理论的分析应用能力,通过内力计算、荷载组合、截面设计或承载力校核等练习,检查学生对计算设计和构造要求的掌握程度,占总评成绩的 60%。

3　通过对基本原理的讲解,让学生理解构造要求的由来,从而解决构造要求"刻板"与学生学习需要"灵活"之间的矛盾

无论是砌体结构的整体设计还是基本构件的局部设计,都有许多"概念设计"的内容,有

些"概念设计"有定量指标可以遵循,而大多数"概念设计"只有定性的要求,通常采取适当的构造措施去保证。

如砌体结构建筑的整体性一般通过布置圈梁、构造柱来实现,而楼盖系统整体性布置的原则是把板(预制板)、梁(圈梁)、柱(构造柱)等分散的构件有机地连接起来达到空间协同工作的目的,因此一系列的构造由此产生。理解了这些设计思想后,相应的构造要求也就容易掌握了[1][2]。

另外组织学生现场参观并进行直观教学,也是加强砌体结构的构造学习、掌握构造方法的一条有效途径。然而由于课时有限,一般无法实现,但可以向学生推荐有关砌体结构施工方面的视频,让学生在课余时间学习,也是一种比较可行的方法。

4　结　语

在"砌体结构"课程的教学中,主要根据上述思路处理好教学中存在的这些问题,从教学效果上看还是相当不错,主要的几个矛盾得以解决,学生在以后的毕业设计中和实践工作中会收到良好的效果。

参考文献

[1] 中国建筑科学研究院. 砌体结构设计规范[S]. 北京:中国建筑工业出版社,2011.
[2] 刘立新. 砌体结构[M]. 北京:武汉理工大学中出版社,2012.

浅谈大学教学改革中的教学方法和探索

沈玲华

摘要：大学教学是大学人才培养职能实施的核心活动，而大学教学改革则是大学教学发展的最主要途径。自1978年来的大学教学改革历程使得现阶段中国大学的教学改革呈现多元化的特征。笔者基于一个青年教师的角度，以课程建筑结构的教学为例阐明对教学改革中教学方法的相关理解，并进一步探讨大学教学改革中教学方法的重要性。

关键词：教学方法；例题教学方法；问题教学方法；案例实验教学方法

所谓大学教学改革指的是从事高校教育教学实践活动的主体，按照一定的教育教学改革目标和要求，通过各种政策、策略和措施，有目的有计划地转变陈旧的、不合理的教育教学思想、观念、体制、内容、方法和手段等，使其获得预期的进步和发展的一种实践活动，究其发展路线，大学教学改革先后经历了政府主导、政府引导、大学自主深化三个发展阶段[1-2]。在大学教学过程中，人才培养质量与大学教学密切相关。但目前教学改革中尚存在较多问题：如"改革效果见效慢""改革成效难以量化的评价"等。并且我国大部分大学教师对开展教学改革的积极性有待提高。这主要是由以下原因造成。其一，学校过分强调科研，教学改革不受重视。由于科研活动的实施能给大学带来大量的科研经费，学科知名度等易量化的评价指标，故教学改革相对于科研活动处于弱势。其二，高校青年教书普遍不重视教学改革。由于高校青年教师仅经过基本的上岗培训，缺乏系统的教学基本功训练，以及学校科研压力对其造成的巨大压力，青年教师普遍对教学改革的重视程度较低。但大学教学作为大学活动的主体，不仅需要重现、复制和传承现有知识，更需要在师生互动中进行创新与创造，它直接影响了大学生的素质和人才培养计划[3]。研究和改进教学方法和手段是提高高校教学质量的一个重要环节。传统教学方法为讲授教学法，但在实际教学过程中，单一的教学方法易让学生在课堂教学过程中产生疲怠感，老师需要根据课程要求不断变换教学方法，激发大学生的学习兴趣，帮助大学生理解并掌握相应的知识点，并学以致用。

本文以建筑结构课程为例，从一个青年教师的角度，简单阐述个人对于大学教学改革中教学方法的相关理解，并进一步探讨大学教学改革中教学方法的重要性。

建筑结构课程是建筑专业的必备基础课，更是建筑学学生了解结构的重要途径。由于结构是建筑物存在的物质基础，在一定意义上，结构支配着建筑，所以该课程旨在培养建筑师安全性、适用性和耐久性的概念，从而合理地选择结构材料和结构形式，同时考虑美观与经济的和谐统一，对于建筑学专业学生今后的职业生涯至关重要。

1 例题教学方法

建筑结构中关于结构设计的例题是知识由产生到应用的关键一步,更是课堂教学的重要素材。作者从活化例题设计的维度,探究例题教学的有效性,以改变目前例题教学中"例题继例题",停留在例题表层的教学现状。建筑结构课程作为一门大学理工科课程,其例题是一堂课的精髓,也是学生掌握知识点的重要模板,在教学过程中,往往容易出现学生能对照例题进行相应的解答,但一旦题目发生略微变化,学生就无从着手。虽然上述情况涉及方方面面,但其中的教学方法值得反思。要做到例题的有效教学,首要就是要以学生为主体,选择例题要考虑学生是否愿意接受这道题目在这堂课上出现,并且对其本身思维的培养、智力开发和创新性发掘是否有更深层次的引导与开发。

在例题教学过程中,可采用变背景材料,促进知识迁移的方法,帮助学生对知识点的掌握达到融会贯通的水平。改变背景是在某些条件不变的情况下,改变另一些条件的形式,使问题得到进一步深化。在教学过程中,变换习题的形式,可激发学生的探求欲望,从而提高学生的创新能力。

例如:某承受轴心压力的砖柱,上部传来轴向力设计 N=170kN,柱截面尺寸 370mm×490mm,H0=H=3.5m,采用 MU10 砖、M5 混合砂浆。试核算该柱承载力。这本是一道很简单的无筋砌体构件轴心受压承载力计算题,但若变化轴向力设计 N 的位置,变成偏心受压,估计很多学生就会有点无从着手,但其实道理类似,只需要对这个问题进行适当引申和变化,逐步延续伸展,在培养学生思维变通性的同时,让学生思维变得更为深刻流畅,提高其解综合题的能力。对所学知识要学会融会贯通,因为今后工作中遇到的问题往往变化莫测,需要学生自己进行分析并解决。

2 问题教学方法

问题教学法最早可追溯到春秋战国时期,大教育学家孔子曾说过"疑是思之始,学之端",该名言体现了问题在整个学习过程中的重要角色。何谓问题教学法?"问题教学"是相对于"系统教学"提出来的,具体是指教师针对学生在学习过程中遇到的困难提出问题,帮助他们分析问题、寻求假设,以求解决问题。它是实施师生互动、以学生为中心,以问题促进学习的教学方法,有助于大学生学习能力的提升[4]。

建筑结构课程要求学生了解结构设计的程序和过程,理解结构设计中的一些基本构造要求,掌握不同建筑结构的基本布置原则和构件的基本设计方法,能够进行基本的布置和选型,并了解结构的受力性能和传力顺序。

这对于力学基础较为薄弱的建筑学专业学生们要求较高,使他们容易在学习过程中产生各种问题。而问题教学法具有针对性、参与性、主动性的特点。在问题教学法过程中问题创设宜以学生为主体,如果能够站在学生角度设想什么样的问题能够引起学生的注意力和兴趣,促使学生积极的思考,不仅可以吸引学生的注意力,还能加深学生对专业知识的理解。例如,为了深入理解建筑结构选型,可以利用多媒体教学中的图片、影像、动画等材料,让学生观看全球著名的建筑结构,激发学生对建筑结构类型的猜想,让学生在了解不同建筑结构类型优缺点的基础上,对建筑结构选型有更深一步的理解。在问题教学法中,老师应注意:尽量避免创设较难的问题,以免挫伤学生的学习积极性;但若创设问题过于简单直白,则不易引起学生的注意,故创设难度适宜且让学生感兴趣的问题是能否成功使用问题教学法的关键。

3　案例实验教学方法

大学教育重在培养大学生的实践能力和创新能力。如果在课堂教学过程中,老师只是一味地进行书本内容的传授,一来不宜使学生理解相应的知识点;二来无法提起学生学习的积极性。为改变这种状况,采用案例实验教学法,利用多媒体教学或实验室等辅助条件,做到实践与理论的有机结合,从而培养学生分析问题、解决问题的能力。

工科类的专业教育的任务是培养面向生产、技术和服务等一线工作的高级技术应用型人才,因此在教育过程中必须注重对大学生能力的培养。教师在传授知识的同时应注重学生在思维、认识和学习方法能力上的根本转变。所以我们有必要对工科类课程的教学方法进行改革研讨。以课程建筑结构为例,在第三章结构材料的力学性能中第三节混凝土,书本中有一段话:混凝土的立方体抗压强度一般采用 150mm 的立方体试块进行标养 28d 后用标准试验方法加压至试件破坏测得。混凝土立方体强度可用 200mm 的立方体或者 100mm 的立方体测得,但需对试验值进行修正,对于边长 200mm 的试件,修正系数为 1.05;100mm 的试件修正系数为 0.95。如果纯粹只是为了让学生记住或者背诵这段话意义不大。在课堂教学过程中最好利用多媒体视频或者实验室等辅助教学设备帮助学生巩固相应的知识点。让学生亲眼见到同一种级配的混凝土试块的不同尺寸的立方体抗压强度值是不同的,并且让学生思考尺寸效应对于混凝土立方体抗压强度的影响,探究其根本原因。在教学过程中,让学生学会使用抗压强度试验机,对课本所提知识点进行深层次的挖掘、拓展、再创造。仍以第三章结构材料的力学性能中第三节混凝土相关内容为例,书本中有句话标准试验方法(试块表面不涂润滑剂、全截面受压、加荷速度 $0.15 \sim 0.25 \mathrm{N/mm^2 \cdot s}$),那么如果在进行抗压强度试验过程中的试块表面进行涂抹润滑剂的处理,非全截面受压、加荷速度较快(慢),对试验结果会造成什么样的影响,为什么?最后需通过案例实验法解决这一系列问题。教师在教学过程中适时渗透知识点,引导学生思考,灵活解决问题,将能有效培养学生思维的灵活性和敏捷性,加深和巩固对知识点的记忆。

4　结　语

当然,无论采用何种方式进行课堂教学,在教学过程中,教师都要转变"教师是中心""教师是权威"等传统的教育观念,尊重学生,努力营造和谐教学环境,这对于大学生学习和掌握新的知识至关重要。在教学过程中,宜以教授教学法为主,例题教学法、问题教学法和案例实验法为辅,针对不同的课程,甚至针对同一课程的不同章节或知识点,应熟练应用各类教学方法,培养大学生的参与意识和思考意识,使他们能够对知识点形成自己独特的看法,让师生在教学过程中精神共享。

参考文献

[1] 肖念.高校教育教学改革的理论思考与实践探索[M].北京:人民出版社,2010.

[2] 肖念.对中国大学教学改革逻辑的思考[J].中国大学教学,2012(7):9-11.

[3] 何云峰,丁三青.大学教学的品性、发展困惑及改革路径选择[J].中国高教研究,2012(4):104-107.

[4] 丁敏.问题教学法在大学课堂教学中的应用[J].黑龙江教育:高教研究与评估,2011(8):83-84.

计算结构力学课程的一些教学思考

肖志荣,黄竹也

摘要:本文针对目前计算结构力学教学中存在的问题,从课程内容、课程教学方法及课程评价方式三方面提出了自己的一些想法并进行了阐述。提出将课程内容模块化,不同的模块采取不同的教学方法,结合内容模块化引入过程评价方法。

关键词:计算结构力学;内容模块化;教学方法;过程评价

计算结构力学是计算机化的结构力学[1]。它作为一门建立在计算数学、结构力学、计算机应用基础上的交叉学科,是高等院校各工程和力学等专业学生的必选课程。我校自2014年独立招收第一批研究生开始,就开设了计算结构力学。笔者作为计算结构力学的授课老师,经过两年的授课,总结过往,认为该课程存在着过于重理论而轻实践应用;教学手段单一,仅限于单纯的黑板板书结合简单的多媒体课件的形式;复杂的理论知识,枯燥的公式推导,缺乏理论转化为程序实现的必要训练,缺乏在实践应用上的示范等问题,在很大程度上都影响了学生学习的积极性和主动性,限制了学生专业能力和研究性能力的培养。在评价方式方面,当前主要还是以最终学业成绩为主,适当考虑学生平时出勤等其他方面表现的评定方法,造成学生平时参与教学活动不积极,甚至出现平时不听课,考试搞突击,照样能过关的不良现象。这样的传统评价模式未能更多关注学生平时的学习过程,造成最终评价结果科学性不足,难以对学生的真实水平给出客观的评价。

因此,本文将针对存在的问题,拟从课程内容、课程教学手段及课程评价方式三方面展开论述,希望对此课程的教学提供一点有益的参考。

1 课程内容模块化

将课程内容分为理论模块、程序编制模块和软件应用模块三部分,结合不同模块采取不同的教学方法和教学手段。

目前,我校计算结构力学教学大纲是围绕秦荣所著的《计算结构力学》这本教材编写的。授课内容都是有限元的内容,主要有平面问题的有限元法;空间问题有限元法;薄板与薄壳弯曲元及等参元。而我校的研究生教育由于尚处于起步阶段,生源大部分来源于三本院校,很多学生没有学过结构的矩阵位移分析方法。结构的矩阵位移分析方法是杆件结构的有限元法,易于理解,是进一步学习有限元法的基础。因此,对课程教学内容,在有限学时的限制条件下,进行如下的调整。将杆件结构的矩阵位移法引入到课堂理论教学部分,这将有效助力学生对后面有限元方法的学习;考虑到平面有限元和空间有限内容相近,将缩减这两部分的理论学时;增加程序编制的学时。虽然成功的商业软件有很多如美国的 ansys 软件、法国达索公司的 Abaqus 软件等,但如果不学习有限元基本原理,没有编制程序的经历,软件的应用只是对于一个黑匣子进行输入和输出的操作。对于大学生有如此要求尚且可以理解，但对于研究生而言，应该有更高的要求。通过编程，不仅可以了解软件的应用原理，而且有利于学生对软件计算结果更好的分析。而且成熟的商业软件，都提供了二次开发的功能，要想利用其二次开发的功能来解决一些实际问题，必须要知道如何编程。至于软件的应用，由于学时有限，不专门提供课上学习时间给学生。而是引入合作学习的方法，以大作业的形式布置给学生，鼓励学生互相学习。

2 针对不同的模块化授课内容，选取不同的教学方法

查阅各种关于教学方法讨论的文章，无一例外地提到了要以学生为主体，老师以引导为主，把学生被动的听课状态改变为主动学习。但实际操作过程中，由于上课人数众多、课时少但课程内容多，主动学习无法真正实现。但目前，由于我校研究生教育处于起步阶段，研究生人数有限，选修计算结构力学的学生不超过 10 人，利于新教学方法的施展。因此，在课堂教学中，针对不同的内容采取不同的教学方法。具体而言，对于理论知识，采用多媒体和传统板书相结合的方法，为了避免老师讲得过多，理论推导过于枯燥，同时考虑到授课对象是研究生，理论基础比较好，在老师讲清基本概念及关键步骤后，引导学生讨论，共同推导公式。这样既有利于同学对公式的理解，也是发挥学生主观能动性的机会，同时也避免了学生对老师过分依赖的心理，而这种依赖心理对于培养研究性学生是极其不利的。对于程序编制和软件应用，则将采用合作学习为主、老师讲解为辅的方法。计算结构力学作为选修课，课时只有 32 学时。在有限的学时内完成如此多的内容，是老师必须要考虑的问题。理论知识例如学生们的研究方向各自不同，作为计算结构力学中的主要方法之一的有限单元法在不同研究领域中的应用是有所不同的。基于此，可以让学生结合自己的研究方向，展示有限元软件在不同方向的具体应用。学生为了展示，首先自己要学会应用，然后还要想办法给大家讲明白，这种学与教的结合不仅能加强学生学习的主动性，而且可以加深学生对问题的理解，同时可以通过同学之间的探讨拓宽学生的研究眼界。

3 结合不同模块，改革课程评价方式，更多地关注学习过程评价

当前的课程评价主要还是以最终学业成绩为主，适当考虑学生平时出勤等其他方面表现的评定方法，造成了学生平时参与教学活动不积极的情况。这样的传统评价模式也不能更多关注学生平时的学习过程，造成最终评价结果科学性不足，难以对学生的真实水平给出客观的评价。

因此，引入过程评价方法，完成从终结性评价为主向形成性评价为主转变。降低考试成绩比重，过程评价除了到课率、作业提交记录以外，增加编程能力评价和软件应用能力评价，后两者重点强调理论与实践相结合的能力。

通过课程评价方式的引入，可更多关注学生平时的学习过程，关注学生理论与实践的结合，关注学生在掌握基础理论知识的同时实际能力的提高，这样才能最终对学生的学习效果和个人能力给出科学的评价。

4　结　语

围绕课程内容模块化,不同模块采取不同的教学方法并引入过程评价方法,既能满足教学大纲的专业培养要求,又能增加课堂教学的趣味性,激发学生参与教学过程的积极性和主动性,变学生被动接受知识为主动参与,从而达到提升教学效果的目的。

参考文献

[1] 钱令希.发展中的计算结构力学[J].力学与实践,1979(1).

更好理解混凝土结构中的概率极限状态设计方法

杨澄秋

摘要：概率极限状态设计法是钢筋混凝土结构计算基本和重要的内容，由于实用计算公式比较抽象，理解和掌握概率方法在计算中的体现相对有一定难度，为便于降低学习难度，更好理解掌握该方法在钢筋混凝土结构中的实际应用，可采用分段学习的方法，在多章节多次重复涉及，加深印象，从而达到掌握基本内容的目的。

关键词：土木工程；混凝土结构；概率极限状态设计法；分段学习

概率极限状态设计法作为钢筋混凝土结构的设计计算依据，在各种混凝土结构教材中都有详细论述，但相关内容大多放在一章中集中叙述或作为一个内容集中出现在某个章节中，由于计算方法涉及混凝土结构的所有计算，所以需在几个重点章节重复阐述。

1 概率极限状态设计方法

1.1 结构或构件的功能要求和极限状态

安全、适用、耐久是钢筋混凝土结构设计计算需要满足的三个基本功能要求，钢筋混凝土结构能满足相应功能要求，可称为结构可靠或有效，不能满足功能要求称为结构不可靠或失效。在结构可靠与失效之间存在一个临界状态，此状态可称为极限状态。

显然，结构在使用过程中是不能让它超越极限状态，否则结构就不是合格的结构。极限状态由结构超越极限状态后不满足功能要求的后果的危害程度决定，分为两类：承载能力极限状态和正常使用极限状态。

1.2 概率方法的应用

超越极限状态就是结构失效，不超越也就是结构可靠。如果极限状态能确定下来，那么结构设计也就相当简单，但实际情况并不如此。因为在结构上有两个因素决定了结构是否超越极限状态，一个是结构受作用后产生的效应，另一个是结构本身的抗力，常用符号 S 和 R 分别表示两个因素。当符合条件 $R>S$ 时，结构是可靠的，当符合条件 $R<S$ 时，结构也就失效，当 $R=S$ 时，结构处于极限状态。因此，常用功能函数 $Z=R-S$ 表达结构的可靠度，也就是可靠性的定量描述，$Z>0$ 结构可靠，$Z<0$ 结构失效，$Z=0$ 极限状态。由于功能函数的两个变量 R、S 均为基本符合正态分布的随机变量，无法简单确定 Z 的数值，因此就需引入概率计算，从而确定结构的可靠度。

概率计算中，由于作用效应 S 是一个随机变量，结构抗力 R 也是一个随机变量，则功能函数值也就成了随机变量。用功能函数大于零的概率来描述结构的可靠性，相对比较客观。

如图1所示。

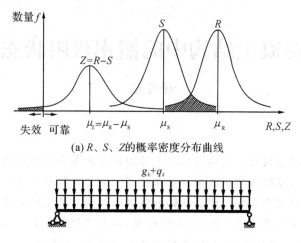

(a) R、S、Z的概率密度分布曲线

(b)均布荷载作用下简支梁

图1

图中符号 μ_R、μ_S、μ_Z 分别为相应随机变量的平均值,通常用功能函数的失效概率表达结构的可靠度(图中阴影部分),用可靠指标 β 反映,也就是功能函数标准差占平均值的倍数。

可靠指标与失效概率间存在对应关系如表1所示。

表 1　可靠指标 β 与失效概率的对应关系

β 值	2.7	3.2	3.7	4.2
失效概率 P_f	3.5×10^{-3}	6.9×10^{-4}	1.1×10^{-4}	1.3×10^{-5}

两类极限状态的可靠指标依据失效后果有不同的要求,此要求也可称为目标可靠指标,不同的结构或构件相应的目标可靠指标也不同,而目标可靠指标的具体取值同国家经济发展程度密切相关。结构超越承载能力极限状态后果严重,所以目标可靠指标定得高些,超越正常使用极限状态相对就要低,而破坏是否有预兆也是目标可靠指标确定的依据。

1.3　规范采用的实用设计表达式

由于概率计算的复杂性,《建筑结构荷载规范》给出了能用于设计计算的实用表达式。

承载能力极限状态: $$\gamma_0 S_d \leqslant R_d \tag{1}$$

其中: $S_d = \sum_{j=1}^{m} \gamma_{Gj} S_{Gjk} + \gamma_{Q1}\gamma_{L1} S_{Q1k} + \sum_{i=2}^{n} \gamma_{Qi}\gamma_{Li}\psi_{ci} S_{Qik}$

$$S_d = \sum_{j=1}^{m} \gamma_{Gj} S_{Gjk} + \sum_{i=1}^{n} \gamma_{Qi}\gamma_{Li}\psi_{ci} S_{Qik} \tag{2}$$

而公式(1)中的 R_d 是材料强度及截面几何量的函数。

要注意的是上述分项系数 γ 及材料设计强度内的材料分项系数为大于1的常数,是由结构确定的目标可靠指标按概率方法推导而得,从而将概率计算引入结构设计计算中。

正常使用极限状态: $$S_d \leqslant C \tag{3}$$

其中:

$$S_d = \sum_{j=1}^{m} S_{Gjk} + S_{Q1k} + \sum_{i=2}^{n} \psi_{ci} S_{Qik}$$

$$S_d = \sum_{j=1}^{m} S_{Gjk} + \sum_{i=1}^{n} \psi_{qi} S_{Qik}$$

(4)

而公式(4)中的 C 是正常使用要求限值。

由于正常使用极限状态的目标可靠指标低于承载能力极限状态,因而分项系数 γ 取值为 1。分项系数的取值依据各类材料强度、荷载、几何参数实验实测后的统计结果确定。

2 概率极限状态设计方法的几个重点

正确掌握和理解概率极限状态设计法的整个基本内容有几个关键点,在学习过程中应特别注意。

首先是极限状态的概念。结构到达极限状态也就是满足功能要求的临界点,超越意味着结构失效,虽然有两类极限状态,但主要是对应的结构功能有所区别。

其次是功能函数的概念。功能函数是一个随机变量,有平均值、标准差、变异系数,当功能函数值位于大于零的区间时,结构是有效的,据此可计算出结构或构件的失效概率。

再次是目标可靠指标的概念。概率计算中可靠指标同失效概率相关联,随着国家经济逐步发展,调整了相应的目标可靠指标,目标可靠指标的提高能降低结构的失效概率,从而也就提高了结构的可靠性。

最后是实用设计表达式的理解。《建筑结构荷载规范》中实用设计表达式通过分项系数的取值来体现目标可靠指标的实现,从而保证结构或构件的可靠度。实用设计表达式是一个通用表达式,比较抽象,在钢筋混凝土结构中不同的受力构件强度计算采用不同形式的计算式,正确理解构件截面强度计算式中的可靠度表达显得尤为重要,在学习过程中应采用重复阐明的方式加深理解。

3 概率极限状态设计法的阐述方法

混凝土结构的整个课程内容学习过程包括材料力学性能、各种类型混凝土构件的计算及混凝土结构的整体设计计算方法,概率极限状态设计方法贯穿整个混凝土结构的全部设计计算,所以在学习顺序上应放在所有内容的前面,在学习各类计算方法前了解混凝土结构的设计计算方法显得非常重要,宜在绪论后直接将概率极限状态设计方法的全部内容加以讲解,从而对混凝土结构的计算理论建立起基本概念。当然,由于材料的力学性能涉及材料强度的标准值和设计值概念,所以在概率极限状态设计方法内应将材料强度的概率计算也一并加以阐述。

在受弯构件正截面强度计算中,所涉及的是承载能力极限状态,计算公式的建立能充分反映概率极限状态的实用设计表达式,以均布荷载作用下简支梁的计算为例:

荷载作用产生的跨中截面设计弯矩可表达成:

$$M = \gamma_G \frac{l^2}{8} g_k + \gamma_{Q1} \frac{l^2}{8} q_{1k} = \gamma_G M_{gk} + \gamma_{Q1} M_{q1k}$$

(5)

公式(5)中 M 也就是公式(2)中 S_d 的第一种形式,即作用效应,两个计算式相互对应,便于理解作用效应概念及分项系数内所包含的目标可靠指标的概率计算结果。

对于单筋矩形截面能承受的弯矩 M_u,计算式可表达如下:

$$M_u = f_y A_s \left(h_0 - \frac{f_y A_s}{2\alpha_1 f_c b} \right) = \frac{f_{yk}}{\gamma_s} A_s \left[h_0 - \frac{\frac{f_{yk}}{\gamma_s} A_s}{2\alpha_1 \frac{f_{ck}}{\gamma_c} b} \right] \tag{6}$$

公式(6)中 M_u 对应公式(1)中 R_d,即结构抗力。显然,当 $M_u \geq M$ 时,结构可靠。

在对钢筋混凝土构件变形及裂缝宽度验算这部分内容学习时,又可将正常使用极限状态的实用设计表达式再一次阐述。以挠度计算为例,在作用效应的标准组合计算式中,均布荷载简支梁跨中挠度值 f 的计算可表达成:

$$f = \frac{5}{384} \frac{(g_k + q_k) l_0^4}{B_s} \tag{7}$$

分项系数的变化反映了目标可靠指标的变化,也就是失效概率的变化。

最后一次阐述概率极限状态设计法是在混凝土整体结构设计内容之前,整体结构的可靠度是由构件组合而成的,若结构构件满足了目标可靠指标,则整体结构也就能满足相应指标值,为便于掌握相关内容,可再一次系统讲授概率极限状态设计方法的部分内容,主要是极限状态和目标可靠指标的概念,从而能更好理解概率极限状态设计方法。

4 结 语

概率极限状态设计方法相对不易理解透彻,特别是两种极限状态的实用表达式比较抽象。如果能在不同学习阶段重复提及,加深对相关内容的理解和掌握,才能达到学习的目的。

参考文献

[1] 东南大学,天津大学,同济大学.混凝土结构(上册)混凝土结构设计原理[M].6 版.北京:中国建筑工业出版社,2016.

[2] 东南大学,天津大学,同济大学.混凝土结构(中册)混凝土结构与砌体结构设计[M].6 版.北京:中国建筑工业出版社,2016.

[3] 中国建筑科学研究院.建筑结构荷载规范 GB 50009-2012[S].北京:中国建筑工业出版社,2012.

[4] 中国建筑科学研究院.混凝土结构设计规范 GB 50010-2010(2015 年版)[S].北京:中国建筑工业出版社,2016.

高层建筑结构与抗震课程的教学改革探讨

徐 琏

摘要：高层建筑结构与抗震课程是一门专业性和实践性较强的课程。如何激发学生学习高层建筑结构和抗震课程的兴趣，是课程教学过程亟待解决的问题。本文结合教学实践，总结了教学内容存在的问题，在教学方法方式等方面提出了一些教学改革建议。通过实践效果检验，发现教学效果良好。

关键词：高层建筑结构与抗震课程；教学改革；教学内容

高层建筑是目前普遍的建筑形式，高层建筑结构与抗震是土木工程专业的学生在高校学习期间接触高层建筑结构设计的主修课程。具有很强的专业性、应用性以及综合性。

1 课程的意义

高层建筑结构与抗震，是土木工程专业学生重要的专业课程之一。熟练掌握高层钢筋混凝土结构设计与建筑结构抗震设计的基本原理、计算方法、设计要求、构造措施，对学生进行毕业实习、毕业设计和毕业以后从事一般的建筑结构工程设计，都具有十分重要的作用。

本课程和工作实践的结合较紧密，无论是将来学生从事施工工作，或是设计工作，该课程都是为了能帮助学生在将来的工作中更易上手而进行教学设计的。因为课程涵盖的内容广，涉及的规范条文多，在第一次绪论课中，学生就应该了解，这门课主要的目的不是填鸭式学习，而是从概念设计和力学原理的角度，去领悟如何进行基于结构和构件的整体设计和局部设计。

2 教学现状和存在的问题

本校的高层建筑结构与抗震课程分为中文授课和英文授课两类。笔者作为中文授课的教师，授课对象主要为土木工程四年制本科生以及土木工程中法合作办学项目四年制本科生。对于土木工程四年制的本科生而言，该课程安排在第七学期，学生面临毕业实习，同时也是研究生入学考试准备的关键时期，曾有准备考研的学生表示，因为本课程不是考研的必考课程，所以会投入较少精力来学习。而对于土木工程中法合作办学项目四年制的本科生而言，该课程安排在第六学期，钢筋混凝土课程是同一学期同步进行的，且由于该项目的学生同时还在准备申请法国的学校，因此还需要面对繁重的法语考试任务，压力同样不小。

除此之外，本课程是一门综合运用的课程，与多门专业课都有紧密的联系。主要的先修课程为理论力学、材料力学、结构力学、土木工程材料、房屋建筑学、混凝土结构、钢结构基本原理、砌体结构等。同时必须掌握本课程的有关内容后才能完成同一学期开设的结构设计CAD(PKPM)课的设计任务，毕业设计（论文）也会可能用到本课程的有关理论和方法。对于学生来说,前期先修课程的基础是否扎实,直接影响到本课程的学习深度。因此,在课堂上,了解学生掌握程度的区别,是教师需要关注的,以便于因材施教,兼顾尽可能多的学生。

3　教学中的一些思考和尝试

3.1　注重与相关课程的联系,结合教学

高层建筑结构与抗震课程是结构力学、钢筋混凝土结构设计等课程的后续课程,而很多原理也基于先修课程。因此,在课程的讲解中,除了课本原理的介绍,也需要通过类比等方式,与先修课程关联起来。比如在框架梁抗震设计的课程环节中,可以先复习钢筋混凝土梁的承载力计算和构造设计等内容,在学生熟练掌握力学理论的基础上,先提出问题引起学生的思考:抗震设计和非抗震设计的区别在哪里? 如果不做改进,在抗震中会引起怎样的后果? 如果需要同一个构件的抗震的能力不同,那么构件和哪些属性有关? 是否抗震能力越强越好? 等等,诸如此类的连问,让学生的思考有延续性。事实证明,这样的连续发问,起到了较好的引导作用,并且能牵制住学生的注意力。

通过各种实例,并通过很多个连续发问的为什么和怎么办等,激发学生的思考连续性,为学生将新旧知识融会贯通提供了机会。

这样的教学方法,也让教师深感到不断提升自身专业水平和教学水平的必要性。

除了前修课程之外,同学期同步进行的另一门课程——结构设计 CAD(PKPM)也与本课程关系密切。两门课的教师在教学过程中通过研讨和互相配合教学的方式,尽可能地帮助学生深入理解知识点,并利用好实践的机会。这两门课既相似又互补,高层建筑结构与抗震设计更侧重于理解,而结构设计 CAD(PKPM)则主要侧重于软件的应用。此外,CAD(PKPM)软件中的各种抗震设计参数也是学生理解的难点,而各个参数的知识点又分布在高层建筑结构与抗震课程的各个章节中,教师在教学过程中适时总结,并给学生布置上机作业在 PKPM 中的反馈,也让学生意识到学以致用并不是难事,大大激发学习的热情。

3.2　整体与局部相结合,先内化后外显

在本课程的教学中,通过对先内化后外显的方法的实践应用并不断进行反复,比如,在抗震中要达到各种构件的"强剪弱弯"设计。若按照课本上的思路照本宣科,那么学生在遇到新的特殊情况常会束手无策。针对这个问题,尝试改变教学方法,先帮学生从力学分析的角度,找到各类构件的共性和差异性,再在每章讲解各种构件的时候,基于共性和差异性展开。在各种构件的抗震设计原理中才能达到较好的教学效果。每章尝试如此,课堂中学生的抬头率和互动效果都得到了较好的保证。

而这种教学方式的采用,目的主要是培养学生的独立思考能力,学生也在课后的教学评价中有反馈,切身体会到了学习的目的是将来有更好的学习能力和更宽广的专业发展空间,而不仅仅是学到知识本身。

除此之外,在教学中发现,学生在同学期进行的另一门结构设计 CAD(PKPM)课程中,虽常常可以理解并且掌握单个具体构件的设计方法,但尚缺乏对结构整体和体系的概念,因此,在高层课程教学环节中,适度插入结构概念与体系的内容,特别是在一些工程实例的讲

解中,效果尤为突出。这种整体与局部的主题讲解,也在课堂上收到较好的反响。

3.3 理论联系实际,激发学生兴趣

对于枯燥的构造措施,最好最快的掌握方式,应该是在设计工作中边学边用,但由于课程时间以及缺乏设计院实际工作环境的局限,应尝试结合国家一级注册结构工程师考试试题来配合知识点的讲解。笔者分别尝试了两种方式,其一为原题,其二为经过修改简单化的例题。两者均达到较好的互动效果。除了学生对知识点的掌握更主动外,令人欣喜的是发现若干特别好学的学生还因此引发出一些书本上没有的问题。个人体会是越接近实际工程和越偏应用的题目越能激发学生的学习热情,并且学生老师之间的教与学的信赖关系也越融洽。从心理学的角度看,兴趣是比授课教师更好的老师。而授课教师除了教给学生各种原理和知识点外,更重要的是能让学生领悟到学习这门课的方法。

3.4 注重与学生的互动,尝试各种教学手段

在教学环节,课程注重与学生的互动,尝试各种提高学生积极性的方法,比如让学生课后查询最新的在建或已建成的高层建筑的结构设计方案,并在课堂上分组讨论分析各方案的特点和优缺点。鼓励学生思考,多问几个为什么,并公布课堂表现在平时成绩中的加分标准。在这样的教学手段下,教师掌控课堂局面的能力也在不断被训练,如何让每个学生参与进来,如何让学生连续思考下去,如何让一些相对消极或者对课程不够有兴趣的学生投入到互动中,是课堂环节中需要用心尝试和改进的。

4 结 语

通过对高层建筑结构与抗震课程的一些教学思考和改革尝试,取得了一些有益的经验。更侧重于课堂上的互动效果,从以教师为中心的填鸭式讲解教学转向以学生为中心的研讨式教学,鼓励并培养学生的独立思考能力。课堂教学效果有了显著提高。

参考文献

[1] 安静波,王春红.高层建筑结构设计课程的教学改革与实践[J].高等建筑教育,2014,23(2):44-46.

[2] 黄林青,陈明政,陈小英,等.高层建筑结构设计课程教学改革尝试[J].重庆科技学院学报(社会科学版),2008(12):209-210.

[3] 宋彬彬.高层建筑结构设计课程教学改革的探索[J].湖南理工学院学报(自然科学学报),2013,26(3):87-89.

[4] 牛海成,徐海滨.面向可持续发展的高层建筑结构设计课程教学改革探讨[J].高等建筑教育,2013,22(2):72-75.

[5] 胡恺.民办院校高层建筑结构设计课程应用型教学改革探讨[J].中国电力教育,2012(26):94-95.

工程教育认证背景下应用型土木工程人才实践能力培养举措探索

薛 文

摘要：工程教育认证旨在使高校提高土木工程专业的教育基本质量，培养合格的土木工程人才。浙江科技学院基于"应用型"土木工程人才培养的办学定位，在教学过程中注重对学生实践能力的培养，不断探索、实施提高学生工程实践能力的举措。我校在工程教育认证背景下，针对"改进实践环节课程体系"和"建设具有工程实践经验的教师队伍"等两个主要方面做了探索，提出了适应我专业特色的实施举措。

关键词：工程教育认证；应用型；土木工程；实践能力；专业认证

建设部于 1994 年批准成立了全国高等学校土木工程专业教育评估委员会，旨在通过对高等学校土木工程专业的教育评估，加强国家对土木工程专业教育的宏观指导和管理，保证和提高土木工程专业的教育基本质量，使我国高等学校土木工程专业毕业生符合国家规定的申请参加注册师考试的教育标准，为与国际发达国家相互承认同类专业的学历创造条件。评估（认证）自 1995 年开展，至 2017 年 5 月，已有 92 所高校通过评估。

浙江科技学院是首批实施"卓越工程师教育培养计划"的 61 所高校之一，以培养应用型人才为己任。我校土木工程专业已有 37 年的办学历史，是国家级特色专业建设点、浙江省重点专业、浙江省"十二五"优势专业。本专业于 2012 年 5 月顺利通过住建部全国土木工程专业本科教育评估。针对上一轮评估过程中专家提出的意见和建议，结合我国加入《华盛顿协议》后对土木工程专业工程教育提出的新要求，为顺利通过新一轮认证，土木工程专业紧密围绕学校培养应用型人才的办学宗旨，积极开展了基于工程教育背景的专业建设，为培养应用型土木工程人才做了许多探索与尝试。本文从加强实践环节教学、促进学生实践能力培养等主要方面来探讨我校土木工程应用型人才培养举措。

1 课程体系建设注重培养学生的实践能力

1.1 加强实践环节教学

实践环节是培养学生将所学理论知识应用于工程实践的重要教学环节，旨在培养学生解决实际工程问题及复杂工程问题的能力，形成工程师思维。基于我专业培养"具有执业土木工程师专业知识和实践能力的应用型土木工程师"的育人目标，结合工程教育认证的最新标准，我们在课程体系建设过程中，及时调整了实践教学环节的课程设置，进一步加强教学与工程实践的联系，课程设置更注重知识体系的完整性和课程逻辑的连贯性，使学生能更加全面地接触工程实践,并用所学理论知识解决实际问题。

实践类课程设置的调整主要有以下特点:(1)调整含课内实验的专业基础类课程,将课内实验作为基础类实验课专设课程,加强实验教学过程把控;(2)调整课程设计的设置,使模块类课程与非模块类课程的设置更加合理;(3)加重技术实习、毕业设计的学分,进一步凸显该实践教学环节的重要性,通过技术实习和毕业设计的系统训练,加强学生将所学向所用的转化能力的培养,形成其土木工程师的基本素养。

实践环节课程设置主要改进体现在:(1)模块类课程设计工程概预算课程设计调整成非模块类课程,课程受众面调整为所有土木工程专业学生,使学生的知识体系更加全面;(3)将混凝土结构课程设计细分为钢筋混凝土肋梁楼盖设计和单层工业厂房设计,进一步明确课程设计任务,细化教学方案,加强教学效果把控;(4)将模块类课程设计地下工程设计课程设计和边坡与支护工程课程设计进行整合和重新划分成基坑支护设计、地下建筑结构设计及地下工程施工设计,课程设置更精细且与实际工程的结合度更加紧密;(5)增设工程地质实习,进一步完善土木工程专业知识体系的架构,加强学生对地质结构立体直观的理解,搭建起理论知识与工程实际间的桥梁。

1.2　优化实践教学资源

自上一轮评估以来,我专业针对实践教学资源中存在的薄弱环节,如实验室存在部分设施老旧、台套数低于标准要求、实训基地建设落后等问题,加大了对实践教学软、硬件设施的投入,优化资源配置。改善后的实践教学环境和条件能很好地配合实践教学课程体系的调整,为加强实践环节教学、培养学生实践能力搭建良好的平台。

1.2.1　改善实验教学条件

我学院下设的土木工程实验中心积极配合实践教学课程设置的调整,对建制实验室下的各个分实验室进行资源整合,重新布局基础实验室和土木工程专业实验室并对软、硬件进行有机更新,形成一个较为完整的实践能力培养系统,欲实现"运用现代检测工具、实验工具、信息工具对土木工程问题进行检测、预测、模拟"的培养目标。主要的实验条件改进措施有:

(1)在基础实验室中明确设立"材料力学实验室""工程力学实验室""土木工程材料实验室""土工实验室""测量实验室""流体力学实验室"等实验分室,扩大实验室面积,添置实验教学设备台套数,使实验课课堂上实现"人人能操作、人人能参与"的目的;

(2)扩建结构实验室,更新结构实验教学仪器设备,如梁柱试验教学系统、结构实验创新实验平台、地震模拟振动台等,为结构实验等实验课程的教学提供更新的、功能更全的教学设备,也为地震工程导论等新开课程的教学提供实验环境支持;

(3)完善实验室教学管理、安全管理等制度,并制定实验室开放制度,即土木工程实验中心所有实验室及实验设备在教学时间以外全面向师生开放,师生可通过预约的方式向实验中心提出使用申请。开放实验室的举措为实验教学从传统的课内"认知型""验证型""操作型"实验向课外的"设计型""综合型""创新型"实验拓展提供了场所和平台,使实验室逐渐成为学生探索未知、培养创新思维、形成工程素养的基地。

1.2.2　改建建工实训基地

建工实习课程是我校土木工程专业培养方案的特色之一,于第二学年暑期短学期开设,学生在为期 1 周的实习中不仅要完成砖墙搭砌、混凝土配制及搅拌、钢筋笼制作、应变片粘贴、钢筋混凝土梁浇筑等实际工程中的施工操作的集中训练,并要进行实习报告撰写训练。为了给建工实习提供更完善的实训场地,对原建工实习基地进行了改建,扩大实训基地面积300 余平方米,在基地内模拟施工现场划分了"堆料区""搅拌区""施工区"等功能分区,并更新了钢筋切割、混凝土搅拌、振捣等教学仪器设备,使学生在实训中就能直观地学习实际工程的施工流程和工艺,并切实参与施工、进行动手操作,使教学效果显著,这对培养学生的工程实践能力起到了极大的促进作用。

1.2.3 推进校企合作平台建设

进一步加强与浙江建设投资集团等长期合作企业之间的联系,通过校企合作加强校外实践教学基地建设。目前已建设稳定的校外实习实践基地 10 家,学院也及时调整了组织学生去实践基地实习的形式,实行"组织学生到校企合作企业'定岗实习'"的模式,由合作企业设定实习岗位、工作内容、规章制度,实习期间把企业工程师现场指导与指导教师随时巡查相结合,企业考核与学校考核相结合,使学生认知实习真正做到有的放矢,让学生在实际工程中进一步打磨实践能力,探索将理论知识向工程实践转化的有效途径。

我专业实行"校企合作指导毕业设计"制度:(1)学生可选择在实习单位完成毕业设计,由企业工程师和学校专业教师共同担任指导教师,企业考核与学校考核相结合;(2)学生亦可选择在校完成毕业设计,指导教师则为学校专任教师,但指导过程必须有企业、行业工程师参与;(3)毕业设计(论文)答辩必须有企业、行业工程师或更高级别的专家参与。

此外,现有的实习实践基地还为实践教学提供了丰富的实践教学资源,增加了学生了解实际工程的途径和渠道。

从企业、行业内工程师、专家参与实践教学收到的良好教学效果来看,校企深入合作对于培养学生理论联系实际的能力、拓展视野、提高工程实践能力、形成工程思维具有十分积极的促进作用。

2　教师队伍建设注重教师的工程实践经验

2.1　完善"双师型"教师队伍结构

自上次评估以来,本专业通过"内培外引"发展战略,新引进 7 位国内外著名高校博士;3 位教师在职攻读博士(后),8 位教师出国访学半年及以上,4 位教师赴企业挂职 1 年,5 位教师晋升高级职称,通过这些举措,进一步提高双师型和有海外经历的教师比例。

土木工程专业现有专任教师 42 名,其中具有正高职称的教师 8 名、副高职称的教师 22 名、中级职称 12 名;具有博士学位教师 23 人、硕士学位教师 9 人,硕博士比例达 76%;具有企业实践经历的教师 29 人,占 69%;具有海外留学访学及交流经历的教师 29 人,占 69%;享受国务院政府特殊津贴 1 人,教育部新世纪优秀人才 1 人,省突出贡献中青年专家 1 人,省"151 人才工程"培养人员 9 人,省高校中青年学科带头人 4 人。实验教师队伍也得到加强。新增专职教师 2 人、兼职教师 4 人,现有具有高级职称的教师 4 人,具有博士学位的教师 4 人,具有硕士学位的教师 2 人,其中具有工程背景的教师 4 人。

本专业的教师队伍结构合理,教学科研能力强且工程经验丰富,已成为培养学生工程实践能力的先决条件之一。

2.2 强化教师对培养学生实践能力的意识

即使教师自身有丰富的工程实践经验,但如何将这些宝贵的经验传授给学生,从而培养学生的工程实践能力,也是我们要不断探索的重要课题。本专业经常对专任教师进行培养方案的解读,不断明确"培养应用型土木工程专门人才"的培养目标,并定期开展教研活动,希望教师们能够在日常教学活动中切实贯彻"能力培养为重"的教学理念。

目前采取的方法有:(1)加强课堂讨论,将传统的"教"切实地向"教与学"转变,调动学生深度参与教学过程,培养学生通过思考解决问题的能力,同时强化训练学生沟通和表达;(2)在教学活动中增加对能力培养的考核,通过课堂表现与互动、课后作业、平时测验、期末考核、后续课程和实习的反馈评价等多重考核方式,完善教学效果检验评价机制;(3)各教研室积极开展教研活动,强化"以学生为中心"的理念,研讨主题围绕"改进教学方法"及"对学生能力培养的过程控制方法",为推动课程体系建设和培养学生实践能力螺旋式上升进行有效积累。

3 结 语

为加强对学生工程实践能力的培养,我们不断探索适合专业特点、适应用人单位对本专业毕业生需求、适应行业发展需要的实践教学方法和措施,在"改进实践环节课程体系"和"建设具有工程实践经验的教师队伍"两个方面取得了较好的教学效果。也正是在专业认证的促进下,我们更加积极思考土木工程专业的合理化建设和努力推动专业的长远发展,为实现高素质应用型土木工程人才培养目标而不断探索和努力。

参考文献

[1] 何若全,邱洪兴. 土木工程专业评估与专业教育的持续发展[J]. 中国建设教育, 2013(1):11-16.

[2] 建设部高等教育土木工程专业教育评估委员会章程. 中华人民共和国建设部. 建人教〔2004〕135 号. http://www.mohurd.gov.cn/wjfb/200806/t20080606_170993. html.

[3] 关于公布高等学校建筑学、城乡规划、土木工程、给排水科学与工程、建筑环境与能源应用工程、工程管理专业评估(认证)结论的通告. 土建专业评估通告〔2017〕2 号. http://www.mohurd.gov.cn/jsrc/zypg/201706/t20170621_232297.html.

以学生为中心的土木工程专业力学课程
教学改革研究与实践

王吉民

摘要：针对土木工程专业力学课程教学中存在的问题，运用以学生为中心的教学理念，从课堂教学方法入手，选用问题教学法等适当的教学方法，设计课堂教学的各个环节，重视对学生探究学习的引导，激发学生的学习兴趣和自主学习的能力。改革课程考核方法，将学生在问题讨论、知识探究中的表现记入课程总成绩。建立课程考核评价和后续课程反馈制度，形成课程持续改进机制，以保证课程目标的达成。

关键词：力学课程；教学改革；以学生为中心；土木工程

土木工程专业力学类课程主要是指"三大力学"，即理论力学、材料力学、结构力学。长期以来，力学课程教学存在一些问题亟待解决：从教师角度来说，不能很好地处理好学时少和内容多的矛盾，怕内容讲不到讲不完，导致教师唱独角戏满堂灌；从学生角度来讲，力学课程比较抽象，学起来乏味且难度大，容易产生畏难心理而没有学习兴趣，习惯跟着教师的思路和节奏听课。这种以"教师为中心"的传统教学模式，强调了教师教了什么，沟通互动不够；忽视了学生真正学到了什么，对学生的启发与引导不够，伴随学生主动学习和自主学习能力的缺失，导致力学课程学习中常出现的"有知识、欠能力""易解习题、难解问题"的现象。为了提高有机化学课堂教学效果，各高校教师不断进行教学改革，如力学课程体系的改革[1-3]，理论教学和实验教学的改革[4-5]，对课程教学评价等方面进行了探讨[6]，取得了一些成效。然而在工程教育专业认证背景下，如何以学生的发展为中心促进教学模式的改革，仍有很多问题需要解决。笔者按照以学生为中心理念，从教师的课堂教学方法、对学生自主探究学习的引导、课程考核方法和持续改进措施等方面实施力学课程教学改革，取得了较为明显的成效。

1 以学生为中心的教学改革理念

"以学生的发展为中心"是工科专业认证的核心理念之一[7]，其内涵是保证学生在校成长有"增量"，毕业后发展有"基础"，以帮助学生成为合格工程师为宗旨。在培养过程中，设计各课程教学环节，进一步优化教师资源配置并确保教师的精力投入，改善教室设施和实验条件等资源建设；通过教案设计、课堂问题和讨论、作业、项目、答疑等教学环节，调动学生深度参与教学过程，培养学生沟通和表达能力、团队精神和工程素质；通过课堂表现与互动、课后作业、平时测验、期末考核、后续课程和毕业设计等的反馈评价等多重考核方式，完善教学效果检验评价机制。

2 课堂教学方法改革

2.1 教学内容的模块化调整及精减

目前国内绝大多数高校是按照理论力学、材料力学和结构力学这三门独立的课程来设置土木工程专业力学课程体系的，与此对应的课程建设及课程改革均在各门课程的范围内各自进行。这种以单门课程为中心进行教学的传统方法，人为地阻隔了固体力学学科各部分之间的联系，造成部分内容的脱节或重复赘述[8]。如材料力学课程中的静定结构和超静定结构与结构力学课程中的几何组成分析、材料力学课程中的中压杆稳定与结构力学课程中结构的稳定分析之间缺乏联系；材料力学课程中杆件的内力分析与结构力学课程中的静定结构内力分析部分内容重复；个体与集群的分析方法的相互割裂(如构件的力学分析与结构的力学分析)等。课程之间内容的重复导致了课时的浪费，内容的脱节则导致了学生学习困难，学习积极性不高，这一切都直接影响力学课程的教学效果，致使学生不及格率高，给后续课程的教学造成困难。

"以学生为中心"的课堂教学过程首先是重新组织力学课程结构，合理划分教学模块，按其内容重新组合为一系列的教学模块，减少各门课程内容的不必要重复，将各课程中相同或相近的内容归并，进行内容的融合和重组，保证力学体系的连贯性和整体性[9]。教师必须放弃面面俱到的满堂灌做法，改变授课方法及模式，从教师个人唱独角戏转变成教师组织、调控、引导下的学生主动参与讨论的教学模式。实施讨论式教学，进行教学内容的合理调整及精减，为课堂讨论及学生自主探索留出时间及空间。

2.2 课堂教学"进够退足"，为学生自主探索抛砖引玉

所谓"进够"是指联系学生的知识背景讲授本学科的发展前沿，其他知识留给学生自学；"退足"即退到本学科的最基础的核心知识，这些知识要给学生讲透，并引导深入讨论。即强调本课程的核心、难点及知识的发展，即核心与前沿知识，否则将适得其反，不能达到课程目标[10]。例如，在结构力学教学中，重点学习、讨论静定结构的内力计算，安排适当的习题课来巩固，用内力图竞赛的考核方式检验学生的学习成果。对于无铰拱内力计算的"弹性中心法"，该内容比较陈旧不予讲授；对于实际工程的高阶超静定钢架结构，介绍结构建模的相关知识，教会学生用软件求解来得到结果，拓展了学生的知识面。

2.3 课堂讨论与提问相结合，因材施教

由于教师的满堂灌教学及学生习惯性被动学习的影响，学生上课前不预习，上课时只看PPT，不做任何笔记，这就使得课堂讨论及提问很难进行，教师有的也只能是自问自答。故必须先改变课程考核方法，将课程提问、测试等过程考核成绩计入总评。为了提高预习效果，更好地进行课堂讨论，应将每一部分的问题提前下发给学生，让学生带着问题去看书。通过一段时间的磨合学生的自学效果大大改观，学生不仅学会了自己寻找问题，提出问题，而且也会主动参加讨论问题，所提问题的深度逐步加大。

另外,每次课前对上次课的知识要点以问题的形式提出来进行回顾。通过课前布置讨论题,主要了解学生对课程的掌握程度和对知识的认知有无误区,以便针对性的解决。对基本知识点的回顾,采用提问的方式,主要关注成绩后 20% 的学生,尤其有挂科倾向的学生,并根据学生的层次,选择不同难度的问题。记录学生的回答情况,答对的当场给予鼓励并记录成绩。通过关心后 20% 的学生来惠顾所有学生,体现了专业认证的基本思路。通过沟通,扭转了部分学生不良的学习态度,找到了问题所在,学生成绩明显好转。

2.4　对核心知识点进行讨论和测试

重点核心知识采用讨论和测试的方式,其目的是为了增强对该知识点的认识,兼顾到每一位学生。如材料力学莫尔圆的应用,是强度理论的基础,也是学生初学的难点,安排习题讨论课。通过讨论,学生对知识点的理解更加深入、系统和全面,也激发了学生自主探究知识的热情。

3　学生自主学习的引导及实施方法

3.1　知识串联、类比与知识探究相结合

除了对核心知识组织讨论外,其他重点知识的串联、类比及问题等留给学生课外进行深入探究,要求学生针对某个问题展开讨论,并写成小论文。如材料力学每种基本变形都按"内力—应力—变形……"的次序进行讲解,又都采用"平截面假设—变形几何关系—物理关系—静力平衡条件—应力公式"这一相同的推导过程。讲过拉伸变形后,其他基本变形只需给出自主学习的引导,让学生自己总结和体会,并通过一定数量的习题巩固提高。另外,斜截面的惯性矩转角公式与斜截面上的应力公式具有相似性,可以用类比法进行学习和融合。通过总结,培养学生自主学习能力,提高批判思维能力及发现问题的能力,这也是创新的起点及关键点。

3.2　多渠道与学生交流,正面引导

多渠道与学生交流,对学生学习兴趣的激发也尤为重要。每周一次的答疑时间是雷打不动的,同时开通 QQ 在线答疑,教师即时解答问题等方式。鼓励学生参加周培源力学竞赛和结构设计竞赛,通过竞赛载体对不同结构进行受力分析,不仅锻炼了实践创新能力,也提高了通过力学知识分析和解决实际问题的运用能力。除了固定答疑时间外,还进行特殊预约答疑。学生找老师不仅是答疑,还涉及人生及学习方法等问题。针对学生的一些问题,在QQ 空间里表达自己的观点,旁敲侧击,正面引导学生。

4　课程考核方法改革和持续改进措施

课程教学改革的落脚点在于考核方式,通过考核真正检验学生对该课程的掌握程度,并体现出公正性。如何使平时做得好的学生在考评中体现出来,对其他学生产生激励与督促,这是设计课程考核方法的要点所在。如材料力学总评成绩由平时成绩、平时测验、期末考试

成绩和实验成绩组成。其中平时成绩占 15％，出勤占 5％，作业占 10％，主要考查出勤状况、作业完成情况、学习态度、自主学习能力等；平时测验占 20％，安排 2 次，建议分别安排在弯曲变形和组合变形后进行，以检测和巩固学生即时已学的知识；期末考试成绩占 50％，采用百分制，考试采用闭卷形式；实验成绩占 15％，由出勤和实验操作、实验报告两部分组成，其中实验出勤和操作占 5％，实验报告占 10％确定，主要考查实验态度（出勤）、实验过程（操作）和实验结果（报告）。

学生学习成果的检验还可以通过后续课程和实习、毕业设计的反馈评价来获得。为此征求调查学生、后续课程教师对课程内容和教学方法的意见和建议，以及通过参与课程设计和毕业设计的指导来发现学生对先修力学类课程掌握的问题，以便改进教学方法，从而形成课程持续改进的机制，进而达到课程目标，为学生毕业后的发展打下基础。

参考文献

[1] 郭光林,卢红琴.土木工程专业力学系列课程体系的改革思路[J].高等建筑教育,2007,16(1):64-66.

[2] 朱守芹,毕全超,赵文娟.应用型人才培养体系下的力学课程体系改革研究[J].教育与职业,2013,772(24):142-143.

[3] 杨博,孙海涛,杨柳,等.工程化教育背景下土木工程专业力学课程体系改革的探讨[J].教育与教学研究,2010,5(24):63-64,83.

[4] 周志红,黄跃平,李兆霞.厚基础,重实践,强能力——基础力学课程教学的创新与实践[J].东南大学学报(哲学社会科学版),2011(13):249-251.

[5] 陆仁强.《工程力学》课程教学和实验改革模式探讨[J].教育教学论坛,2015(29):102-103.

[6] 祝会兵,丁勇.土木工程力学课程中发展性学习评价的探索[J].教育教学论坛,2016(21):122-123.

[7] 姜峰,李心宏.土建类力学课程体系和教学内容改革设想和实践[J].高等建筑教育,1999,28(1):42-45.

[8] 刘伦斌,孙可娜.高等教育"以学生为中心"的有效课堂教学[J].教育与职业,2014,816(32):157-158.

[9] 吕志凤,善翠玉,钱风涛,等.以学生为中心的有机化学课堂教学改革与实践[J].化学教育,2016,37(14):17-19.